# 会计学基础

（第二版）

主　编　石道金

副主编　杨丽霞

孙玉军

ZHEJIANG UNIVERSITY PRESS
浙江大学出版社

**图书在版编目（CIP）数据**

会计学基础 / 石道金主编. —2 版.—杭州：浙江大学出版社，2012.9(2020.8 重印)
ISBN 978-7-308-10647-4

Ⅰ.①会… Ⅱ.①石… Ⅲ.①会计学 Ⅳ.①F230

中国版本图书馆 CIP 数据核字（2012）第 226436 号

**会计学基础（第二版）**

主　编　石道金

副主编　杨丽霞　孙玉军

---

**责任编辑**　朱　玲
**封面设计**　刘依群
**出版发行**　浙江大学出版社
（杭州天目山路 148 号　邮政编码 310007）
（网址：http://www.zjupress.com）
**排　　版**　杭州中大图文设计有限公司
**印　　刷**　嘉兴华源印刷厂
**开　　本**　880mm×1230mm　1/32
**印　　张**　12
**字　　数**　345 千
**版 印 次**　2012 年 9 月第 2 版　2020 年 8 月第 15 次印刷
**书　　号**　ISBN 978-7-308-10647-4
**定　　价**　32.00 元

---

# 前 言
## （第一版）

会计是一门古老的学问，它萌芽于文明的远古时代。随着经济社会的发展，会计由简单的时序记账，发展到复式簿记；由手工的会计系统，发展到电算化会计信息系统，由会计个体内部经管责任的解脱到为内外信息用户提供决策有用的信息。特别是近几十年来，随着科学技术和社会经济的快速发展，会计越来越得到人们的重视，在社会经济生活中扮演着十分重要的角色，会计也呈现出一种加速发展的势态。

会计学是一门应用性的经济管理学科，会计学基础则是会计学各分支的基础，也是经济管理学科的基础。它是人们在长期的会计实践工作中，通过不断地总结和不断地完善而形成的基本原理。本书是一本会计学的入门教材，目的是为初学者打好后续课程的基础。本书的编写主要立足于让初学者掌握和运用会计的基本理论、基本方法、基本知识和技能，不至于一开始就因大量的专业术语所困惑，力求深入浅出，知识点和知识面详略得当；在体例上以会计循环为主线，着重介绍会计基本方法，体现会计的应用性一面。以期初学者通过认真学习，基本掌握会计的确认方法、借贷记账法、账务处理及会计报表的编制，为进一步学习专业课程或开展会计工作实务奠定良好的基础。

为了便于学习和教学，本书编有两个附录：附录 1 为各章简明汉英会计术语对照；附录 2 为练习总汇。

在写作过程中，我们反复比较和参阅了近几年来出版的会计学教材，希望能博采众长，吸收会计学界最新研究成果，同时，力求编得通俗易懂、深入浅出。我们为此尽了自己最大的努力，很可能由于我们教学经验、学识水平有限，本书极可能存在考虑不周，安排和表述不妥，甚至于有一些错误恐亦难以避免。我们欢迎读者批评指正。

本书第一章、第三章由石道金执笔，第二章由牛秀敏执笔，第四章由孙玉军执笔，第五章、第十章由冯迎春执笔，第六章、第八章由杨丽霞执笔，第七章由邬慧君执笔，第九章由刘梅娟执笔，第十一章由陈劲松执笔，第十二章由陶宝山执笔。全书由石道金副教授主编，冯迎春、杨丽霞、牛秀敏任副主编。附录1由牛秀敏编写，附录2在各章编者编写基础上由牛秀敏整理。

编者

2002年11月16日

# (第二版) 前言

《会计学基础》自2002年11月出版以来已10年了,这期间我国会计改革在企业会计准则、政府及非营利组织会计、企业内部控制、会计信息化、注册会计师行业、会计人才战略、小企业和农村会计、会计理论等八大领域全面推进,均已取得了显著成效。

2006年财政部发布由1项基本准则38项具体准则及应用指南构成的我国企业会计准则体系;2008年发布《企业内部控制基本规范》和2010年发布《企业内部控制配套指引》构成的中国企业内部控制规范体系;2009年发布《关于全面推进我国会计信息化工作的指导意见》;2010年发布《小企业会计准则》(征求意见稿);以及2004年发布《民间非营利组织会计制度》、《村集体经济组织会计制度》和2007年发布《农民专业合作社财务会计制度》等,这一系列制度、准则和规范的出台,有力推进了我国会计改革,也大大丰富了会计教学的内容。由此萌发了对《会计学基础》初版进行修订的念头。在此期间,出版社也希望本教材进行再版。为了充分吸收我国会计改革和发展成果,更好地总结教学改革实践,进一步提高教学质量和水平,对原教材进行了修订。

这次修订工作以新的《企业会计准则》及相关制度规范为依据,对全书进行了全面修订,尤其是对第二章、第三章和第五章进行了重大的删改,并增加了第十三章。修订工作由石道金教授全面负责,具体各章修订工作情况如下:第一章、第三章由石道金教授负责修订,第二章由庞艳红教授负责修订,第四章、第五章、第十一章由孙玉军副教授负责修订，第六章、第八章由杨丽霞副教授负责修订，第七章由邬慧君副教授负责修订，第九章由程博副教授负责修订，第十章由王天东副教授负责修订，第十二章由陶宝山副教授负责修订，第十三章由褚颖亚老师执笔。石道金教授任主编，杨丽霞、孙玉军任副主编。附录1由王天东修订，附录2在各章编者编写基础上由杨丽霞整理。

此次修订工作相当仔细、认真的，尽管如此，仍会有考虑不周之处，还望读者多提宝贵意见。

石道金

2012年7月26日

# 目　录

# 第一章　绪　论

## 第一节　会计与会计学

### 一、会计的含义

什么是会计？这是我们要提出的第一个问题。

究竟什么是会计，有许多不同的说法，在我国，"会计"一词最早见于《周礼》。清代学者焦循在《孟子正义》一书中，曾加以解释，"零星算之为计，总合算之为会"。当时会计含义已有计算、记录、管理和考核等。随着经济社会的发展，现代社会的会计含义与古代已有着显著不同。

关于会计的定义，中、外会计学界至今都没有一个统一的认识。许多学者从不同角度纷纷给出会计的定义。

#### （一）我国学者对会计的定义

目前，我国学者主要有以下几种提法。

**1. 管理工具论**

管理工具论认为会计是一种技术手段，是反映和监督生产过程的一种方法，是管理经济的一个工具。这个观点从 20 世纪 50 年代就开始流行。常见于过去的教科书和财政部的会计制度中。

**2. 信息系统论**

信息系统论认为会计是一个经济信息系统，它预定输送有关组织的重要财务和其他经济信息，以供信息使用者判断和决策之用。这个观点出现于70年代末80年代初，认为会计不直接履行管理职能。

**3. 技术论**

技术论认为会计是科学、能力和技巧的结合，将具有或至少部分具有财务特征的交易事项以有意义的方式用货币表示，予以记录、分类及汇总并解释由此产生的结果。

**4. 管理活动论**

管理活动论认为会计是会计工作，是对能够用货币表现的经济事项，按特定的方法，予以计量、记录、分类、汇总、分析和评价。

我国注册会计师考试用书《会计》教材中，对会计的表述为“会计是以货币为主要计量单位，反映和监督一个单位经济活动的经济管理工作”。其他会计教材和各种用书中也都有着不同的表述方法。

美国会计师协会名词委员会1941年发表的会计名词第1号公报指出：“会计是以货币形式记录、分类和汇总经济业务并说明其结果的技术”；美国会计学会在1966年对会计的定义为：“会计是鉴定、计量和传递经济信息的方法，并使信息的使用者有可能据以作出有根据的判断与决策”。1977年，美国的西德·戴维森主编的《现代会计手册》明确指出：“会计是一个信息系统。它旨在向利害攸关的各个方面传输一家企业或其他个体的富有意义的经济信息”。

### （二）会计的三层含义

按照以上国内外对会计含义的表述来看，会计定义目前尚未有统一的表述，它是会计界需要探讨和研究的一个问题。但我们可以将会计的含义概括为三层意思：

**1. 会计是一种国际通用的“商业语言”(the language of business)**

人类的交往必须借助于语言，有了共同的语言，才能相互沟通。在企业的经营活动中，有一种特殊的语言，那就是会计。以货币为主要计量单位把企业经营活动在账上记录下来，在会计报表中反映出来。人们可以通过账册和会计报表来了解企业的经营活动过程和结果，无论是业主、管理者、银行家、股东、投资者，还是政府机构以及公共部门，人们凭借会计这一特殊的语言，相互交流，相互沟通。随着世界经济全球化，国际贸易和国际技术合作的日益频繁和经营管理的国际化，会计作为“商业语言”的作用显得尤为重要。

**2. 会计是一个信息系统(the information system)**

会计作为一个信息系统，通过会计数据的收集、加工、存储、输送及利用，对企业经济活动进行有效的控制；通过计量、分类和汇总，将多种多样的和大量重复的经济数据浓缩为比较集中的、高度重要的和相互联系的指标体系。会计信息系统主要包括会计核算系统和会计预测系统两个子系统。会计核算系统是利用会计核算的专门方法，记录并反映经济业务的动态和静态，提供历史性会计信息；会计预测系统是根据会计核算系统提供的历史信息，利用会计专门方法，产生和提供预测性的信息。会计对经济活动所提供的数据资料具有连续性、系统性、综合性和全面性。企业经理所需信息的大部分来自会计数据。

**3. 会计提供的信息是决策的依据(the basis for business decisions)**

会计的一个重要职能，是为企业管理提供决策和有效经营所需的数据。会计不但可以提供作为企业投资决策依据的信息，还可以提供作为企业经营决策依据的信息。

根据以上叙述，可以得出：会计是经济管理的组成部分，它是以货币作为主要计量单位，对会计主体的经济活动进行连续、系统、全面和综合的反映和监督，并向信息使用者提供会计信息的管理系统。

## 二、会计的产生和发展

### (一)会计的产生

人类要生存、社会要发展，就要进行最基本的生产活动，即物质资料的生产。在人类的生产实践中，用尽量少的劳动耗费创造尽量多的满足社会需要的物质财富，做到所得大于所费，提高经济效益，这是生产的客观要求。为了达到这一目标，人类就必须在不断地改革生产技术的同时，对劳动耗费与劳动成果进行记录、计算，并加以比较和分析、考核。这样,作为记录、计算、分析、考核生产过程经济活动的会计,也就随之而产生了。

会计产生于何时,发源于何地,目前会计学界尚难作出确切的回答。但如果将最初的记录、计算、计量的行为作为会计萌芽的话,那么作为有文字记载进行记录、计量、计算的四大文明古国,应是会计的发源地,而原始社会的末期就应是产生会计萌芽的时间了。

据目前所拥有的史料,会计作为一项计量、记录、计算和考核的工作,世界上一些文明古国如古巴比伦、罗马、埃及都有类似于会计的记录、或会计活动的记载:如绘图记事(数)、结绳记事(数)、刻木记事(数)与刻契记事(数)等原始的会计计量与记录行为。据马克思考证,在远古的印度公社中,已经有一个农业记账员,在那里,簿记已经独立为一个公社官员的专职。埃及在公元前3世纪左右,就有了相当详细的会计记录。

我国的会计历史悠久,源远流长。据《周礼》记载,早在西周时代,周王朝已设立了专门的会计官吏,执掌会计事务,“司会”为计官之长,负责组织官计工作,主管财政经济收支的会计核算与出纳事务。

西汉时期,官府和民间都有了会计账簿,中式簿记开始逐步发展完善。

唐宋时期创造了“四柱结算法”,亦称“四柱清册”。四柱是指:旧管、新收、开除和实在。四柱之间的关系是:“旧管+新收=开除+实在”。这一平衡公式是我国古代会计的一个杰出成就,奠定了中式簿记的基本原理,并在官厅会计中正式推广,逐步形成了中国的会计方法体系。明清时代又产生了“龙门账”、“四脚账”等中式复式簿记,使我国的会计方法有了很大发展。

我国最早的复式记账法是龙门账,它是明末清初由山西豪商傅青山(又称富山)参考当时官厅会计设计出来的一种记账方法。此法把账目分为四大类:“进”(全部收入)、“缴”(全部支出)、“存”(资产并包括债权)、“该”(负债并包括业主投资)。其之间的关系是:“进-缴=存-该”(即:收-付=资产-负债),并以此编制“进缴表”和“存该表”(即利润表和资产负债表)，在两表上计算求出的盈亏数应当相等，称为合"龙门"。后来，在资本主义萌芽阶段，又出现了"四脚账"，又称天地合账。"龙门账"和"四脚账"记账的基本原理与西式簿记非常相似，直到清朝末期，我国才引入借贷记账法，到中华人民共和国成立之前，我国的会计方式一直是中西式并存。

新中国成立后，国家在财政部设置了主管全国会计事务的会计司。为满足日益发展的经济需要，财政部先后制定了不同行业的会计制度，强化了对会计工作的组织与指导。1985 年，《中华人民共和国会计法》的颁布实施，使我国会计工作进入了法制阶段，1993 年，《企业会计准则》及分行业会计制度的实施，标志着我国会计制度开始与国际会计惯例的接轨，初步实现了我国会计工作的国际化。2006 年 2 月 15 日财政部发布了新的企业会计准则体系，标志着我国与国际会计惯例的趋同，国际化道路又迈出了新的一步。

(二)会计的发展

会计是适应生产管理的需要而产生的，而生产是不断地向前发展的，会计必然随着生产的发展而不断发展。会计的发展取决于不同社会的生产力发展水平、科学技术水平与生产的社会规模。马克思对会计有过精辟的论述:"过程越是按社会的规模进行，越是失去纯粹个人的性质，作为对过程的控制和观念总结的簿记就越是必要;因此，对于资本主义生产，比对于手工业和农民的分散生产更为必要，对公有生产比对资本主义生产更为必要。"会计发展的历史充分证明:会计因生产管理的内在需要而产生，又因生产管理的发展而发展，有什么样的生产力，就有什么样的会计;反过来，会计的发展又促进了生产管理的发展。

会计从产生发展到现在，经历了茫茫的历史长河。我们大约可以将其划分为三个阶段。

**1. 古代会计阶段(? —1494 年)**

会计从其产生到 1494 年意大利数学家卢卡・巴其阿勒(LucaPacioli)所著《算术、几何及比例概述》中的"簿记论"为标志的这一时期，称为古代会计。这段时期所经历的社会形态基本上为原始社会、奴隶社会、封建社会，其经济形态为自给自足的自然经济。

古代会计发展的特征：

(1)会计发展十分缓慢；

(2)会计范围比较广，与统计、业务技术核算没有严格分开，独立的技术方法没有形成，尚未形成一门独立的学科；

(3)会计方法以单式簿记为主体；

(4)会计与财政关系密切，以财物收支分配为主要内容的官厅会计占古代会计发展的主导地位。

例如中国古代以官厅会计为代表的会计，可以大概反映上述古代会计的四个特征。

**2. 近代会计阶段(1494年—20世纪50年代)**

13—15世纪，由于地中海沿岸城市商业和手工业以及信贷业务的迅速发展，促进了欧洲商品经济的发展。商品经济的发展产生了复式簿记，近代会计是以复式簿记为主体的。1494年，意大利数学家卢卡·巴其阿勒在其著作《算术、几何及比例概述》中的第三章“簿记论”中系统介绍了复式记账法，成为近代会计理论的奠基人。

在这一时期，会计发展的特点是：

(1)商品经济的发展结果，利用货币计价，进行价值核算；

(2)会计以复式簿记为主要记账方法；

(3)会计具有自己独立的独特的技术方法，逐步地形成了一门独立的学科；

(4)民间会计发展迅速，尤其是企业会计，逐步取代了官厅会计而居主导地位。

18世纪60年代开始的英国产业革命为资本主义经济的产生和发展创造了条件，之后在世界其他国家得到了推广，并与后来居上的美国会计相结合，称为“英美派会计”体系。此外，德、法等国也结合本国的国情创立了“大陆派会计”体系，成为近代会计发展史的两大支柱。

**3. 现代会计阶段(20世纪50年代至今)**

20世纪50年代,资本主义世界进入了战后发展时期。经济发展主要表现为:

(1)现代科学技术突飞猛进并大规模地应用于生产,使得生产力获得十分迅猛的发展;

(2)企业资本集中,跨国公司大量涌现,竞争十分激烈。

经济的发展,市场竞争的激烈,对会计信息要求提高,对会计工作带来新的挑战,带来会计的新使命,带来新的变化:

(1)现代数学方法、电子计算机技术在会计中的应用,引起了"会计工艺"的深刻变化,原来"手工簿记系统"为"电算化会计"所代替,产生会计技术革命。

(2)为了适应企业的所有者和经营管理者以及社会公众等的不同要求,近代会计逐步分离为以对外服务为主的财务会计(Financial Accounting)和着重于内部管理的管理会计(Managerial Accounting)。现代管理会计的出现,大大丰富了会计的内容,使会计进入了其发展历程中的成熟时期,标志着会计发展史上的第三个里程碑,进入了现代会计的历史发展阶段。

进入20世纪70年代后,会计活动范围进一步扩大,出现了从宏观上对整个国民经济进行干预和调控的社会会计(Social Accounting);出现了为从事超越国境的业务而进行的会计工作,对不同国家会计工作所进行的比较和协调以及对实现各国会计的标准化所从事的研究和探讨的国际会计(International Accounting);出现了运用比较的方法,分析世界范围内不同国家的会计,不同时期的会计,本国不同部门、不同行业之间的区别与联系,寻找本国会计与他国会计之异同和优劣的比较会计(Comparative Accounting);出现了对特定历史成本信息进行调整,以消除因通货膨胀而引起的会计反映偏差的通货膨胀会计(Inflation Accounting);出现了旨在核算人力投资的价值及其成果,对企业或社会内的个别人员或群体进行财务性评估,从而更有效地挖掘人力资源潜能的人力资源会计(Human Resource Accounting),等等。

总之，会计正在向纵深发展，出现了许多新的领域，并向国际化方向迈进。

## 三、会计学及其学科体系

### (一)会计学

会计学作为一门科学是系统地研究会计内容、职能、目的、原则、方法、技术和组织，以及会计产生和发展的知识体系。会计学属于技术经济管理学范畴，是会计技术系统与会计理论系统的统一。它是一门源于会计实践，并又用以指导会计实践的基本理论和基本方法的学科。

### (二)会计学科体系

随着会计学内容的不断丰富和会计科学的发展，会计的科学细分化趋势和综合趋势并存。一方面，为了研究的便利和深入，整体上的会计科学被细分为相对独立的几个知识系统。另一方面，各个不同的会计分支学科又互相交叉、相互渗透，呈现出某些综合性，尤其是一些新兴的会计分支学科更具这一特点。作为会计学科体系，其内涵就是既相互独立，又相互联系，相互渗透的各会计分支学科的有机统一。

会计学科体系反映在会计教育中又具体表现为会计课程体系。目前，国内会计课程体系的构成日渐统一，一般由以下课程组成：会计学基础、财务会计学、成本会计学、财务管理学、管理会计学、审计学、会计制度设计、会计电算化、会计理论、特殊业务会计学、国际会计学等。其中，会计学基础、财务会计学、成本会计学、管理会计学、财务管理学和审计学是会计学科体系中主干学科，也是会计课程体系中的主干课程。

**1. 会计学按其研究的内容分类**

可分为会计学基础，财务会计学、成本会计学和管理会计学等。

①《会计学基础》是会计专业的专业主干课程，也是会计专业的专业基础课程。它是一门主要研究各种会计所可共同使用的理论和方法的学科，阐明会计的基本理论、基础知识、基本技能和方法。为学习本

专业后续课程和从事会计实际工作打下基础。

②《财务会计学》是会计专业的专业主干课程，是《会计学基础》的后续课程，该课程进一步阐明对企业的各项经济业务进行确认、计量和记录，以及对有关部门、单位报告企业财务状况和经营成果的基本方法和基本理论，并为进一步学习《财务管理》课程打下基础。

③《成本会计学》是会计专业的专业主干课程。本课程主要阐明成本会计的基本理论、基本知识和基本技能，以及成本计算、预测、决策、控制、考核、分析和报表，为从事会计实际工作打下基础。

④《管理会计学》是会计专业继《成本会计学》课程后开设的主干专业课，阐明管理会计的基本理论和基本方法，以及决策会计、控制会计、责任会计等的原理和方法，培养实际工作的分析和解决企业内部管理问题的能力。

**2. 会计学按会计知识涉及不同范围的会计主体分类**

可以分为微观会计学、宏观会计学和国际会计学等。

## 第二节 会计对象与职能

### 一、会计对象

会计对象也就是会计所要核算和监督的内容，是会计的客体。

商品具有二重性，即使用价值和价值两方面，能够用货币计量的方面，就商品来说是其价值；而就商品的生产和再生产来说，则是伴随着商品生产运动这个实物流转而产生的价值运动。在商品经济条件下，会计有可能运用观念上的货币作为统一的计量尺度，反映和监督社会再生产过程中能够用货币表现的各项经济活动而不是所有活动。

我们可以概括地将会计对象表述为：会计的对象是指会计核算和监督的内容，即社会再生产过程中的价值运动。会计对象既没有超过再生产过程的经济活动的范围，又不是再生产过程中的全部经济活动，而仅仅是其中能够用货币表现的方面。

由于各种类型的企事业单位的经济活动内容不同，其资金运动形式也有差异。因此，会计对象具体到一个特定的单位也就各具特点。为此，有必要考察各个单位的个别资金运动形式。例如，在企业单位，资金运动具体表现为经营资金运动，事业、行政单位，则具体表现为预算资金运动。前者较之后者相对复杂，也更具代表性。同时企业单位，如工业企业与商品流通企业的资金运动的具体形式也不尽相同。现以工业企业为例，来简要说明其资金运动的具体形式。

工业企业的主要生产经营过程可分为供应、生产和销售三个阶段。其中，供应过程是生产的准备过程，随着采购活动的完成，资金就从货币形态转化为储备资金形态。生产过程既是产品的制造过程，也是各种财产物资的耗费过程。在此期间，材料变成在产品、产成品，从价值方面看，储备资金形态转化成生产资金和成品资金形态。销售实现后，收回货款，成品资金又转化为货币资金。

企业资本运动可以从显著运动状态和相对静止状态两方面来考察。

资本运动处于显著运动状态是通过三种形式来表现的：资本投入与退出、资本循环与周转、资本耗费与收回。

资本的相对静止状态是在某一特定的时间（如月初、月末、年初、年末等），似乎资本运动处于相对静止的情况下，来考察资本的状态，它具有明显的时间性与条件性，就好像是替运动着的资本拍一张照片，看上去是不动的，而这种不动的状况只是表示拍照那个时刻的资本的状态。

企业的资金运动是会计核算、监督的对象。会计运用一系列专门的会计方法，以货币作为计量单位，通过资产、负债、所有权益、收入、费用、利润等会计要素，确认、计量、记录与报告企业的经营活动，提供会计信息，为会计信息使用者服务。

上述工业企业的经营资金运动过程如图 1-1 所示。

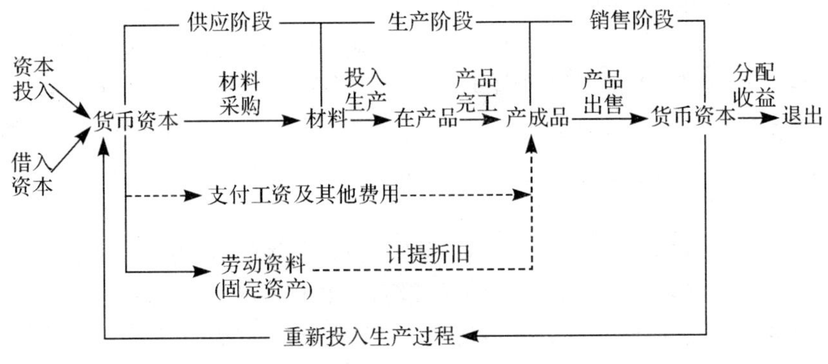


图 1-1 工业企业经营资金循环与周转

## 二、会计职能

会计职能是指会计在管理经济活动中本身固有的功能。会计职能具有客观性,客观的会计职能也会随着会计的发展而发展。尽管会计的职能是客观的,但由于人们认识上的差异,在理论界对会计职能一直存在不同的提法。有"一职能说"到"七职能说",观点纷呈、不胜枚举。其中两个最基本的职能,即会计核算和会计监督得到了较大程度的共识,并已在《中华人民共和国会计法》中明确规定。

会计核算职能,也称会计反映职能,主要是指会计通过确认、计量、记录和报告从价值量方面反映企事业单位已经发生或完成的各项经济活动,它是会计最基本的职能。记账、算账、报账则是会计执行核算职能的主要形式。除了对过去经济活动进行核算外,会计还能对未来经济活动进行事前的反映。

会计监督职能是指利用会计核算所提供的经济信息对企事业单位的经济活动进行控制和指导。会计监督的核心在于通过干预经济活动,使之符合国家有关法律、法规和制度的规定,并对经济业务的合理性、有效性进行分析、检查和控制。从时间上看,会计监督可以贯穿于经济活动全过程，包括事前监督、事中监督、事后监督。

会计的核算职能与其监督职能密切相关，二者统一于会计核算过程中，会计核算是会计监督的前提条件，会计监督则是会计核算的保证。

## 三、会计目标

会计目标即会计系统的目标，也称会计的目的，是指在一定的环境下，会计实践行为所期望达到的结果和基本要求，是会计系统运行的归结点和出发点，也是会计系统所要达到的境地或标准。但从理论上讲，会计目标的确定应充分考虑会计职能。否则目标无实现的基础而只能成为一纸空文。对会计目标如何规定和描述，理论界尚无定论。但对会计目标的内涵有了大概一致的理解，即多数人认为，会计目标旨在明确回答以下几个问题：有哪些会计信息使用者，他们需要何种会计信息，用于何处？会计有能力提供哪些信息，满足何种需要以及怎样提供这些信息。

综上所述，会计目标是一个具有层次性结构的系统，这种层次结构既是客观存在的，又是通过人们的不断深化所体现出来的，它是由会计职能的规定性、会计对象的时空性、会计主体的多元性以及会计信息使用者的多元性等因素决定的。

会计目标的层次性从空间上可区分为客观、中观、微观会计目标，从时间上可区分为长期、中期、短期会计目标。而每个时间、每个会计主体的总目标，都应该是讲求或提高经济效益，这是会计目标的第一层次，即会计的基本目标。会计的具体目标是第二层次，会计具体目标的最基本内容，是向各有关方面提供有助于提高经济效益的决策与控制的会计信息，它由以下三个部分组成：

①谁是会计信息的使用者；会计信息使用者有政府、投资人、债权人、企业管理当局、职工、分析机构等。

②会计信息使用者需要哪些会计信息；

③会计如何来提供这些信息，即会计信息的质量特征、会计的程序

与方法。会计信息质量特征一般具有可靠性、相关性、可比性等基本特征。

我国《企业会计准则》中对会计目标做了如下描述:向财务会计报告使用者提供与企业财务状况、经营成果和现金流量等有关的会计信息,反映企业管理层受托责任履行情况,有助于财务会计报告使用者作出经济决策。

财务会计报告使用者包括:投资者、债权人、政府及其有关部门和社会公众等。

## 第三节 会计核算的基本前提与信息质量要求

### 一、会计核算的基本前提

会计核算的基本前提,又称会计假设,是指在会计实践的基础上对某些不确定因素、某些未被确切认识的事物和进行会计工作必不可少的先决条件所做出的合乎逻辑的推理、判断和假定。会计假设虽有人为"假定"的一面,但并不因此而影响其客观性。事实上,作为进行会计活动的必要前提条件,会计假设是会计人员在长期的会计实践中逐步认识、总结而形成的,决不是毫无根据的猜想或简单武断的规定。离开了会计假设,会计活动就失去了确认、计量、记录、报告的基础,会计工作就会陷于混乱甚至难以进行。我国《会计准则》中规定了国内外已形成共识的四个会计假设,即会计主体、持续经营、会计期间、货币计量假设。

#### (一)会计主体假设(Separate entity)

会计主体是会计为其服务的单位。会计主体假设对会计对象做了空间范围限定,要求"会计核算应当以企业发生的各项经济业务为对象,记录和反映企业本身的各项生产经营活动"。即要求特定的会计主体要与其所有者以及其他会计主体划清界限,必须从特定的会计主体出发来考虑和处理各项经济业务。会计主体不一定是法律主体，在经济上具有独立性或相对独立性的企业、组织、行政事业单位，分厂、分公司、车间等都可能成为会计主体，进行财务会计核算。法律主体是指由出资人出资组建，在政府指定部门注册登记，拥有法人财产权，具有独立民事行为能力的单位。某些法律主体不一定是会计主体，例如某些企业集团下属子公司虽具备法律主体地位，但在企业集团编制合并报表时，不能把这些子公司看作是一个会计主体。

### （二）持续经营假设（Going-concern basis）

持续经营假设，是指会计核算应以持续正常的生产经营活动为前提，并不考虑企业是否将在何时终止或破产清算。它明确了会计工作的时间范围。

持续经营假设给日常的会计处理提供了一个稳定的基础。有了持续经营假设，会计中许多业务的处理才有了理论依据，例如债权、债务关系的处理，财产计价、费用分摊、收益的确认等。同时，持续经营假设还是会计期间假设和货币计量假设存在的基础和前提。

持续经营假设为会计日常处理提供了理论依据。但是，如果企业经营不善，到了必须破产清算的程度，会计日常处理不再依照持续经营假设下的会计处理程序，而是需要采用特殊的清算过程的会计处理程序进行处理。

### （三）会计期间假设（Time-period）

会计主体在持续经营过程中，其生产经营活动是连续的，在时间上具有不间断性，但为了及时发现企业经营中的问题，不断改善经营管理，更为了及时满足会计信息使用者的需要，就有必要将企业连续不断的经济活动过程，人为地划分为一定等长的时间段落（年、半年、季、月），分阶段考核、报告其经营活动成果。它是持续经营假设的必要补充，是对会计对象时间范围方面的进一步限定。

会计期间假设对会计实践活动产生重要的影响。有了会计期间假设，才产生本会计期间与非本会计期间的区别，也才有权责发生制与收付实现制两个不同的会计核算制度，对解决费用的跨期摊配问题才有可能，企业经营成果列报才有一定的规定性。会计期间可以是年度、半年度、季度和月份。还应指出，作为会计期间的一种，会计年度可以是日历年度，也可以是任何一个等长的年度。如我国会计年度是日历年度（1 月 1 日—12 月 31 日），美国则从本年 7 月 1 日至次年 6 月 30 日为一个会计年度。

（四）货币计量假设（Stable-money-unit）

货币计量假设是指会计提供的信息，主要应以货币为主要计量尺度。在商品经济条件下，人们是以货币作为交换媒介的，货币是商品经济发展的产物，一切商品只有转化为货币，其价值才能实现，这就要求会计在提供数量化信息时主要应以货币作为计量单位。以货币作为主要计量单位包含着以币值稳定即币值保持不变或变化甚微为条件。只有这样，会计才能将会计主体发生的经济活动进行连续地、全面地、系统地记录，综合汇总，进而比较、分析、评价。当出现恶性通货膨胀时，就需要用特殊的会计准则来进行处理。

会计基本假设对会计对象的确定有着深远的影响。有了会计基本假设，才能使会计对象不是漫无边际的，使会计对象有着空间、时间以及计量尺度的假设，也才有会计作为一门科学区别于其他学科或其他事物的本质特征。

## 二、会计信息质量要求

会计信息质量要求是指为了满足使用者的需要，会计信息在质量上应该达到的基本要求，是使财务报告所提供的会计信息对使用者的决策有用应具备的基本特征。会计信息质量要求包括可靠性、相关性、明晰性、可比性、实质重于形式、重要性、谨慎性和及时性。

(一)可靠性

可靠性要求企业应当以实际发生的经济业务为依据进行会计确认、计量和报告,如实反映符合确认和计量要求的各项会计要素及其他相关信息,保证会计信息真实可靠、内容完整。会计核算所提供的信息,必须有根据,建立在可查证的基础上,做到内容真实、数字准确、项目齐全、手续完备、资料可靠。

(二)相关性

相关性要求企业提供的会计信息应当与财务会计报告使用者的经济决策需要相关,有助于财务会计报告使用者对企业过去、现在或者未来的情况作出评价或者预测。

(三)明晰性

明晰性要求企业提供的会计信息应当清晰明了,便于财务会计报告使用者理解和使用。为了有利于帮助会计信息使用者更好地使用会计信息,从内容到形式,从会计记录、处理到会计报告的各环节都必须做到清晰明了。

(四)可比性

企业提供的会计信息应当具有可比性。

同一企业不同时期发生的相同或者相似的交易或者事项,应当采用一致的会计政策,不得随意变更。确需变更的,应当在附注中说明。

不同企业发生的相同或者相似的交易或者事项,应当采用规定的会计政策,确保会计信息口径一致、相互可比。

(五)实质重于形式

实质重于形式要求企业应当按照交易或者事项的经济实质进行会计确认、计量和报告,不应仅以交易或者事项的法律形式为依据。

（六）重要性

重要性要求企业提供的会计信息应当反映与企业财务状况、经营成果和现金流量等有关的所有重要交易或者事项。对于重要的经济业务应单独反映，不得隐瞒财务数据，并应附以相关的必要说明，以便于会计信息的使用者的应用。

（七）谨慎性

企业对经济业务进行会计确认、计量和报告应当保持应有的谨慎，不应高估资产或者收益、低估负债或者费用。

（八）及时性

及时性要求企业对于已经发生的交易或者事项，应当及时进行会计确认、计量和报告，不得提前或者延后。

## 三、会计基础

会计基础是指会计确认、计量和报告过程中，对经济业务进行会计处理时采用的标准。会计基础有权责发生制和收付实现制两种。

（一）权责发生制

权责发生制是指企业应按收入的权利和支出的义务是否属于本期来确认收入、费用的入账时间，而不论货币资金的收支是否在本期发生。在权责发生制下，凡是本期实现的收益和发生的费用，不论款项是否收付，都应作为本期的收益和费用入账；凡不属于本期的收益和费用，即使款项已在本期内收付，也不应作为本期收益和费用处理。企业多采用这种会计核算基础。

（二）收付实现制

收付实现制的基本含义是：收入和费用的确认以款项是否收付为

标准而不是考虑其是否应归属本期。行政、事业单位多采用这种会计核算基础。

## 第四节　会计方法

### 一、会计方法概述

会计方法是用来核算和监督会计对象的技术手段。会计方法随着会计本身的发展而不断丰富和完善。各种不同的会计方法有机地联系在一起所构成的整体便称为会计方法体系。传统的观点认为,现代会计方法体系由三部分构成,即会计核算方法、会计分析方法和会计检查方法,同时认为,会计核算方法是基础和核心,会计分析是会计核算的继续和深化,会计检查则是会计核算和会计分析的质量保证。伴随着现代会计的进一步发展和会计职能的扩展,有学者提出,除上述方法外,会计方法体系中还应包括会计监督方法、会计控制方法、会计预测方法和会计决策方法,我们认为会计方法体系除传统的方法外,应再加上会计预测方法和会计决策方法,共同构成会计的方法体系。

### 二、会计核算方法

会计核算方法,是对会计对象单位的经济活动进行完整、连续系统地反映和监督所应用的专门方法。主要包括以下方法:设置账户、复式记账、填制和审核凭证、登记账簿、成本计算、财产清查、编制会计报表。

上述各种会计核算方法相互联系,密切配合,构成一个完整的方法体系。会计核算方法是会计方法体系的基础和核心。各种专门核算方法将分别在本书各章中评述。在这里不展开阐述。

在会计核算方法体系中,会计的基本程序与方法或工作过程称为会计核算工作循环,简称会计循环。会计的基本程序和方法是指会计信息系统进行信息处理与加工的步骤和方法。目前,人们普遍认同的会计的基本程序与方法即:确认、计量、记录与报告(也有称之为记账、算账和报账)。所有的会计指标都是通过这个会计循环来取得的。这里值得说明的是会计信息的质量与会计确认联系密切,会计确认工作直接影响会计信息质量。

所谓会计确认,是指会计根据一定的标准,对会计主体所产生的经济活动和有关的经济数据能否进入会计信息系统,如何进入会计信息系统以及如何进行报告的过程。

会计确认又分为初始确认与再确认。初始确认是指有关经济活动能否进入会计信息系统以及如何进入会计信息系统。会计的初始确认标准主要有:会计要素标准及时间标准,会计要素标准主要解决的是有关经济活动与经济数据能否进入会计信息系统的问题,时间标准解决的是符合会计要素标准的经济活动与经济数据在何时进入会计信息系统的问题。会计的初始确认必须运用一定的方法进行,这就是审核作为证明和记载经济活动发生的原始单据与记账凭证,在一定会计核算基础(权责发生制或收付实现制)上,它是否符合以下四条标准:

①符合定义;

②可计量性;

③相关性;

④可靠性。

同时,均应在效益大于成本以及重要性这两个前提下予以确认,才能进入会计信息系统。因此,在会计实务中会计确认工作具有十分重要地位。

# 第二章 会计要素与会计等式

## 第一节 会计要素的定义、特征及构成

会计上为了进行分类核算，提供各种分门别类的会计信息，就需要对会计对象的具体内容进行适当的分类。会计要素就是根据交易或事项的经济特征对会计对象的具体内容所作的基本分类，是会计对象的基本组成部分，是从会计的角度解释构成企业交易或事项的必要因素。

世界各国的会计准则对会计要素的定义及其构成内容的规定不尽相同。根据我国现行《企业会计准则(2006)》的规定，企业应当按照交易或事项的经济特征确定会计要素。会计要素包括资产、负债、所有者权益、收入、费用和利润。

### 一、资　产

#### （一）资产的定义及特征

资产是企业过去的交易或事项形成的、由企业拥有或者控制的、预期能给企业带来经济利益的资源。

根据资产的定义，该要素具备如下特征。

**1. 资产是由企业过去的交易或事项形成的**

过去的交易或事项包括购买、生产、建造等行为及其他交易或事项。即只有企业在过去的交易或事项中形成的现实资产才能确认为企业的资产，而企业预期在未来发生的交易或事项形成的预期资产，则不能作为企业的资产予以确认。例如，企业通过购买、自行建造等方式形

成某项设备，会形成企业的资产；但企业预计在未来某一时点将要购买的设备，由于引起相关的交易或者事项尚未发生，就不能作为企业的资产。

**2. 资产应为企业拥有或控制的资源**

由企业拥有或者控制是指企业享有某项资产的所有权或者虽然不享有某项资产的所有权但该资产能被企业所控制。例如，对于融资租入的固定资产，虽然从法律形式上承租企业不享有所有权，但由于在租赁期内承租企业实质上获得了该资产所提供的主要经济利益，同时承担了与资产有关的风险，即承租企业对融资租入的固定资产拥有控制权。按照实质重于形式的原则，也应将其作为企业资产予以确认。

**3. 资产预期会给企业带来经济利益**

预期会给企业带来经济利益是指资产具有在未来直接或间接导致现金或现金等价物流入企业的潜力。预期会给企业带来经济利益是资产的本质特征。例如，企业购入的材料和设备可用于企业的产品生产或劳务提供，产品出售或劳务提供后可收回货款或取得收取货款的权利。资产的这一特征表明，如果某些资源预期不能给企业带来经济利益，即没有或不再具有为企业带来现金或现金等价物流入的潜力，就不能确认为企业的资产。即使这些资源已经在前期被确认为企业的资产，也应由现有的资产中剔除出去。例如，在企业财产清查中发现的已失效或已毁损的存货，由于它们已经不能给企业带来未来经济利益，就不应该再作为资产加以确认。

### （二）资产的分类及构成

资产可以按不同标准进行分类。如按是否具有实物形态，可分为有形资产和无形资产。按其来源不同，可分为自有资产和租入资产。按流动性可分为流动资产与非流动资产。

**1. 流动资产**

流动资产是指企业可以在一年或超过一年的一个营业周期内变现或者耗用的资产。流动资产主要包括货币资金、交易性金融资产、应收及预付款项、存货等。

货币资金包括库存现金、银行存款等。库存现金是指存放在企业可随时用于支付的现款，主要用于企业日常经营活动中所发生的小额零星支出，如职工因公出差借款支出、小额办公费支出等。银行存款是指企业存放在开户银行的可随时支用的款项，主要来自投资者投入企业的资本、负债融入的款项和销售产品取得的货款等。银行存款主要用于企业日常经营活动中所发生的大额支出，如购买材料、设备等。

交易性金融资产是指企业为了近期内出售而持有的金融资产。例如，企业以交易为目的购入的准备根据市场行情的变化随时出售的股票、债券等。企业持有交易性金融资产的目的是为了获得收益，并且企业持有交易性金融资产的时间往往不超过一个会计年度，购入和出售交易性金融资产是企业的一种短期投资行为。

应收及预付款项是企业在日常生产经营活动中发生的各项债权，包括应收账款、应收票据、预付账款、其他应收款等。应收账款是指企业因赊销产品、提供劳务等应向购货单位或劳务接受单位收取而暂未收到的款项。应收票据是指企业销售产品或提供劳务等而收到的商业汇票。预付账款是指企业因购买产品、接受劳务等按照购货合同规定预付给供应单位或劳务提供单位的款项。其他应收款是指除应收账款、应收票据、预付账款以外的各种应收、暂付的款项。

存货是指企业在日常活动中持有以备出售的产成品或库存商品、处在生产过程中的在产品、在产品生产过程或提供劳务过程中耗用的材料或物料等，包括原材料、库存商品、在产品等。

**2. 非流动资产**

非流动资产是指流动资产以外的资产，主要包括可供出售金融资产、持有至到期投资、长期应收款、长期股权投资、投资性房地产、固定资产、无形资产和长期待摊费用等。

可供出售金融资产通常是指企业初始确认时即被指定为可供出售的非衍生金融资产，以及没有划分为以公允价值计量且其变动计入当期损益的金融资产、持有至到期投资、贷款和应收款项的金融资产。比如，企业购入的在活跃市场上有报价的股票、债券和基金等，没有划分为以公允价值计量且其变动计入当期损益的金融资产或持有至到期投资等金融资产的，可归为此类。

持有至到期投资是指到期日固定、回收额固定或可确定，且企业有明确意图和能力持有至到期日的非衍生金融资产。

长期应收款是指企业在融资活动中产生的长期债权，包括融资租赁产生的应收款项、采用递延方式具有融资性质的销售商品和提供劳务等产生的应收款项等。

长期股权投资是指投出的期限在1年以上(不含1年)的各种股权性质的投资，包括购入的股票和其他股权投资等。

投资性房地产是指企业为赚取租金或资本增值，或者两者兼有而持有的房地产，包括已出租的建筑物、已出租的土地使用权和持有并准备增值后转让的土地使用权。

固定资产是指使用年限在一年以上，单位价值在规定标准以上，并在使用过程中始终保持原来物质形态的资产。包括房屋及建筑物、机器设备、运输设备、工具器具等。

无形资产是指企业拥有或者控制的没有实物形态的可辨认非货币性资产。无形资产有广义和狭义之分，广义的无形资产包括货币资金、应收账款、金融资产、长期股权投资、专利权、商标权等，但是会计上通常将无形资产作狭义理解，包括专利权、非专利技术、商标权、著作权等。

长期待摊费用是指企业已经发生但应由本期和以后各期负担的分摊期在1年以上(不含1年)的各项费用，包括以经营租赁方式租入固定资产的改良支出等。

## 二、负　债

### (一)负债的定义及特征

负债是指企业过去的交易或者事项形成的，预期会导致经济利益

流出企业的现时义务。负债反映的是企业债权人对企业资产的索取权,因此也称债权人权益。根据负债的定义,该要素具备如下特征:

**1. 负债是企业过去的交易或者事项形成的**

只有过去的交易或事项所形成的企业的现时义务才能确认为企业的负债,企业为未来发生的交易或事项所编制的支付计划、签订的交易合同等,由于交易或事项并未实际发生,因此不能确认为企业的负债。

**2. 负债是企业应当承担的现时义务**

负债是企业必须承担的现时义务,这是负债的一个基本特征。现时义务是指企业在现行条件下已承担的义务。未来发生的交易或事项形成的义务不属于现时义务,不应确认为企业的负债。

**3. 负债预期会导致经济利益流出企业**

预期会导致经济利益流出企业,是负债的本质特征。只有在履行义务时,会导致经济利益流出企业的,才符合负债的定义。在履行现时义务清偿负债时,可采用多种形式,如用现金或实物资产偿还,以提供劳务偿还等。不管偿还方式如何,最终都会导致经济利益流出企业。

### (二)负债的分类及构成

负债按流动性或偿还期限的长短可分为流动负债和非流动负债。

**1. 流动负债**

流动负债是指企业将在一年(含一年)或者超过一年的一个营业周期内偿还的债务,包括短期借款、应付账款、应付票据、预收账款、应付职工薪酬、应交税费、应付股利、其他应付款、预计负债等。

短期借款是指企业从银行或其他金融机构借入的期限在一年以内(含一年)或超过一年的一个营业周期内偿还的各项借款。

应付账款是指因企业购买材料、商品或接受劳务供应等而发生的应向供货单位或劳务提供单位支付但暂未支付的款项。

应付票据是指企业因购买材料、商品和接受劳务供应等而开出并承兑的商业汇票。

预收账款是指企业因销售商品、提供劳务等按照合同规定向购货单位或劳务接受单位预先收取的款项。

应付职工薪酬是指企业根据有关规定应付给本企业职工各种形式的薪酬,包括职工在职期间和离职后提供给职工的全部货币性薪酬和非货币性福利。

应交税费是指企业按照税法规定计算应交纳的各种税费,包括增值税、消费税、营业税、所得税、资源税、土地增值税等。

应付股利是指股份制企业按协议规定应该支付给股东的现金股利(非股份制企业应支付给投资者的利润为应付利润)。

其他应付款指企业除了应付账款、应付票据、应付职工薪酬、应交税费、应付股利等以外的各种应付、暂收款项。

预计负债是指过去的交易或事项形成的现时义务但应付金额须根据一定的标准予以合理预计的流动负债,包括对外提供担保、未决诉讼、产品质量保证等产生的预计负债。

**2. 非流动负债**

非流动负债是指偿还期在一年或者超过一年的一个营业周期以上的债务,包括长期借款、应付债券、长期应付款等。

长期借款是指企业从银行或其他金融机构借入的期限在一年以上(不含一年)或超过一年的一个营业周期以上的各项借款。

应付债券是指企业为筹集长期资金而发行的企业债券及应付的利息。

长期应付款是指企业除了长期借款和应付债券以外的长期应付款项,包括应付引进设备款、应付融资租入固定资产的租赁费等。

## 三、所有者权益

### (一)所有者权益的定义及特征

所有者权益是所有者在企业资产中享有的经济利益,其金额为全部资产减去全部负债后的余额。根据所有者权益的定义,该要素具备如下特征:

(1)所有者权益是所有者对企业净资产的所有权,是一种剩余权益。在数量上等于企业资产减去负债后的差额。

(2)所有者有权行使企业的经营管理权,或者授权管理人员行使经营管理权,且有按出资额或协议分享企业利润的权利及承担亏损的责任。

(3)所有者权益在企业经营期内可供企业长期、持续地使用,企业不必向投资者返还资本金,按法律法规减资或发生清算等事项除外。在企业清算时,只有在清偿所有的负债后,所有者权益才得以返还。

### (二)所有者权益的分类及构成

所有者权益按其不同构成分为实收资本(或者股本)、资本公积、盈余公积、未分配利润等。

实收资本(或股本)是指所有者(主要包括国家、法人、外商、个人等)按照企业章程或合同、协议的约定实际投入企业的资本中构成注册资本部分的金额。

资本公积是指所有者投入资本超出其在企业注册资本(或股本)中所占份额的投资,以及直接计入所有者权益的利得和损失等。

盈余公积是指按照国家和企业有关规定,企业从税后利润中提取的留存于企业的部分,包括法定盈余公积、任意盈余公积和公益金。盈余公积可按规定的程序转增资本或弥补亏损。

未分配利润是指企业留待以后年度分配的利润或待分配利润。

## 四、收　入

### (一)收入的定义及特征

**1. 收入的定义**

收入是指企业在日常活动中形成的、会导致所有者权益增加的、与所有者投入资本无关的经济利益的总流入,包括销售商品收入、劳务收入、让渡资产使用权收入、利息收入、租金收入、股利收入等,但不包括为第三方或客户代收的款项。

**2. 收入的特征**

根据收入的定义，该要素具备以下特征：

（1）收入是在企业的日常活动中形成的经济利益的流入，而不是从偶发的交易或事项中产生的经济利益的流入。日常活动是指企业为完成其经营目标所从事的经常性活动以及与之相关的活动。例如，产品生产企业从事产品的生产和销售，商品流通企业从事商品的购进和销售，安装公司提供安装服务等，均属于企业的日常活动。明确界定企业的日常活动，目的是将收入与企业在非日常活动中产生的利得区分开来。企业日常活动产生的经济利益的流入是收入的内涵，而偶发活动产生的经济利益的流入是利得而不是收入，例如出售固定资产所取得的收益。

（2）收入会导致所有者权益的增加。收入之所以会导致所有者权益的增加，是由收入与利润及所有者权益之间的关系决定的。一般而言，企业进行日常活动实现的收入与其发生的相关费用配比的结果表现为利润，而利润归所有者所有。在费用一定的情况下，收入越多，实现的利润越多，同时也意味着所有者权益的增加。因而，收入最终会导致企业所有者权益的增加。收入的这一特征表明，只有那些最终会导致所有者权益增加的经济利益的流入才能确认为收入，相反，不会导致所有者权益增加的经济利益的流入不能确认为收入。例如，企业从银行取得借款，尽管也导致了企业经济利益的流入，但该经济利益的流入不仅没有导致所有者权益的增加，反而使企业承担了一项现时义务。因此，这种经济利益的流入不能确认为收入，而应确认为负债。

（3）收入是与所有者投入资本无关的经济利益总流入。所有者向企业投入资本，尽管也会导致经济利益流入企业，但该经济利益流入来自所有者本身，增加的是所有者权益。因而，对所有者投入企业的资本不能确认为企业的收入。

### (二)收入的分类及构成

**1. 狭义收入**

上述收入定义中所界定的企业日常活动中形成的、会导致所有者权益增加的、与所有者投入资本无关的经济利益的总流入属于狭义的收入,包括营业收入、公允价值变动收益和投资收益,营业收入又包括主营业务收入和其他业务收入。

主营业务收入是指企业通过销售商品、提供劳务等主要经营活动所获取的收入,如工业企业的销售产品和提供工业性劳务收入;商品流通企业的销售商品收入;旅游服务业的门票收入、餐饮收入等。

其他业务收入是指企业除主营业务以外的其他日常经营活动取得的收入,如工业企业销售材料、出租固定资产、对外提供非工业性劳务等取得的收入。

公允价值变动收益是指交易性金融资产等公允价值变动形成的收益。

投资收益是指企业在从事各项对外投资活动中所取得的收益。

**2. 广义收入**

广义的收入是指在会计期间内经济利益的总流入,除狭义收入外还包括营业外收入等。

营业外收入是指企业发生的与其日常活动无直接关系的各项经济利益的流入,如企业在财产清查中发现的未能查明原因的流动资产盘盈、处置固定资产的净收益和罚款收入等。

## 五、费　用

### (一)费用的定义及特征

**1. 费用的涵义**

费用是指企业在日常活动中发生的、会导致所有者权益减少的、与向所有者分配利润无关的经济利益的总流出。

**2. 费用的特征**

根据费用的定义，该要素具备以下特征：

（1）费用是企业在日常活动中产生的经济利益的流出，而不是偶发的交易或事项产生的经济利益的流出。将费用明确界定为企业日常活动形成的，目的是将费用与企业在非日常活动中形成的损失区分开来。例如，工业企业为管理生产、商品流通企业为销售商品等所发生的经济利益的流出属于费用。有些交易或事项虽然也能使企业产生经济利益的流出，但因为不属于企业的日常经营活动，所以其经济利益的流出不属于费用而是损失，如工业企业因出售固定资产产生的净损失。

（2）费用能导致所有者权益的减少。费用会导致所有者权益的减少，也是由费用与利润及所有者权益之间的关系决定的。在企业实现收入一定的情况下，费用发生越多，实现的利润越少。因为利润的所有权归属于所有者，企业实现利润的大小直接关系到所有者权益的大小。如果发生的费用大于所实现的收入，企业还会发生亏损，所有者权益也会因此减少。费用的这一特征也表明，只有那些最终会导致所有者权益减少的经济利益的流出才能确认为费用，不会导致所有者权益减少的经济利益的流出不能确认为费用。例如，企业偿还银行借款，尽管也导致了企业经济利益的流出，但该经济利益的流出只导致企业负债的减少，而不会导致所有者权益的减少，因此不应确认为企业的费用。

（3）费用与向所有者分配利润无关。企业向所有者分配利润或股利，是企业将其实现的经营成果分配给投资者的一种分配活动。当分配现金股利时，虽然会导致经济利益流出企业，但该经济利益的流出减少的是企业的利润，而不是增加企业的费用，因而也应将其排除在费用的范围之外。

### （二）费用的分类及构成

**1. 狭义费用**

上述费用定义中所界定的企业在日常活动中发生的、会导致所有者权益减少的、与向所有者分配利润无关的经济利益的总流出属于狭义的费用，包括营业费用、公允价值变动损失和投资损失等。营业费用包括营业成本、营业税金及附加、销售费用、管理费用、财务费用、资产减值损失等。营业成本包括主营业务成本和其他业务成本。

主营业务成本是指企业在主营业务活动中所产生的成本，即企业生产和销售与主营业务有关的产品或服务所必须投入的直接成本，主要包括原材料、人工成本和固定资产折旧等。主营业务成本属于与主营业务收入相配比的费用。例如，企业在销售产品确认主营业务收入的同时所确认的已销售产品的生产成本就属于主营业务成本。

其他业务成本是指企业在开展除主营业务活动以外的其他经营活动所发生的成本，属于与其他业务收入相配比的费用。例如，企业在销售原来购入准备自用的材料，在确认其他业务收入的同时所确定的材料本身的成本，就属于其他业务成本。

营业税金及附加是指企业开展经营活动应当缴纳的各种税费，包括消费税、城市维护建设税、教育费附加等。

销售费用是指企业在销售产品和提供劳务的过程中发生的各种费用，以及专设销售机构的各项经费。如专设销售机构人员的工资及福利费，为推销产品发生的广告费和展销费等。

管理费用是指企业为组织和管理生产经营活动所发生的各种费用。包括企业在筹建期间内发生的开办费、董事会和行政管理部门在企业的经营管理中发生的或者应由企业统一负担的公司经费（包括行政管理部门职工工资及福利费、物料消耗、低值易耗品摊销、办公费和差旅费等）、工会经费、董事会费（包括董事会成员津贴、会议费和差旅费等）、聘请中介机构费、咨询费（含顾问费）、诉讼费、业务招待费、房产税、车船使用税、土地使用税、印花税、技术转让费、矿产资源补偿费、排污费等。

财务费用是指企业为筹集生产经营所需资金等而发生的各种费用，包括利息支出（减利息收入）、汇兑损失（减汇兑收益）以及相关的手续费等。

销售费用、管理费用和财务费用统称为期间费用，其共同特征是在企业日常活动中发生的,但不能计入有关成本,而直接计入当期损益的费用。

资产减值损失是指因资产的账面价值高于其可收回金额而造成的损失。

公允价值变动损失是指交易性金融资产等公允价值变动形成的损失。在发生公允价值变动损失时,应冲减公允价值变动收益。

投资损失是指企业在从事各项对外投资活动中发生的损失。在发生投资损失时,应冲减投资收益。

所得税费用一般是指企业根据适用的所得税的税率计算确定的税金。

**2. 广义费用**

广义的费用是指企业在会计期间内经济利益的总流出。除了营业费用、公允价值变动损失和投资损失外,还包括营业外支出等。

营业外支出是指企业发生的与其日常活动无直接关系的各项经济利益的流出,如企业在财产清查中发现的固定资产盘亏、企业处置固定资产的净损失和因自然灾害等原因造成的企业财产物资的非常损失等。

## 六、利　润

### (一)利润的定义及特征

**1. 利润的定义**

利润是指企业一定期间内获得的经营成果,主要根据收入和费用的合理配比来确定。包括收入减去费用后的净额、直接计入当期利润的利得和损失。

**2. 利润的特征**

根据利润的定义,该要素具备以下特征:

(1)利润的增减会直接导致所有者权益的增减。通常情况下,如果企业实现了利润,表明企业的所有者权益将增加;反之,如果企业发生了亏损(即利润为负数),则表明企业的所有者权益将减少。利润也是评价企业管理层经营业绩的一项重要指标,也是投资者、债权人等财务报告的使用者进行决策时的重要参考信息之一。

(2)企业一定会计期间经营成果的主要构成内容是该期间实现的收入与当期发生或应当负担的费用之间的差额,即营业利润。如果在该期间产生了可直接计入当期利润的利得和损失,应直接计入当期利润,其中利得是收入减去费用后的净额的增项,损失则是收入减去费用后的净额的减项。

### (二)利润的构成

利润包括收入减去费用后的净额、直接计入当期利润的利得和损失。

收入减去费用后的净额是指企业在其日常活动的一定会计期间所实现的全部收入减去该期间所发生的全部费用后的差额,反映的是企业日常活动的业绩。

直接计入当期利润的利得和损失,是指应当计入当期损益、会导致所有者权益发生增减变动的、与所有者投入资本或者向所有者分配利润无关的利得或损失,反映的是企业非日常活动的业绩。

企业应当严格区分收入和利得、费用和损失,以更加全面地反映企业的经营业绩。

按照利润的形成过程,利润可分为营业利润、利润总额和净利润。

(1)营业利润。营业利润是企业利润的主要来源。它是指企业在销售商品、提供劳务等日常活动中所产生的利润。营业利润等于营业收入减去营业成本、营业税金及附加、期间费用、资产减值损失,再加上公允价值变动净收益和投资净收益。

(2)利润总额。利润总额又称税前利润,是在营业利润的基础上加上营业外收入减去营业外支出。

(3)净利润。净利润等于利润总额减去所得税费用。

会计要素的内容,可用图 2-1 表示。

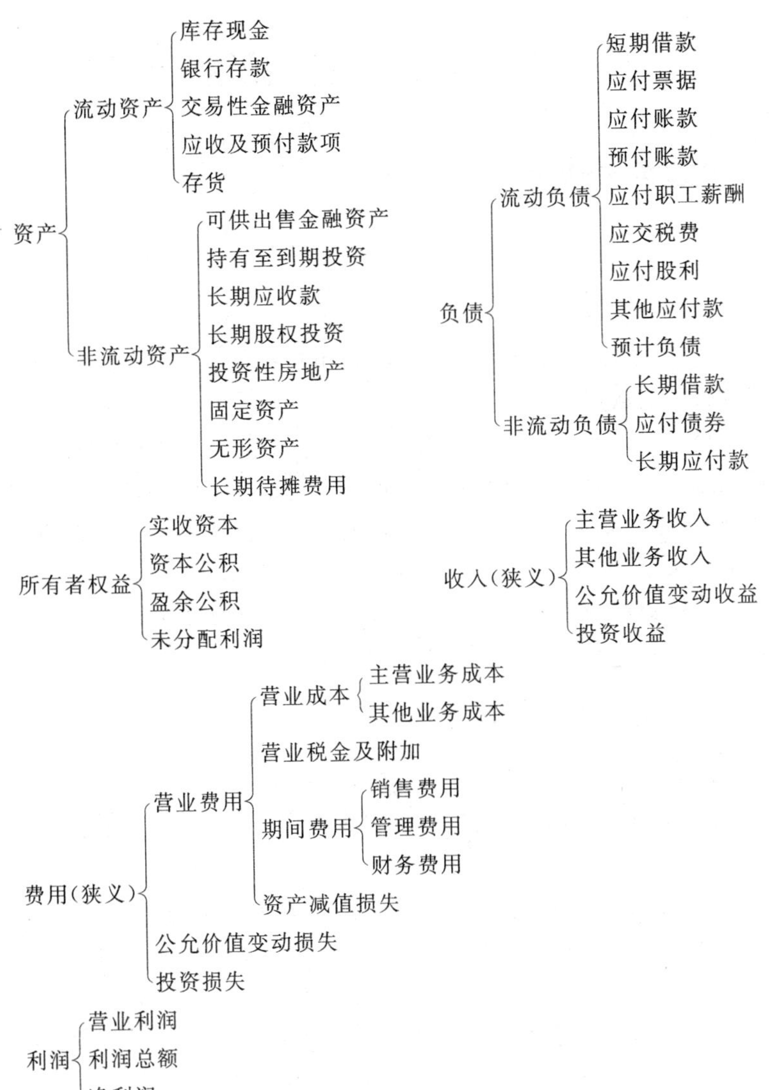


图 2-1 会计要素及其构成内容

# 第二节　会计要素的确认与计量

## 一、会计要素的确认

### (一)会计要素的确认定义

会计要素确认也称会计确认,是指对企业发生的交易或事项是否作为资产、负债、所有者权益、收入、费用和利润等会计要素正式加以记录和报告的认定过程。

会计确认是会计计量、记录和报告的前提,也是企业处理交易或事项的起点。企业任何交易或事项的发生,都会导致会计要素发生增减变动。因此,当交易或事项发生后,企业首先应将其与会计要素联系起来加以认定,辨明该项交易或事项的发生涉及哪些会计要素,以及是否符合会计要素的定义及确认条件。只有那些符合会计要素定义和确认条件的交易或事项,才能进入后续的会计计量、记录和报告程序。

### (二)会计要素确认的条件

**1. 资产的确认条件**

将一项资源确认为资产,除应符合资产的定义,还应同时满足以下两个条件:

(1)与该资源有关的经济利益很可能流入企业。从资产的定义可以看到,能否带来经济利益是资产的一个本质特征。但在现实生活中,由于经济环境瞬息万变,与资源有关的经济利益能否流入企业或者能够流入多少实际上带有不确定性。因此,资产的确认还应与经济利益流入的不确定性程度的判断结合起来,如果根据编制财务报表时所取得的证据,与资源有关的经济利益很可能流入企业,那么就应当将其作为资产予以确认;反之,不能确认为资产。例如,某企业赊销一批商品给某一客户,从而形成了对该客户的应收账款,由于企业最终收到款项与销售实现之间有时间差，而且收款又在未来期间，因此带有一定的不确定性，如果企业在销售时判断未来很可能收到款项或者能够确定收到款项，企业就应当将该应收账款确认为一项资产；如果企业判断在通常情况下很可能部分或者全部无法收回，表明该部分或者全部应收账款已经不符合资产的确认条件，应当计提坏账准备，减少资产的价值。

(2)该资源的成本或者价值能够可靠地计量。财务会计系统是一个确认、计量、记录和报告的系统，计量在其中发挥着枢纽作用，可计量性是所有会计要素确认的重要前提，资产的确认也是如此。只有当有关资源的成本或者价值能够可靠地计量时，资产才能予以确认。在会计实务中，企业取得的许多资产都是发生了实际成本的，例如，企业购买或者生产的存货，企业购置的厂房或者设备等，对于这些资产，只要实际发生的购买成本或者生产成本能够可靠计量，就视为符合了资产确认的可计量条件。在某些情况下，企业取得的资产没有发生实际成本或者发生的实际成本很小，例如，企业持有的某些衍生金融工具形成的资产，对于这些资产，尽管它们没有实际成本或者发生的实际成本很小，但是如果其公允价值能够可靠计量的话，也被认为符合了资产可计量性的确认条件。

**2. 负债的确认条件**

将一项现时义务确认为负债，除应符合负债的定义，还需要同时满足以下两个条件：

(1)与该义务有关的经济利益很可能流出企业。从负债的定义可以看到，预期会导致经济利益流出企业是负债的一个本质特征。在会计实务中，履行义务所需流出的经济利益带有不确定性，尤其是与推定义务相关的经济利益通常需要依赖于大量的估计。因此，负债的确认应当与经济利益流出的不确定性程度的判断结合起来，如果有确凿证据表明，与现时义务有关的经济利益很可能流出企业，就应当将其作为负债予以确认；反之，如果企业承担了现时义务，但是会导致企业经济利益流出的可能性很小，就不符合负债的确认条件，不应将其作为负债予以确认。

(2)未来流出的经济利益的金额能够可靠地计量。负债的确认在考虑经济利益流出企业的同时,对于未来流出的经济利益的金额应当能够可靠计量。对于与法定义务有关的经济利益流出金额,通常可以根据合同或者法律规定的金额予以确定,考虑到经济利益流出的金额通常在未来期间,有时未来期间较长,有关金额的计量需要考虑货币时间价值等因素的影响。对于与推定义务有关的经济利益流出金额,企业应当根据履行相关义务所需支出的最佳估计数进行估计,并综合考虑有关货币时间价值、风险等因素的影响。

**3. 所有者权益的确认条件**

所有者权益体现的是所有者对企业资产所享有的剩余权益。因此,所有者权益的确认主要依赖于其他会计要素,尤其是资产和负债的确认;所有者权益金额的确定也主要取决于资产和负债的计量。例如,企业接受投资者投入的资产,在该资产符合企业资产确认条件时,就符合了所有者权益的确认条件;当该资产的价值能够可靠计量时,所有者权益的金额也就可以确定。

**4. 收入的确认条件**

收入的确认除了应当符合收入的定义外,还应同时满足以下条件:

(1)与收入有关的经济利益很可能流入企业。有关的经济利益是指企业在销售商品或提供劳务过程中可能收到的商品销售价款等。由于多种因素的影响,企业销售商品或提供劳务的价款能否收回具有不确定性。只有在价款收回的可能性比较大时,才能确认为企业的收入;反之,即使收入确认的其他条件均已满足,价款收回的可能性不大,也不能确认为企业的收入。

(2)经济利益流入企业的结果会导致资产增加、负债减少或二者兼而有之。例如,企业销售商品直接取得货款,一方面增加了企业收入,同时也增加了企业资产;如果企业用销售的商品直接冲抵前欠债务,则在收入增加的同时,负债会减少;如果销售商品部分抵债,部分收取货款,则在收入增加的同时,负债会减少,资产会增加。

(3)经济利益的流入金额能够可靠计量。企业对实现的收入能否可靠地计量，是收入能否得以确认的基本前提。能够可靠地计量是指必须具有可以证明收入已经实现的可靠证据。例如，企业在销售商品收到货款后开具的收款单据，或虽未收到货款但已与购货方签订货款支付金额的合同等，都可证明经济利益的流入金额能够可靠计量，即可确认为收入。反之，如果收入的金额不能可靠计量，就不应确认为收入。

**5. 费用的确认条件**

费用的确认除了应当符合费用的定义外，还应同时满足以下三个条件：

(1)与费用相关的经济利益很可能流出企业。

(2)经济利益流出企业的结果会导致资产的减少、负债的增加或二者兼而有之。例如，企业用银行存款支付广告费，一方面表现为费用的增加，另一方面表现为资产的减少；如果企业委托广告公司做广告款项暂欠，则一方面表现为费用的增加，另一方面表现为负债的增加；如果企业发生的广告费，一部分用银行存款支付，一部分款项暂欠，则在费用的增加同时，资产会减少，负债会增加。

(3)经济利益的流出额能够可靠计量。只有在经济利益的流出额能够可靠计量的情况下，才能确认为费用。

**6. 利润的确认条件**

利润反映的是收入减去费用的净额，加上当期利得减去当期损失后的最终结果。因此利润的确认主要依赖于收入和费用以及利得和损失的确认，其金额的确定也主要取决于收入、费用、利得和损失金额的计量。

## 二、会计要素的计量

会计要素的计量简称会计计量，是将符合确认条件的会计要素登记入账，并列报于财务报表而确定其金额的过程。交易或事项发生后，先要对原始凭证中载明的交易或事项进行确认，然后是对会计要素进行计量，即进一步确定交易或事项引起哪些会计要素发生了变化，变化的金额是多少，进而以会计分录的形式把交易或事项在记账凭证中，并对已入账的初始信息进行汇总、分类、计算，使交易或事项系统地、全面地反映在会计账簿中。为满足信息使用者的需要，需对账簿信息进行合理计量，确定报表项目的金额，最后将账簿信息浓缩在会计报告中。

会计要素的计量包括两方面的内容：会计要素的计量单位、会计要素的计量属性。

### （一）会计要素的计量单位

会计要素的计量单位是指会计要素计量尺度的量度单位。由于会计是从数量上反映企业的交易或事项，因而可以采用计量单位的有三种：货币量度单位、实物量度单位和劳动量度单位。由于会计提供的是经济管理所需要的综合的系统的财务信息，也就决定了会计要素的计量应以货币计量单位为主。但也不排除以实物量度、劳动量度为辅助计量尺度。

### （二）会计要素的计量属性

会计要素的计量属性是指会计要素在量化时表现出来的特性，即会计要素按什么标准记账。会计要素的计量属性有以下几种：

**1. 历史成本，又称实际成本**

在历史成本计量下，资产按照其购置时支付的现金或者现金等价物的金额，或者按照购置资产时所付出的对价的公允价值计量。负债按照其因承担现时义务而实际支付的款项或者资产的金额，或者承担现时义务的合同金额，或者按照日常活动中为偿还负债预期需要支付的现金或者现金等价物的金额计量。历史成本通常用于材料、固定资产等资产购置的计量。

**2. 重置成本，又称现行成本**

在重置成本计量下，资产按照现在购买相同或者相似资产所需支付的现金或现金等价物的金额计量；负债按照现在偿付该项债务所需支付的现金或现金等价物的金额计量。

**3. 可变现净值**

在可变现净值计量下，资产按照其正常对外销售所能收到现金或者现金等价物的金额扣减该资产至完工时估计将要发生的成本、估计的销售费用以及相关税费后的金额计量。可变现净值通常应用于存货资产减值等情况下的后续计量。

**4. 现值**

在现值计量下，资产按照预计从其持续使用和最终处置中所产生的未来净现金流入量的折现金额计量；负债按照预计期限内需要偿还的未来净现金流出量的折现金额计量。现值通常用于固定资产、无形资产等非流动资产可收回金额的确定。

**5. 公允价值**

在公允价值计量下，资产和负债按照在公平交易中，熟悉情况的交易双方自愿进行资产交换或债务清偿的金额计量。公允价值主要用于交易性金融资产的计量。

综上所述，历史成本通常反映的是资产或者负债过去的价值，而重置成本、可变现净值、现值以及公允价值通常反映的是资产或者负债的现时成本或者现时价值，是与历史成本相对应的计量属性。我国《企业会计准则(2006)》要求，企业在对会计要素进行计量时，一般应当采用历史成本，采用重置成本、可变现净值、现值、公允价值计量的，应当保证所确定的会计要素金额能够取得并可靠计量；如果这些金额无法取得或可靠地计量的，则不允许采用其他计量属性。

## 第三节　会计等式

### 一、会计等式的定义及种类

#### (一)会计等式的定义

会计等式也称会计恒等式、会计方程式或会计平衡公式，它是对各会计要素的内在经济关系利用数学公式所作的概括表达，即反映各会计要素数量关系的等式。它提示各会计要素之间的联系，是复式记账、试算平衡和编制会计报表的理论依据。

资产、负债、所有者权益、收入、费用、利润这六个会计要素既是各自独立的，相互之间在数量上又存在密切关系。这种关系不仅体现在交易或事项发生时会导致要素之间产生此增彼减、彼增此减或同增同减等变化，而且体现在各自在特定时点或一定会计期间总体金额上的相等关系，利用数学公式将会计要素之间数额相等的关系表达出来，就会形成各种会计等式。

### （二）会计等式的种类

会计要素按照其反映内容的不同，可以分为静态会计要素和动态会计要素。静态会计要素包括资产、负债和所有者权益，动态会计要素包括收入、费用和利润。这两类会计要素按照不同方式组合可以形成以下会计等式。

**1. 静态会计等式**

静态会计等式是反映企业在某一特定日期财务状况的会计等式，是由静态会计要素（资产、负债和所有者权益）组合而成。其公式为：

资产＝负债＋所有者权益

这是会计等式中的基本会计等式，是由资产和权益的平衡关系决定的。任何企业要从事生产经营活动，必定有一定数量的资产。资产是企业过去的交易或事项形成的、由企业拥有或者控制的、预期能给企业带来经济效益的资源。权益是对企业全部资产的所有权，它包括债权人以贷款方式形成的债权人权益和所有者以投资方式形成的所有者权益。一个企业的资产和权益，实际上是同一资金的两个不同方面，是从资金的存在形态和资金来源两个不同角度观察和分析的结果。资产表明企业拥有或控制多少资源以及什么样的资源，即资源在企业存在、分布的形态，如银行存款、原材料、机器设备等；而权益则表明是谁提供了这些资源，谁对这些资源拥有要求权，即资源的取得和形成渠道。所以，资产和权益是相互依存的，有一定数额的资产，必然有相应数额的权益；反之亦然。在数量上任何一个企业的所有资产与所有权益的总额必定相等。用数学公式表示即：

资产＝权益

由于权益包括债权人权益和所有者权益，而债权人权益就是企业的负债。因此，上述等式又可以表述为：

资产＝负债＋所有者权益

静态会计等式说明了资产、负债和所有者权益三大会计要素的内在关系，是设置账户、复式记账、试算平衡和编制资产负债表的理论依据，因此，又可称之为资产负债表等式。

**2. 动态会计等式**

动态会计等式是反映企业在一定会计期间经营成果的会计等式，是由动态会计要素（收入、费用和利润）组合而成。其公式为：

收入－费用＝利润

利润的实质是企业在一定会计期间内实现的收入与其相关的费用进行配比的结果。当收入大于费用时为利润；收入小于费用时为亏损。这是从广义收入和广义费用的角度对利润的理解。根据我国《企业会计准则（2006）》的规定，利润包括收入减去费用后的净额、直接计入当期利润的利得和损失。这是从狭义收入和狭义费用的角度来理解利润的形成，此时将“收入－费用＝利润”作为动态会计等式，是暂未考虑利得和损失因素。

动态会计等式说明了收入、费用和利润三大会计要素的内在关系，是编制利润表的理论依据，因此，又可称之为利润表等式。

**3. 综合会计等式**

以上两个会计等式分别是由相互联系的三个会计要素组合而成的，可分别反映企业的财务状况和经营成果。将两个会计等式组合在一起，可以形成综合会计等式，以揭示企业的财务状况与经营成果之间的相互联系。其公式为：

资产＋费用＝负债＋所有者权益＋收入

从理论上讲，综合会计等式是将静态会计等式和动态会计等式进行合并而形成的会计等式。从产权关系上看，企业实现的利润应归属于所有者，使所有者权益增加，相应的资产也会增加；反之，企业发生的亏损，也只能由所有者承担，会使所有者权益减少，相应的资产也会减少。因此静态会计等式和动态会计等式可以合并为：

资产＝负债＋所有者权益＋利润

而利润又是收入和费用配比的结果，所以：

资产＝负债＋所有者权益＋(收入－费用)

根据数学方程的原理，可将费用移项至等号左边，于是得到综合会计等式：

资产＋费用＝负债＋所有者权益＋收入

(三)会计要素之间的数量关系举例

从以上会计等式可以看出，资产、负债、所有者权益、收入、费用、利润这六个会计要素并不是孤立存在的，它们之间在数量上存在着密切的关系。下面以ABC公司2012年6月份发生的实际交易或事项为例予以说明：

**例 2-1** ABC公司收到投资者投入资金500 000元，存入银行存款账户。

**分析**：投资者投入资金，引起公司资产(银行存款)增加500 000元，同时引起所有者权益增加500 000元。用公式表示为：

资产 500 000＝所有者权益 500 000(元) (1)

**例 2-2** ABC公司向银行借入短期借款10 000元，存入存款户。

**分析**：公司向银行取得短期借款存入存款户，引起公司资产(银行存款)增加，同时引起公司短期借款(负债)增加10 000元。此时公司的资产合计为(500 000＋10 000)510 000元，用公式表示为：

资产 510 000＝负债 10 000＋所有者权益 500 000(元) (2)

**例 2-3** ABC公司销售甲产品一批，收到销售收入200 000元，同时支付运杂费10 000元。

**分析**：此项交易或事项的发生，使公司收入增加200 000元，费用增加

10 000 元，资产净增加(200 000－10 000)190 000 元，用公式表示为：

资产(510 000＋190 000)＝负债 10 000＋所有者权益 500 000
＋收入 200 000－费用 10 000　(元)　(3)

由于收入－费用＝利润，因而(3)式又可表示为：

资产 700 000＝负债 10 000＋所有者权益 500 000
＋利润 190 000(元)　(4)

**例 2-4**　ABC 公司以利润总额的 25％上交所得税，按净利润的 10％转作盈余公积，其余分配给投资者。计算如下：

应交所得税：190 000×25％＝47 500(元)

盈余公积：　190 000×(1－25％)×10％＝14 250(元)

应付股利：　190 000×(1－25％)－14250＝128 250(元)

**分析**：此项交易或事项的发生，使利润一部分转为所有者权益(盈余公积)，一部分转为负债(应交所得税、应付股利)，用公式表示为：

资产 700 000＝负债 185 750＋所有者权益 514 250(元)

其中：　负债 185 750＝10 000＋47 500＋128 250(元)

所有者权益 514 250＝500 000＋14 250(元)

**例 2-5**　ABC 公司用存款上交所得税 47 500 元，支付股利 128 250 元。

**分析**：此项交易或事项的发生，使公司的资产(银行存款)减少 175 750 元，同时使公司的负债减少 175 750 元，用公式表示为：

资产 524 250＝负债 10 000＋所有者权益 514 250(元)

从以上实例中可以看出，随着企业交易或事项的发生，会计要素之间在数量上会发生相应的变化，而变化总是在等式两边或一边各要素之间发生，并且等式的平衡不会被打破，仍保持会计要素最基本的关系，即资产＝负债＋所有者权益。

## 二、交易或事项的类型及其对会计等式的影响

### (一)交易或事项的定义

交易或事项又称会计事项或经济业务,是指在企业的生产经营活动中发生的,能够以会计的方法加以确认、计量、记录和报告的经济活动。其中,交易一般是指企业与其外部的其他企业或部门之间发生的经济往来活动,具体体现企业与供应商、客户、银行等有关部门之间的利益关系;事项一般是指企业内部发生的、与其他企业或部门没有关系的经济活动,具体体现企业内部的相关部门、相关人员之间的利益关系。

会计人员需要处理的不是企业发生的所有业务或事项,而仅仅指会计事项,即能够使企业资产、负债、所有者权益、收入、费用、利润等要素发生增减变化的事项或交易。

### (二)交易或事项的类型及其对会计等式的影响

企业发生的交易或事项纷繁复杂,任何一项交易或事项的发生都会影响企业会计要素发生增减变动。本节以"资产=负债+所有者权益"这个基本会计等式为例,说明无论发生什么交易或事项都不会破坏会计等式的平衡关系。

**例 2-6** 设 ABC 公司 2012 年 6 月初拥有资产 2 000 万元,其中库存现金 0.4 万元,银行存款 57.6 万元,应收账款 262 万元,原材料 80 万元,库存商品 900 万元,固定资产 700 万元。公司实收投资者投入资本 700 万元,银行短期借款 700 万元,应付账款 210 万元,应交税费 185 万元,资本公积 205 万元。可用表 2-1 反映资产、负债、所有者权益之间的平衡关系。

表 2-1　资产负债表

2002 年 6 月 1 日　　　　单位:万元

| 资产 | 金额 | 负债及所有者权益 | 金额 |
|---|---|---|---|
| 库存现金 | 0.4 | 负债: | |
| 银行存款 | 57.6 | 短期借款 | 700 |
| 应收账款 | 262 | 应付账款 | 210 |
| 原材料 | 80 | 应交税费 | 185 |
| 库存商品 | 900 | 所有者权益: | |
| 固定资产 | 700 | 实收资本 | 700 |
| | | 资本公积 | 205 |
| 合　计 | 2 000 | 合　计 | 2 000 |

从表 2-1 中可以看出:ABC 公司 6 月初所拥有的资金总额为 2 000 万元,这些资金分别表现在库存现金、银行存款、应收账款、固定资产等资产项目上,资产总计为 2 000 万元;而企业拥有的这些资产的来源分别为短期借款、应付账款、应交税费以及所有者权益的实收资本、资本公积。负债与所有者权益的合计为 2 000 万元。资产总额与负债及所有者权益总额都是 2 000 万元,两者相等。

**例 2-7**　ABC 公司 6 月份发生了以下交易或事项:6 月 5 日,公司购进甲种材料 100 吨,单价 200 元,共计 20 000 元,材料验收入库,货款尚未支付。

**分析**:这项交易或事项的发生,引起公司原材料(资产)增加 20 000 元,同时引起公司的应付账款(负债)增加 20 000 元。资产、负债与所有者权益之间的平衡关系保持不变。见表 2-2。

表 2-2　资产负债表　　单位:万元

| 资产 | 金额 | 负债及所有者权益 | 金额 |
| --- | --- | --- | --- |
| 库存现金 | 0.4 | 负债: | |
| 银行存款 | 57.6 | 短期借款 | 700 |
| 应收账款 | 262 | 应付账款(+2) | 212 |
| 原材料(+2) | 82 | 应交税费 | 185 |
| 库存商品 | 900 | 所有者权益: | |
| 固定资产 | 700 | 实收资本 | 700 |
| | | 资本公积 | 205 |
| 合　计 | 2 002 | 合　计 | 2 002 |

**例 2-8**　公司 6 月 5 日用银行存款上交税费 10 000 元。

**分析**:这项交易或事项的发生,引起公司银行存款(资产)减少 10 000 元,同时应交税费(负债)减少 10 000 元。资产、负债和所有者权益之间的平衡关系保持不变。见表 2-3。

表 2-3　资产负债表　　单位:万元

| 资产 | 金额 | 负债及所有者权益 | 金额 |
| --- | --- | --- | --- |
| 库存现金 | 0.4 | 负债: | |
| 银行存款(—1) | 56.6 | 短期借款 | 700 |
| 应收账款 | 262 | 应付账款 | 212 |
| 原材料 | 82 | 应交税费(—1) | 184 |
| 库存商品 | 900 | 所有者权益: | |
| 固定资产 | 700 | 实收资本 | 700 |
| | | 资本公积 | 205 |
| 合　计 | 2 001 | 合　计 | 2 001 |

**例 2-9**　6 月 8 日公司收到光华公司投入资金 50 万元,已存入银行。

**分析**:这项交易或事项的发生,引起公司银行存款(资产)增加 50 万元,同时实收资本(所有者权益)也增加 50 万元。资产、负债与所有者权益之间的平衡关系依然保持不变。见表 2-4。

表 2-4　资产负债表　　单位:万元

| 资产 | 金额 | 负债及所有者权益 | 金额 |
|---|---|---|---|
| 库存现金 | 0.4 | 负债: | |
| 银行存款(+50) | 106.6 | 短期借款 | 700 |
| 应收账款 | 262 | 应付账款 | 212 |
| 原材料 | 82 | 应交税费 | 184 |
| 库存商品 | 900 | 所有者权益: | |
| 固定资产 | 700 | 实收资本(+50) | 750 |
| | | 资本公积 | 205 |
| 合　计 | 2 051 | 合　计 | 2 051 |

**例 2-10**　6 月 17 日经批准缩减公司投资规模,原投资者收回投资 60 万元,以银行存款支付。

**分析**:这项交易或事项的发生,引起公司资产(银行存款)减少 60 万元,同时引起所有者权益(实收资本)减少 60 万元。此项交易或事项发生后,没有改变资产、负债和所有者权益之间的平衡关系,三者之间仍然保持平衡。见表 2-5。

表 2-5　资产负债表　　单位:万元

| 资产 | 金额 | 负债及所有者权益 | 金额 |
|---|---|---|---|
| 库存现金 | 0.4 | 负债: | |
| 银行存款(−60) | 46.6 | 短期借款 | 700 |
| 应收账款 | 262 | 应付账款 | 212 |
| 原材料 | 82 | 应交税费 | 184 |
| 库存商品 | 900 | 所有者权益: | |
| 固定资产 | 700 | 实收资本(−60) | 690 |
| | | 资本公积 | 205 |
| 合　计 | 1 991 | 合　计 | 1 991 |

**例 2-11**　6 月 21 日公司收到光华公司前欠货款 30 万元,存入银行。

**分析**:这项交易或事项的发生,引起公司银行存款增加 30 万元,同时应收账款减少 30 万元。由于银行存款和应收账款都属于资产项目,一项资产增加,另一项资产减少,增减金额相等,没有改变资产、负债与所有者权益三者之间的平衡关系。见表 2-6。

**表 2-6　资产负债表**　　单位:万元

| 资产 | 金额 | 负债及所有者权益 | 金额 |
|---|---|---|---|
| 库存现金 | 0.4 | 负债: | |
| 银行存款(+30) | 76.6 | 短期借款 | 700 |
| 应收账款(-30) | 232 | 应付账款 | 212 |
| 原材料 | 82 | 应交税费 | 184 |
| 库存商品 | 900 | 所有者权益: | |
| 固定资产 | 700 | 实收资本 | 690 |
| | | 资本公积 | 205 |
| 合　计 | 1 991 | 合　计 | 1 991 |

**例 2-12**　6 月 24 日公司从银行取得短期借款 50 000 元,直接偿还应付账款。

**分析**:这项交易或事项的发生,引起公司银行短期借款增加 50 000 元,同时引起应付账款减少 50 000 元。由于短期借款和应付账款同属于负债,此项业务发生后,引起一项负债(短期借款)增加,另一项负债(应付账款)减少,增减的金额相等(都是 50 000 元),资产总额不变。所以,资产、负债与所有者权益三者之间仍然保持平衡关系。见表 2-7。

**表 2-7　资产负债表**　　单位:万元

| 资产 | 金额 | 负债及所有者权益 | 金额 |
|---|---|---|---|
| 现金 | 0.4 | 负债: | |
| 银行存款 | 76.6 | 短期借款(+5) | 705 |
| 应收账款 | 232 | 应付账款(-5) | 207 |
| 原材料 | 82 | 应交税费 | 184 |
| 库存商品 | 900 | 所有者权益: | |
| 固定资产 | 700 | 实收资本 | 690 |
| | | 资本公积 | 205 |
| 合　计 | 1 991 | 合　计 | 1 991 |

**例 2-13**　6 月 28 日，公司决定将前欠 M 公司的货款 25 万元，经双方协商同意转作 M 公司对本公司的投资。

**分析**：这项交易或事项的发生，引起实收资本增加 25 万元，同时引起应付账款减少 25 万元。由于应付账款属于负债，实收资本属于所有者权益，一项负债减少，同时一项所有者权益增加，增减金额相等。所以，此项交易或事项的发生，并不影响资产、负债与所有者权益三者之间的平衡关系。见表 2-8。

**表 2-8　资产负债表**　　单位：万元

| 资产 | 金额 | 负债及所有者权益 | 金额 |
|---|---|---|---|
| 现金 | 0.4 | 负债： | |
| 银行存款 | 76.6 | 短期借款 | 705 |
| 应收账款 | 232 | 应付账款(－25) | 182 |
| 原材料 | 82 | 应交税金 | 184 |
| 库存商品 | 900 | 所有者权益： | |
| 固定资产 | 700 | 实收资本(＋25) | 715 |
| | | 资本公积 | 205 |
| 合　计 | 1 991 | 合　计 | 1 991 |

**例 2-14**　6 月 28 日，公司决定将资本公积中的 80 000 元转增资本。

**分析**：这项交易或事项的发生，引起实收资本增加 80 000 元，同时资本公积减少 80 000 元。由于实收资本和资本公积都属于所有者权益，此项经济业务使一项所有者权益增加 80 000 元，另一项所有者权益减少 80 000 元，结果，所有者权益总额不变。所以此项交易或事项的发生，并不影响资产、负债与所有者权益三者之间的平衡关系。见表 2-9。

表 2-9　资产负债表　　单位：万元

| 资产 | 金额 | 负债及所有者权益 | 金额 |
|---|---|---|---|
| 现金 | 0.4 | 负债： | |
| 银行存款 | 76.6 | 短期借款 | 705 |
| 应收账款 | 232 | 应付账款 | 182 |
| 原材料 | 82 | 应交税费 | 184 |
| 库存商品 | 900 | 所有者权益： | |
| 固定资产 | 700 | 实收资本(＋8) | 723 |
| | | 资本公积(－8) | 197 |
| 合　计 | 1 991 | 合　计 | 1 991 |

从上面所举的 14 个例子中可以看出，尽管交易或事项种类繁多、千变万化，但从它们的发生引起资产、负债、所有者权益的变化来看，可以归纳为以下四种类型，无论哪一种类型的交易或事项的发生，都不会影响资产、负债与所有者权益三者之间的平衡关系。

(1)交易或事项的发生引起会计等式的左右两边有关项目等额增加。即资产增加，负债或所有者权益也同时增加，会计等式两边仍保持平衡，如例 7、例 9。

(2)交易或事项的发生引起会计等式的左右两边有关项目等额减少。即资产减少，负债或所有者权益也同时减少，会计等式两边仍保持平衡，如例 8、例 10。

(3)交易或事项的发生引起会计等式的左边有关项目之间发生增减变化，增减金额相等。即资产类项目内部有增有减，会计等式两边仍保持平衡，如例 11。

(4)交易或事项的发生引起会计等式的右边有关项目之间发生增减变化，增减金额相等。即负债类项目之间、所有者权益类项目之间，或者负债类项目与所有者权益类项目之间此增彼减，会计等式两边仍保持平衡，如例 2-12、例 2-13、例 2-14。

如果在基本等式中加入收入、费用和利润要素，会计等式的平衡关系依然成立。

# 第三章　会计科目与账户

## 第一节　会计科目

### 一、会计科目的含义

会计科目是对会计对象的具体内容进行分类核算的项目。会计工作中要确切标明每一账户所要核算的经济内容，对每一个账户要确定一个简明扼要的账户名称，账户名称又称会计科目。因为账户就是根据会计科目开设的，制订出会计科目之后，有一个会计科目就要开设一个账户，因此会计科目是对会计对象具体内容分类的标志。

### 二、设置会计科目的原则

会计科目是分类记录经济业务的依据，设置会计科目，是正确运用复式记账，填制会计凭证、登记账簿和编制会计报表等会计核算方法的基础，从而使核算资料系统化、标准化。设置会计科目应遵循以下原则：

（一）合法性原则

为了保证会计核算指标口径一致，使各企业的会计信息具有可比性，要求在所设置会计科目的名称和反映的内容上做到统一，即所设置的会计科目应当符合企业会计准则及有关会计制度的规定。

（二）相关性原则

会计科目的设置，必须符合经济管理和经济决策的要求。设置会计科目要充分考虑各有关方面对会计信息的需求。例如企业管理当局、投资者、债权人等会计信息使用者的需求。

### (三)实用性原则

会计科目的设置要符合单位经济业务的特点和经营管理的需要。根据企业的组织形式、所处行业、经营内容及业务种类等的不同,在会计科目的设置上应有所区别。

### (四)清晰性原则

对会计要素的再分类,也即会计科目设置应在不影响会计核算质量的前提下,尽可能简化,即做到繁简适度,字义相符,通俗易懂。

## 三、会计科目的内容及级次

### (一)会计科目的内容

为了使不同企业提供的会计信息口径统一、相互可比,财政部颁发的《企业会计准则——应用指南》对各类企业的会计科目作出了统一规范要求,为企业进行会计科目设置提供了依据。

一般工商企业应设置的主要会计科目如表 3-1 所示。

**表 3-1　企业会计科目参照表**

| 编号 | 名　称 | 编号 | 名　称 |
|---|---|---|---|
| | 一、资产类 | 1221 | 其他应收款 |
| 1001 | 库存现金 | 1231 | 坏账准备 |
| 1002 | 银行存款 | 1401 | 材料采购 |
| 1012 | 其他货币资金 | 1402 | 在途物资 |
| 1101 | 交易性金融资产 | 1403 | 原材料 |
| 1121 | 应收票据 | 1404 | 材料成本差异 |
| 1122 | 应收账款 | 1405 | 库存商品 |
| 1123 | 预付账款 | 1406 | 发出商品 |
| 1131 | 应收股利 | 1407 | 商品进销差价 |
| 1132 | 应收利息 | 1408 | 委托加工物资 |

续表

| 编号 | 名　　称 | 编号 | 名　　称 |
|---|---|---|---|
| 1411 | 周转材料 | 2701 | 长期应付款 |
| 1471 | 存货跌价准备 | 2801 | 预计负债 |
| 1501 | 持有至到期投资 | 2901 | 递延所得税负债 |
| 1502 | 持有至到期投资减值准备 | | 三、共同类 |
| 1503 | 可供出售金融资产 | 3001 | 清算资金往来 |
| 1511 | 长期股权投资 | 3002 | 货币兑换 |
| 1512 | 长期股权投资减值准备 | 3101 | 衍生工具 |
| 1521 | 投资性房地产 | 3201 | 套期工具 |
| 1531 | 长期应收款 | | 四、所有者权益 |
| 1601 | 固定资产 | 4001 | 实收资本(或股本) |
| 1602 | 累计折旧 | 4002 | 资本公积 |
| 1603 | 固定资产减值准备 | 4101 | 盈余公积 |
| 1604 | 在建工程 | 4103 | 本年利润 |
| 1605 | 工程物资 | 4104 | 利润分配 |
| 1606 | 固定资产清理 | 4201 | 库存股 |
| 1701 | 无形资产 | | 五、成本类 |
| 1702 | 累计摊销 | 5001 | 生产成本 |
| 1703 | 无形资产减值准备 | 5101 | 制造费用 |
| 1711 | 商誉 | 5201 | 劳务成本 |
| 1801 | 长期待摊费用 | | 六、损益类 |
| 1811 | 递延所得税资产 | 6001 | 主营业务收入 |
| 1901 | 待处理财产损溢 | 6051 | 其他业务收入 |
| | 二、负债类 | 6101 | 公允价值变动损益 |
| 2001 | 短期借款 | 6111 | 投资收益 |
| 2101 | 交易性金融负债 | 6301 | 营业外收入 |
| 2201 | 应付票据 | 6401 | 主营业务成本 |
| 2202 | 应付账款 | 6402 | 其他业务成本 |
| 2203 | 预收账款 | 6403 | 营业税金及附加 |
| 2211 | 应付职工薪酬 | 6601 | 销售费用 |
| 2221 | 应交税费 | 6602 | 管理费用 |
| 2231 | 应付利息 | 6603 | 财务费用 |
| 2232 | 应付股利 | 6701 | 资产减值损失 |
| 2241 | 其他应付款 | 6711 | 营业外支出 |
| 2501 | 长期借款 | 6801 | 所得税费用 |
| 2502 | 应付债券 | 6901 | 以前年度损益调整 |

### (二)会计科目的级次

会计科目按其所提供指标的详细程度,可分为总分类科目与明细分类科目。

(1)总分类科目,指按会计要素不同的经济内容所作的总括分类,总括反映会计要素的会计科目,如表 3-1 中的会计科目,它们都是一级科目。

(2)明细分类科目,是指对总分类科目所含内容作进一步分类,详细补充反映一级会计科目的具体情况的科目。明细科目按所反映指标的详细程度又可分为二级会计科目、三级会计科目等等。如"应收账款"总分类科目可以按欠款单位设置明细科目,即"应收账款——某某单位",具体反映应收哪个单位的货款,"固定资产"总分类科目按固定资产的类别和管理要求分别设置二级会计科目或三级会计科目,即"固定资产——机器设备",详细反映固定资产具体内容,以满足管理需要。

## 四、会计科目编号

为表明会计科目的性质及所属类别,便于迅速、正确地使用会计科目并有助于电子计算机进行处理,我国财政部统一规定的会计科目都按照一定规则予以编号。过去,我国会计科目的编号采用三位数编制,现行企业会计准则中会计科目编号采用四位数字编号法,每一位数字的特定含义如下:

(1)从左至右第一位数字表明会计科目归属的大类,具体为:

1 表示资产类科目, 2 表示负债类,

3 表示共同类, 4 表示所有者权益,

5 表示成本类, 6 表示损益类科目。

(2)第二、三位数字表示会计科目的主要大类下属的各个小类及小类中的各类型。

(3)第四位数字表示各小类的各类型中各个会计科目的序号。会计科目的序号留有空号,以便增加会计科目时用。

会计科目的编号详细可参见表3-1。

# 第二节　账　户

## 一、账户的含义

设置会计科目只是对会计要素的再分类结果规定一个名称。要把发生的经济业务连续、完整、系统地记录下来，还须借助于一定的记账载体，如账页等。因此，所谓账户，就是指根据会计科目开设的，用来分类记录经济业务内容的具有一定格式和结构的记账实体。设置账户是会计核算的一种专门方法。

账户是按规定的会计科目开设的，每个会计科目均应开设一个账户。

## 二、账户的结构

所谓账户结构是指账户应由哪几部分组成以及如何在账户中记录会计要素的增加、减少及其结余情况等。账户是用以记录经济业务，反映资本运动(会计要素)的增减变动，因而必须具有一定的结构与形式。由于经济业务引起会计要素的变动，从数量上看不外乎增加与减少两种情况，因此账户的结构也相应地分为两个基本部分，划分为左方与右方，以一方登记增加额，另一方登记减少额。账户结构中除了增加，减少两个因素外，通常还有一项，称为余额。余额有期末余额和期初余额之分，本期期末余额即为下期期初余额，它与本期增、减发生额的关系为：

期末余额＝期初余额＋本期增加发生额－本期减少发生额

实际工作中，账户的结构、格式差异较大，但账户的基本结构一般包括如下内容：

(1)账户的名称(会计科目)；

(2)日期与摘要(经济业务发生日期及经济业务简明扼要的说明)；

(3)增加额、减少额及余额；

(4)凭证编号。其一般结构与格式如表 3-2。

表 3-2 账户名称(会计科目)

| 年 | | 凭证号数 | 摘要 | 左方 | 右方 | 余额 |
|---|---|---|---|---|---|---|
| 月 | 日 | | | | | |
| | | | | | | |

为了简化方便起见，教学实践和教材中多采用“丁”字型账或称“T”字账来代替实际的账户来进行教学和研究，常用的“丁”字账格式如图 3-1 所示：

(a)

| 左方 | 账户名称 右方 |
|---|---|
| 期初余额<br>本期增加 | 本期减少 |
| 本期增加<br>发生额合计 | 本期减少<br>发生额合计 |
| 期末余额 | |

(b)

| 左方 账户名称 | 右方 |
|---|---|
| 本期减少 | 期初余额<br>本期增加 |
| 本期减少<br>发生额合计 | 本期增加<br>发生额合计 |
| | 期末余额 |

图 3-1 “丁”字账示意图

在现代会计中，账户结构都由左右两方组成，其中一方记增加，另一方记减少。至于账户由哪一方记增加，哪一方记减少，则取决于记账方法和账户的性质。但无论何种记账方法、何种性质账户，左右两方的增减意义都是相反的，也即如果左方记增加，则右方记减少；反之，如果左方记减少，则右方记增加。

## 三、账户的分类

由于账户是根据会计科目设置的，所以账户的分类应当与会计科目的分类一致。例如，账户按其经济内容分类，也分为 6 类账户，即按资产类会计科目设置的账户就称为资产类账户，依此类推。又如，账户也可以按照它所提供的核算资料详略不同来分类：根据一级会计科目设置的账户称为总分类账户，根据二级、三级科目设置的账户称为明细科目。账户的分类还可以按其用途和结构进行分类，其分类情况将在本书第六章中详细介绍，在此不再详述。

## 四、会计科目与账户的关系

账户与会计科目是两个不同的概念，两者既相互区别又彼此依存、不可分割。账户与会计科目的区别在于：会计科目作为对会计要素再分类的标志，只有分类的名称，用以标明该科目所核算的经济内容，而无实际的记录格式，不能真正记录经济业务的发生或完成情况。而账户正是以会计科目为名称，按照会计科目规定的核算内容，用一定的格式对经济业务的发生或完成情况进行分类、连续地实施记录。通过账户的记录，可以真正掌握会计要素的增减变动情况以及变动的结果信息。两者的联系是：账户与会计科目都是能分门别类地反映引起会计要素增减变化的经济业务内容；设置会计科目是开设账户的前提，账户则是实现会计科目目标的专门方法。在实际工作中，两者往往是互通的。

# 第四章　复式记账原理

## 第一节　记账方法概述

### 一、记账方法的概念与种类

企业、事业、行政单位必须按规定的记账方法和设置的会计科目记账。所谓记账方法是指根据记账凭证，运用一定的记账符号和记账规则将经济业务登记在账户上的技术方法。

记账方法按登记经济业务方式的不同可分为单式记账法和复式记账法。

### 二、单式记账法

单式记账法指除对有关人欠、欠人的库存现金、银行存款收付业务，在两个或两个以上有关账户中登记外，其他经济业务，只在一个账户中登记或不予登记的方法。其特点是平时只登记库存现金、银行存款的收付和各种往来账项。例如，用银行存款购买材料，只登记“银行存款”账，不记“原材料”账；购买材料，货款未付时，只记“应付账款”账，不记“原材料”账；收到应收款或偿付货款时，则同时登记“库存现金”或“银行存款”账和“应收账款”或“应付账款”账。对固定资产折旧、材料物资的耗用等经济业务，由于不涉及库存现金或银行存款的收付，因此不予记账。

采用单式记账法，手续比较简单，但不能全面地、系统地反映经济业务的全貌，没有账户的对应关系，不便于检查账户记录的准确性，因此是一种不完整的记账方法，现已很少使用。目前，使用最广泛的是复式记账法。

## 三、复式记账法

复式记账法是相对于"单式记账法"而言的。所谓复式记账法，是指对每笔经济业务按相等金额在两个或两个以上相关账户中同时进行登记的记账方法。例如，从银行提取库存现金 500 元，对于该项经济业务的发生，一方面使企业的库存库存现金增加 500 元，同时，企业的开户银行存款减少 500 元。根据复式记账方法，这项经济业务应以相等的金额在"库存现金"和"银行存款"这两个相互联系的账户上进行登记，即一方面在"库存现金"账户登记增加 500 元，另一方面在"银行存款"账户登记减少 500 元。与单式记账法相比，复式记账法有两个明显的特点：一是对发生的各项经济业务，都要按规定的会计科目，至少在两个或两个以上相互联系的账户上进行记录；二是对记录的结果可以进行试算平衡。

复式记账法是以"资产＝负债＋所有者权益"这一会计等式作为理论依据的。按照这个平衡原理，任何一项经济业务的发生，都会引起资产与负债及所有者权益之间至少两个项目发生增减变化，且增减金额相等。这可以了解每一项经济业务的来龙去脉，即资金从何处来，到何处去两方面的变化，同时，对记录的结果可以进行试算平衡，可以检查账户记录是否正确。由此可见，复式记账法是一种科学的记账方法。

复式记账法在会计核算体系中占有重要地位，因为在日常会计核算工作中，从编制会计凭证到登记账簿，都要运用复式记账。

目前，世界各国广泛采用的复式记账法是借贷记账法。我国由于历史原因，建国后相当长的时期出现三种复式记账法并存的局面，即借贷记账法、增减记账法、收付记账法。1993 年 7 月 1 日，我国《企业会计准则》实施以后，企业会计记账一律采用借贷记账法。

本章着重介绍借贷记账法。

# 第二节　借贷记账法

## 一、借贷记账法的由来

借贷记账法是以“借”、“贷”为记账符号，以“有借必有贷、借贷必相等”为记账规则的一种复式记账方法。

借贷记账法是会计史上第一个复式记账法，大约起源于13世纪资本主义开始萌芽的意大利。1494年，意大利的数学家巴其阿勒，在他所著的《算术、几何及比例概要》一书中，系统、全面地介绍了当时流行于威尼斯一带的复式记账法，并从理论上给予必要总结和说明。从此，借贷记账法就逐渐流传于西欧，并风行于全世界。因而，1494年被认为是近代会计的开始时间，借贷记账法理论上的总结被誉为会计发展史上的第一个里程碑。

借贷记账法中的“借”和“贷”两字最初只是为了适应借贷资本家记录其货币的存入和贷出的需要，借贷资本家对于收进来的存款，记在贷方的名下，表示债务，即应付款；对于贷出的存款，记在借方的名下，表示债权，即应收款。对于借贷资本家来说，“借”、“贷”两字和账户记录的经济业务内容是相符合的，它不仅是记账符号，而且体现着具有现实意义的权责关系。随着经济的不断发展，记账的内容不断扩大，这种记账方法被推广应用到各行各业中去，用来记录各种经济业务，“借”、“贷”两字也就逐渐失去了原来的含义，而转化为纯粹的记账符号，成为会计上的专门术语。借贷记账法于清朝末年从日本传入我国，它是目前世界各国所通用的一种记账方法。

## 二、借贷记账法的基本内容

### （一）账户及其结构

在借贷记账法下，账户按其经济内容可分为：资产类账户；负债类账户；所有者权益类账户；成本类账户；损益类账户。

在借贷记账法下，账户的基本结构仍然分为左右两方，由于借贷记账法的记账符号是“借”、“贷”，会计界习惯地把账户的左方称为借方，右方称为贷方，基本格式如图 4-1 所示。

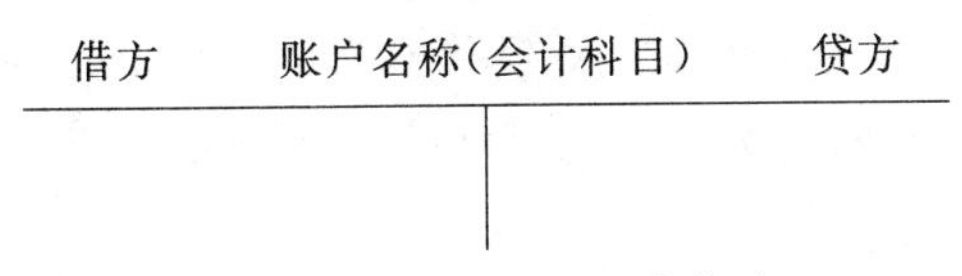


图 4-1　借贷记账法基本格式

账户分为借贷两方，哪一方登记增加额，哪一方登记减少额，取决于账户的性质。每个账户借方或贷方所登记的一定时期内发生的各项经济业务的合计数，称为本期借方发生额或贷方发生额。借方总额大于贷方总额的差额称为借方余额，反之，贷方总额大于借方总额的差额，称为贷方余额。

下面分别说明各类账户的结构。

**1. 资产类账户的结构**

资产类账户借方登记增加数，贷方登记减少数，期末如有余额，一般在借方，资产类账户结构见图 4-2。

借方　　账户名称（会计科目）　　贷方

| 借方 | 贷方 |
| --- | --- |
| 期初余额<br>本期增加额<br>⋮ | <br>本期减少额<br>⋮ |
| 本期发生额<br>期末余额 | 本期发生额 |

图 4-2　资产类账户

资产类账户期末余额的计算公式如下：

资产类账户借方期末余额 = 借方期初余额 + 借方本期发生额 − 贷方本期发生额

**2. 负债与所有者权益类账户的结构**

负债与所有者权益类账户同列在会计等式的右边，这两类账户的结构是相同的，即负债或所有者权益的增加额记贷方，减少额记借方，期末如有余额，一般在贷方，负债与所有者权益类账户结构见图4-3。

| 借方 | 账户名称（会计科目）　贷方 |
| --- | --- |
| 本期减少额<br>⋮ | 期初余额<br>本期减少额<br>⋮ |
| 本期发生额 | 本期发生额<br>期末余额 |

图4-3　负债与所有者权益类账户

负债与所有者权益类账户期末余额计算公式如下：

负债与所有者权益账户贷方期末余额 = 贷方期初余额 + 贷方本期发生额 − 借方本期发生额

**3. 成本类账户**

成本类账户增加记借方，减少记贷方，期末如有余额，一般在借方，成本类账户结构见图4-4。

| 借方 | 账户名称（会计科目）　贷方 |
| --- | --- |
| 期初余额<br>本期增加额<br>⋮ | 本期减少额<br>⋮ |
| 本期发生额<br>期末余额 | 本期发生额 |

图4-4　成本类账户

成本类账户期末余额,其计算公式与资产类账户相同。

**4. 损益类账户的结构**

损益类账户包括:收入收益类账户与费用支出类账户,两类账户结构相反。

(1)收入收益类账户的结构。损益类账户中的收入账户包括主营业务收入、其他业务收入。收益账户包括营业外收入、投资收益(净收益),增加时记在收入收益账户的贷方,减少时记在收入收益账户的借方,期末结转后无余额,其账户结构见图 4-5。

借方　　账户名称(会计科目)　　贷方

| | |
|---|---|
| 本期减少额<br>⋮ | 本期增加额<br>⋮ |
| 本期发生额 | 本期发生额 |

图 4-5　收入收益类账户

(2)费用支出类账户的结构。损益类账户中的费用账户包括主营业务成本、营业税金及附加、销售费用、管理费用、财务费用、所得税费用,支出账户包括其他业务成本、营业外支出。投资收益如为净损失,其结构与收入收益类账户相反。增加时记在费用支出账户的借方,减少时记在费用支出账户的贷方,期末结转后无余额,其账户结构见图 4-6。

借方　　账户名称(会计科目)　　贷方

| | |
|---|---|
| 本期增加额<br>⋮ | 本期减少额<br>⋮ |
| 本期发生额 | 本期发生额 |

图 4-6　费用支出账户

根据以上各类账户结构说明:资产、成本、费用支出账户结构相同,都是增加额记借方,减少额记贷方;负债、所有者权益、收入收益账户结构相同，都是减少额记借方，增加额记贷方，把所有账户借方和贷方所记录的经济业务加以归纳，可用图 4-7 表示。

| 账户的借方 | 账户的贷方 |
|---|---|
| 资产的增加 | 资产的减少 |
| 成本的增加 | 成本的减少 |
| 费用支出类的增加 | 费用支出类的减少 |
| 负债的减少 | 负债的增加 |
| 所有者权益的减少 | 所有者权益的增加 |
| 收入收益类的减少 | 收入收益类的增加 |

图 4-7

### （二）记账符号

借贷记账法以“借”、“贷”二字作为记账符号。“借”、“贷”作为纯粹的记账符号是比较抽象的。借和贷在反映数量的增减变化方面都有双重含义，它们各自既可以反映增加，也可以反映减少，这主要取决于账户的性质。

### （三）记账规则

借贷记账法以“有借必有贷，借贷必相等”作为记账规则。“有借必有贷，借贷必相等”是指对任何一笔经济业务，都必须在一个或多个账户的借方和一个或多个账户的贷方进行登记，借方金额合计应等于贷方金额合计。这一记账规则是以“资产＝负债＋所有者权益”这一会计等式作为理论依据。

## 三、账户对应关系与会计分录

### （一）账户对应关系

采用借贷记账法，根据“有借必有贷，借贷必相等”的记账规则登记每项经济业务时，在有关账户之间就发生了应借、应贷的相互关系，账户之间的这种相互关系，叫做账户的对应关系。存在对应关系的账户，叫做对应账户。

需要说明的是，账户对应关系是相对于具体经济业务而言的，并非指某个账户与某个账户是固定的对应账户。比如，把库存现金 5 000 元存入银行，对这项经济业务，应记入“银行存款”账户借方 5 000 元和“库存现金”账户贷方 5 000 元。在这项经济业务中，“银行存款”和“库存现金”两个账户发生了应借、应贷的相互关系，这两个账户就叫做对应账户。又如以库存现金 500 元购买办公用品，对这项经济业务，应记入“管理费用”账户借方 500 元和“库存现金”账户贷方 500 元，在这项经济业务中，“库存现金”账户又和“管理费用”账户发生了应借、应贷的对应关系，“库存现金”账户和“管理费用”账户又成为对应账户。

### （二）会计分录

所谓会计分录（简称分录），指按照复式记账的要求，对每项经济业务以账户名称、记账方向和金额反映账户间对应关系的记录。会计分录在实际工作中，是通过填制记账凭证来实现的，它是保证会计记录正确可靠的主要环节。

会计分录有简单分录和复合分录两种。

所谓简单分录，指反经济业务时只涉及到两个账户的会计分录，例如，以库存现金发放工资 100 000 元，其会计分录为：

借：应付职工薪酬——工资　　100 000

　贷：库存现金　　100 000

所谓复合分录，指反映经济业务时涉及两个以上账户的会计分录，在借贷记账法下，复合分录一般表现为一“借”多“贷”或一“贷”多“借”两种形式。

例如：购买一台设备，价款 50 000 元，以银行存款支付，同时，以库存现金支付购买设备的运杂费 800 元。其会计分录为：

借：固定资产　　50 800

贷:银行存款　　50 000

库存现金　　800

复合分录实际上由几个简单分录组合而成的。例如上述购买设备的分录就是由下面两个简单分录组成的:

① 借:固定资产　　50 000

贷:银行存款　　50 000

② 借:固定资产　　800

贷:库存现金　　800

下面以第二章第二节所举的经济业务为例,说明会计分录的编制方法:

**例 4-1** 1 月 5 日,公司购进甲种材料 100 吨,每吨 200 元,共计 20 000 元,材料验收入库,货款尚未支付。

借:原材料—甲材料　　20 000

贷:应付账款　　20 000

**例 4-2** 公司 1 月 5 日用银行存款缴纳税金 10 000 元。

借:应交税费　　10 000

贷:银行存款　　10 000

**例 4-3** 1 月 8 日公司收到光华公司投入资金 50 万元,已存入银行。

借:银行存款　　500 000

贷:实收资本　　500 000

**例 4-4** 1 月 7 日经批准缩减公司投资规模,原投资者收回投资 60 万元,以银行存款支付。

借:实收资本　　600 000

贷:银行存款　　600 000

**例 4-5** 1 月 21 日公司收到光华公司前欠货款 30 万元,存入银行。

借:银行存款　　300 000

贷:应收账款—光华公司　　300 000

**例 4-6** 1 月 24 日,公司从银行取得短期借款 500 000 元,直接偿还应付账款。

借:应付账款　　500 000

　贷:短期借款　　500 000

**例 4-7** 1月28日,公司决定以资本公积25万元以利润分配的形式转作应付利润。

借:资本公积　　250 000

　贷:应付股利　　250 000

**例 4-8** 1月28日,公司决定将资本公积中的80 000元转增资本。

借:资本公积　　80 000

　贷:实收资本　　80 000

## 四、试算平衡

试算平衡,就是根据资产与负债及所有者权益之间的平衡关系来检查各类账户记录是否正确。

由于借贷记账法是根据“有借必有贷,借贷必相等”的记账规则进行记账,从而保证了每一项经济业务的会计分录借贷两方发生额必然相等,因此,将一定时期内(如一个月)全部经济业务的会计分录,都记入有关账户后,所有账户借方本期发生额合计数与贷方本期发生额合计数也必然相等的。所有账户的借方期末余额合计数与贷方期末余额合计数也必然是相等的。

试算平衡通常是在月末结出各个账户本月发生额和月末余额后,通过编制试算平衡表来进行的,试算平衡表一般有两种格式:总分类账试算平衡表和明细分类账试算平衡表。

### (一)总分类账户试算平衡表

总分类账户试算平衡表,又称总分类账户本期发生额及余额表,它是用来验算全部总分类账户的本期发生额和期初、期末余额是否平衡的一种试算表。

根据前面所举ABC公司2012年1月份的业务,有关总分类账户的“T”型账户记录如下:

**表 4-1　丁字型账户记录示例**

| 原材料 | |
|---|---|
| 期初余额:800 000 | |
| ①20 000 | |
| 本月发生额:20 000 | |
| 期末余额:820 000 | |

| 应付账款 | |
|---|---|
| ⑥50 000 | 期初余额:2 100 000 |
| | ①20 000 |
| 本月发生额:50 000 | 本月发生额:20 000 |
| | 期末余额:2 070 000 |

| 应交税费 | |
|---|---|
| ②10 000 | 期初余额:1 850 000 |
| 本月发生额:10 000 | 期末余额:1 840 000 |

| 银行存款 | |
|---|---|
| 期初余额:576 000 | ②10 000 |
| ③500 000 | ④600 000 |
| ⑤300 000 | |
| 本月发生额:800 000 | 本月发生额:610 000 |
| 期末余额:766 000 | |

| 实收资本 | |
|---|---|
| | 期初余额:7 000 000 |
| ④600 000 | ③500 000 |
| | ⑧80 000 |
| 本月发生额:600 000 | 本月发生额:580 000 |
| | 期末余额:6 980 000 |

| 应收账款 | |
|---|---|
| 期初余额:2 620 000 | ⑤300 000 |
| 期末余额:2 320 000 | 本月发生额:300 000 |

| 短期借款 | |
|---|---|
| | 期初余额:7 000 000 |
| | ⑥50 000 |
| | 本月发生额:50 000 |
| | 期末余额:7 050 000 |

| 资本公积 | |
|---|---|
| ⑦250 000 | 期初余额:2 050 000 |
| ⑧80 000 | |
| 本月发生额:330 000 | 期末余额:1 720 000 |

| 应付股利 | |
|---|---|
| | ⑦250 000 |
| | 本月发生额:250 000 |
| | 期末余额:250 000 |

| 库存现金 | |
|---|---|
| 期初余额:4 000 | |
| 期末余额:4 000 | |

续表

库存商品

| | |
|---|---|
| 期初余额:9 000 000 | |
| 期末余额:9 000 000 | |

固定资产

| | |
|---|---|
| 期初余额:7 000 000 | |
| 期末余额:7 000 000 | |

根据以上资料,编制总分类账户试算平衡表如表 4-2 所示。

**表 4-2　总分类账户试算平衡表**

2012 年 1 月

| 账户名称 | 期初余额 | | 本期发生额 | | 期末余额 | |
|---|---|---|---|---|---|---|
| | 借方 | 贷方 | 借方 | 贷方 | 借方 | 贷方 |
| 库存现金 | 4 000 | | | | 4 000 | |
| 银行存款 | 576 000 | | 800 000 | 610 000 | 766 000 | |
| 应收账款 | 2 620 000 | | | 300 000 | 2 32 000 | |
| 原 材 料 | 800 000 | | | | 820 000 | |
| 库存商品 | 9 000 000 | | 20 000 | | 9 000 000 | |
| 固定资产 | 7 000 000 | | | | 7 000 000 | |
| 短期借款 | | 7 000 000 | | 50 000 | | 7 050 000 |
| 应付账款 | | 2 100 000 | 50 000 | 20 000 | | 2 070 000 |
| 应交税费 | | 1 850 000 | 10 000 | | | 1 840 000 |
| 应付股利 | | | | 250 000 | | 250 000 |
| 实收资本 | | 7 000 000 | 600 000 | 580 000 | | 6 980 000 |
| 资本公积 | | 2 050 000 | 330 000 | | | 1 720 000 |
| 合　　计 | 20 000 000 | 20 000 000 | 1 810 000 | 1 810 000 | 19 910 000 | 19 910 000 |

(二)明细分类账户试算平衡表

明细分类账户试算平衡表,亦称明细分类账户本期发生额及余额表,它是根据各种明细分类账户的日常核算资料加以综合编制的。编制完毕后,可以通过检查总分类账户与其所属明细分类账户的记录,来确定其是否正确和完整。即通过下面两个等式来确定：

总分类账户的期初（期末）余额 = 总分类账户所属各明细分类账户的期初（期末）余额之和

总分类账户本期借方（贷方）发生额 = 总分类账户所属各明细分类账户的借方（贷方）发生额之和

### （三）试算平衡表的作用

试算平衡表主要有以下两个作用：

**1. 可以用来检查账户记录的正确性和完整性**

总分类账户试算平衡表编完后，借贷两方的金额相等，说明账户的记录基本上是正确的，但下列错误不能通过试算平衡表检查出来：

①一笔经济业务的记录全部被漏记或重记；

②一笔经济业务的借贷双方，在编制会计分录时，金额上发生同样的错误；

③一笔经济业务应借应贷互相颠倒；

④借方或贷方的各项金额偶然一多一少，恰好抵销。

在上述情况下，需要对一切会计分录进行日常或定期的复核，以保证账面记录的正确性，如果借贷不平衡，可以肯定账户记录或计算有错误。

明细分类账户试算平衡表编完后，一个总分类账户的发生额及余额应与其统驭的明细分类账户的发生额及余额方向保持一致。

**2. 可为编制会计报表准备资料**

# 第五章　企业基本经济业务的核算

企业是独立核算的经济实体。企业生产经营业务性质和所属行业不同,其生产经营业务的内容也存在很大差别,会计核算的内容及方法也自然有一定的区别。但是,由于生产性企业的生产经营业务活动内容复杂,涉及面广,其业务具有一定的代表性,因此本章以生产性企业的主要经济业务为例,简要说明账户及复式记账法的运用。

生产性企业的主要生产经营过程分为供应、生产和销售三个阶段。在供应阶段,主要为生产过程准备必要的生产材料,其主要业务是材料的采购、运输、装卸搬运、验收入库,并相应支付材料买价、运输及装卸搬运费用,计算材料的进项增值税额等,办理与供应、运输等单位的结算业务,以及材料采购成本的计算,使资金运动由货币资金转化为储备资金。在产品生产阶段,劳动者借助生产资料对劳动对象进行加工制作,生产出为社会需要的各种产品,因产品的生产而发生各种生产费用,包括材料燃料消耗费用、固定资产损耗费用、员工的工资及福利费用以及其他各种费用,将这些费用中可以对象化的费用,按照产品对象进行归集和分配,从而计算确定产品总成本和单位成本,使资金运动实现由储备资金向生产资金的转化,并随着库存商品的验收入库,进而使生产资金又转化为成品资金。在销售阶段,企业将产品销售给购买单位,取得销售收入,同时需要支付必要的产品包装、运输、广告等销售费用,计算销售成本和销售税金,办理货款及其他各项销售费用的结算,使资金运动实现由成品资金向货币资金的转化。企业在组织供应、生产、销售等生产经营活动过程中,还会发生各种管理费用以及财务费用等,将所取得的销售收入扣除各项销售成本、费用后,计算确定盈亏及应交所得税费用,确定财务成果并按规定程序对实现利润进行合理分配，这些也都是企业的主要业务活动内容。

## 第一节　企业筹资阶段经济业务的核算

企业需要有一定数额的资金才能进行正常的生产经营活动，企业筹资阶段是指企业取得生产经营所需资金的过程。目前，我国企业资金主要来自企业所有者投入和向债权人借入两个方面。从企业的所有者中筹集的资金，即所有者投资，通常称之为“实收资本”（股份有限公司和有限责任公司则称为“股本”）；从企业债权人中借入的资金，则属于企业的负债，如从银行借入的银行借款等。

### 一、实收资本的核算

#### （一）投资者投入资本的概念

投资者投入的资本是企业生产经营的“本钱”，是企业所有者权益的主要部分。企业的投资者可以是国家、法人和外商。他们投入的资本即为：国家投入资本、法人投入资本、个人投入资本和外商投入资本。企业的投资者可能以不同形态的资产向企业投资，包括：货币投资、实物投资、证券投资和无形资产投资。

为了维护企业正常生产经营活动，确保投资者投入资本的安全完整，维护所有者的权益，对投入资本应注意：

①投资者投入资本除法律、法规另有规定外，不能随意抽回；

②企业在生产经营中所取得的收入和收益，所发生的费用和损失，不能直接增加或减少投入资本；

③投资者以实物或无形资产投入的资本，以投资者和接受投资企业双方认可估价作为实际投资额入账。

#### （二）实收资本核算中设置的账户

企业作为一个会计主体应该把实际收到投资者投入资本这项经济

业务的变化过程和结果(实收资本的增减变化和结果)记录下来，记录实收资本情况的账户，称为实收资本(或“股本”)账户。实收资本(或“股本”)账户是所有者权益账户，所以增加额记在贷方，减少额记在借方(但为了保护债权人的权利，一般禁止投资者抽回投资，故实收资本账户一般没有借方发生额)，余额在贷方。

用简化的丁字型账户表示其结构：

实收资本(或“股本”)

| 借方 | 贷方 |
|---|---|
| 减少的投入资本 | 收到投资者的投入资本 |
| | 余额：期末投入资本实有数 |

图 5-1　简介丁字型账户结构

### (三)实收资本总分类核算

下面以 ABC 公司 2012 年 6 月份发生的业务为例(下同)来说明投资者投入资本的具体核算方法：

**1. 投资者投入货币资金**

**例 5-1**　1 日，国家投入资本 200 000 元，存入银行。

该项经济业务的发生，引起银行存款的增加和国家投入资金的增加。涉及“银行存款”和“实收资本”两个账户；“银行存款”是资产类账户，其增加应记入“银行存款”账户的借方；“实收资本”是所有者权益类账户，其增加记入该账户的贷方，故该笔经济业务的发生应编制以下会计分录：

借：银行存款　　200 000

　　贷：实收资本——国家资本金　　200 000

**2. 投资者投入固定资产**

**例 5-2**　1 日，企业收到 A 单位投入全新运输汽车一辆，价值 250 000元。

该项经济业务的发生,引起固定资产中的汽车设备增加和某单位投入资本的增加。涉及"固定资产"和"实收资本"两个账户;"固定资产"是资产类账户,其增加应记入"固定资产"账户的借方;"实收资本"是所有者权益类账户,其增加记入该账户的贷方,故该笔经济业务的发生应编制以下会计分录:

借:固定资产　　250 000

　贷:实收资本——A 单位　　250 000

## 二、短期借款的核算

### (一)短期借款核算的内容

企业向银行和其他金融机构借入的款项,按其借款时间分为长期借款和短期借款,期限在一年以上的借款称为长期借款,期限在一年以下的借款称为短期借款,由于短期借款将在一年内偿还的,所以属于企业的流动负债。

企业向银行借入资金(如短期借款),表示企业取得了资金,同时意味着企业必须按期支付利息和到期偿还借款。所以短期借款核算包括:取得借款、支付借款利息和归还借款三项主要内容。

### (二)短期借款核算应设置的账户

通常,用短期借款账户反映和监督企业短期借款的取得、归还及尚未偿还的短期借款,也就是反映短期借款的增加、减少及余额。短期借款是负债类账户。所以当企业取得短期借款时,表明流动负债增加,将增加的短期借款金额记在短期借款账户贷方,当企业归还短期借款时,表明流动负债减少,将减少金额记在短期借款账户借方,期末的贷方余额表示企业尚未归还的短期借款,为了分别表示企业向不同债权人借入资金情况,企业除了设置短期借款账户反映短期借款的总括情况外,还应该按债权人设置明细分类账具体反映企业向每一个债权人借入款项的情况。

用简化的丁字型账户表示短期借款账户的结构如下：

短期借款

| 借方 | 贷方 |
|---|---|
| 归还短期借款的金额 | 取得短期借款的金额 |
| | 余额：尚未偿还的短期借款 |

图 5-2　丁字型表示短期借款账户

### （三）短期借款总分类核算

企业短期借款业务包括取得借款、支付利息和偿还借款，下面我们分别说明它们的核算方法。

**1. 取得借款**

**例 5-3**　1 日，由于季节性储备材料需要，企业临时向银行借款 40 000 元，借款期限一个月，年利率 7.2%，所借款项已存入银行。

该项经济业务的发生，引起银行存款的增加和向银行临时借入资金的增加。涉及“银行存款”和“短期借款”两个账户；“银行存款”是资产类账户，其增加应记入“银行存款”账户的借方；“短期借款”是负债类账户，其增加记入该账户的贷方，故该笔经济业务的发生应编制以下会计分录：

借：银行存款　　40 000

　贷：短期借款　　40 000

**2. 支付短期借款利息**

**例 5-4**　31 日，以银行存款支付例 3 中向银行借入资金利息：

$$40\ 000\times\frac{7.2\%}{12}=240(\text{元})$$

该项经济业务的发生，引起银行存款的减少和企业费用的增加，企业在筹资过程中发生的相关筹资费用应计入“财务费用”账户，故该笔经济业务涉及“银行存款”和“财务费用”两个账户；“银行存款”是资产类账户，其减少应记入“银行存款”账户的贷方；“财务费用”是费用类账户，其增加记入该账户的借方，故该笔经济业务的发生应编制以下会计分录：

借：财务费用　　240

　贷：银行存款　　240

### 3. 归还短期借款

**例 5-5**　31 日，例 3 中的借款到期，偿还本金。

该项经济业务的发生，引起银行存款的减少和向银行临时借入资金的减少。涉及银行存款和短期借款两个账户；银行存款是资产类账户，其减少应记入银行存款账户的贷方；短期借款是负债类账户，其减少记入该账户的借方，故该笔经济业务的发生应编制以下会计分录：

借：短期借款　　40 000

　贷：银行存款　　40 000

# 第二节　企业供应阶段经济业务的核算

## 一、设置的主要账户

生产性企业为了加强对材料采购业务的管理，正确组织材料采购、储存的核算，准确计算材料的采购成本，需要设置和运用以下几个主要账户：

### （一）材料采购账户

材料采购账户是一个资产类账户，用来核算企业外购材料的买价和采购费用，计算确定材料采购实际成本的账户。这个账户的借方登记购入材料的买价和采购费用；贷方登记转入原材料账户的材料实际采购成本；余额一般在借方，反映已收到发票账单，但材料尚未到达或虽已到达但尚未验收入库的。为了具体核算各种原材料的实际采购成本，还可按照材料的品名、规格，分别设置材料采购二级账户，进行原材料采购的明细分类核算。通过材料采购账户提供的资料，可以检查考核材料采购计划的完成情况。在《企业会计制度》中规定对于材料采购时设置的账户为“物资采购”,而《小企业会计准则》则通过“在途物资”账户核算。

用简化的丁字型账户表示材料采购账户的结构如下:

材料采购

| 借方 | 贷方 |
| --- | --- |
| 支付外购材料的买价和采购费用 | 验收入库转入“原材料”账户的材料实际采购成本 |
| 余额:期末在途材料成本 | |

图 5-3　丁字型采购账户

## (二)原材料账户

原材料账户是一个资产类账户,用来核算企业库存原材料的收发变动及结存情况的账户。这个账户的借方登记验收入库原材料实际采购成本;贷方登记发出材料的实际成本;余额在借方,表示期末库存材料的实际成本。为了具体核算库存原材料的收发变动及储存情况,可按照原材料的类别、品名、规格等分别设置原材料的明细分类账户,进行明细核算。通过原材料账户提供的资料,可以了解掌握各种原材料的增减变动及储存保管情况,监督检查原材料经营责任及材料资金占用情况。

用简化的丁字形账户表示原材料账户的结构如下:

原材料

| 借方 | 贷方 |
| --- | --- |
| 验收入库原材料实际采购成本 | 发出材料的实际成本 |
| 余额:期末库存材料的实际成本 | |

图 5-4　丁字型原材料账户

## (三)银行存款账户

银行存款账户是一个资产类账户,借方登记企业在开户行存入款项的数额;贷方登记企业以银行存款支付各种款项或提取现金的数额,余额在借方,表示期末实有银行存款余额。

用简化的丁字型账户表示银行存款账户的结构如下:

银行存款

| 借方 | 贷方 |
| --- | --- |
| 存入款项的数额 | 支付各种款项或提取现金的数额 |
| 余额:期末实有银行存款余额 | |

图 5-5　丁字型银行存款账户

(四)应付账款账户

应付账款账户是一个负债类账户,用来核算企业因采购材料、物资或接受劳务供应等而发生的结算债务,以及这些债务的清偿情况。这个账户的贷方登记应付供货或提供劳务单位的款项;借方登记已偿还的应付款项,余额一般在贷方,表示期末尚未偿付的应付账款数额。应付账款账户可以按原材料、物资及提供劳务的单位名称分设明细分类账户,进行明细分类核算。

用简化的丁字形账户表示应付账款账户的结构如下:

应付账款

| 借方 | 贷方 |
| --- | --- |
| 已偿还的应付款项 | 应付供货或提供劳务单位的款项 |
| | 余额:期末尚未偿付的应付账款数额 |

图 5-6　丁字型应付账款账户

(五)预付账款账户

预付账款账户是一个资产类账户,用来核算因采购材料、物资或接受劳务供应而预付给供应单位的款项以及结算情况的账户。这个账户的借方登记预付给供应单位的款项;贷方登记预付账款的结算核销的数额;余额一般在借方,表示已预付、尚未结算的期末预付款数额。预付账款账户可以按照发生预付账款的供应单位名称分别设置明细分类账户,进行明细分类核算。

用简化的丁字型账户表示预付账款账户的结构如下:

预付账款

| 借方 | 贷方 |
| --- | --- |
| 预付给供应单位的款项 | 预付账款结算核销的数额 |
| 余额:已预付、尚未结算的期末预付款数额 | |

图 5-7 丁字型预付账款账户

### (六)应交税费账户

应交税费账户是一个负债类账户,用来核算企业应交纳的各种税费,包括增值税、消费税、营业税、所得税、资源税、土地增值税、城市维护建设税、房产税、土地使用税、车船使用税、教育费附加、矿产资源补偿费、教育费附加等。企业计算出应交税费时,记贷方;实际交纳各种税费时,记借方;余额在贷方,反映企业尚未交纳的各种税费,期末如为借方余额,反映企业多交或尚未抵扣的税费。按应交的税费项目进行明细核算。在《企业会计制度》中,核算企业应交纳的各种税费通过"应交税金"账户核算。

增值税是就货物或劳务的增值部分征收的一种税金。它是一种价外税,通过产品实现的销售转嫁给购买者,最终由消费者负担。所以对企业来说,为生产产品购进材料时,付给供货方的增值税税额为进项税额。当生产的产品实现销售时,要向购买方收取的增值税为销项税额。用当期的销项税额减去当期进项税额即为企业应交纳的增值税额。应交增值税的核算通过在"应交税费"账户下设置"应交增值税"明细账户进行。增值税率一般按照17%计算。

(七)库存现金账户

应存现金账户是一个资产类账户。用来核算企业现金的收、付和结存情况。企业收到现金时,按实收金额借记"库存现金"账户;支出现金时,记入贷方;期末余额在借方,表示现金的实存数额。在《企业会计制度》中,核算企业现金通过"现金"账户核算。

## 二、主要经济业务核算

企业向供应单位购买材料,应当按照经济合同和结算制度的规定,及时地支付货款。企业采购材料,还须支付必要的采购费用,因此需要通过"材料采购"账户进行核算。材料采购成本是由买价和采购费用两个成本项目构成,即

材料采购成本=买价+采购费用

其中,买价是指供应单位的发票价格。

采购费用主要包括:

①运杂费(包括运输费用、装卸费、保险费、包装费、仓储费等);

②运输途中的合理损耗;

③入库前的整理挑选费用(包括整理挑选中发生的工、费支出和必要损耗,并扣除回收的下脚废料价值);

下面以ABC公司2012年6月份发生的业务为例说明材料采购业务的具体核算方法:

**例5-6** 1日,向乙公司购进子材料1 000公斤,单价10元,计10 000元,进项增值税1 700元,其款项以银行存款支付。

这项经济业务涉及到"材料采购"、"应交税费——应交增值税"和"银行存款"三个账户。"材料采购"是资产类账户,采购成本的增加,应记入"材料采购"账户的借方,支付过进项税应记入"应交税费——应交增值税"账户的借方,银行存款减少应记入"银行存款"账户的贷方。这项经济业务应作如下会计分录:

借:材料采购——子材料　　10 000
　应交税费——应交增值税(进项税额)　　1 700
　贷:银行存款　　11 700

**例 5-7**　3 日,ABC 公司向乙公司购进子材料 2 000 公斤,单价 10 元,计 20 000 元,向丙公司购进丑材料 2 500 公斤,单价 8 元,计 20 000 元,其应付进项增值税 6 800 元,全部款项尚未支付。

这项经济业务涉及到材料采购、应交税费——应交增值税和应付账款三个账户。采购成本增加,应记入材料采购账户的借方。支付应交增值税应记人应交税费——应交增值税账户的借方,应付购货及增值税款应记入应付账款账户的贷方。这项经济业务应作如下会计分录:

借:材料采购——子材料　　20 000
　　　　　——丑材料　　20 000
　应交税费——应交增值税(进项税额)　　6 800
　贷:应付账款——乙公司　　23 400
　　　　　　——丙公司　　23 400

**例 5-8**　7 日,ABC 公司由乙公司购入子材料 3 000 公斤,单价 10 元,计 30 000 元,进项增值税 5 100 元,同日又向丙公司购入丑材料 3 750 公斤,单价 8 元,计 30 000 元,进项增值税 5 100 元,其中子材料货款及增值税尚未支付,丑材料货款及增值税已由银行转账支付。

这项经济业务涉及到材料采购、应交税费——应交增值税、应付账款和银行存款四个账户,采购成本增加,应记入材料采购账户的借方,应交增值税应记入应交税费——应交增值税账户的借方,尚未支付的货款及增值税应记入应付账款账户的贷方,已由银行转账支付的货款及增值税应记入银行存款账户的贷方。这项经济业务应作如下会计分录:

借:材料采购——子材料　　30 000
　应交税费——应交增值税(进项税额)　　5100
　贷:应付账款——乙公司　　35 100

同时：

借：材料采购——丑材料　　30 000

　应交税费——应交增值税(进项税额)　　5 100

贷：银行存款　　35 100

**例 5-9**　11 日，以银行存款预付丁公司购料款 25 000 元。

这项经济业务涉及银行存款和预付账款两个账户。银行存款减少应记入银行存款账户的贷方；预付账款是资产类账户，预付购料款的增加应记入预付账款账户的借方。这项经济业务应作如下会计分录：

借：预付账款——丁公司　　25 000

　贷：银行存款　　25 000

**例 5-10**　20 日，公司收到预付货款的丑材料 2 800 公斤，单价 8 元，计 22 400元，增值税 3 808 元，除冲销原预付货款 25 000 元外，其余款项以银行转账支付。

这项经济业务涉及材料采购、应交税费——应交增值税、预付账款和银行存款四个账户。由于原预付货款 25 000 元，现实际应付购料款及增值税款计 26 208 元，应补付货款 1 208 元，一方面应记入预付账款账户的借方，另一方面又要记入银行存款账户的贷方。采购成本增加应记入材料采购账户的借方，进项增值税应记入应交税费——应交增值税账户的借方，冲销预付账款应记入预付账款账户贷方。这项经济业务应作如下两笔会计分录：

借：预付账款——丁公司　　1 208

　贷：银行存款　　1 208

借：材料采购——丑材料　　22 400

　应交税费——应交增值税(进项税额)　　3 808

　贷：预付账款——丁公司　　26 208

**例 5-11**　30 日，以银行存款支付子、丑两种材料的运输费用计 752.50 元，支付采购机构经费 2 648 元。

这项经济业务中，材料的运输费用及采购机构经费为本月所采购子、丑两种材料共同负担的采购费用，需要按一定的标准在两种材料之间进行分配，据以分别确定两种材料的实际采购成本，并分别计入子、丑材料明细分类账中。

根据上举各例，ABC 公司 1 月份采购子、丑两种材料的各项采购成本情况如表 5-1 所示。

**表 4-1**

| 材料名称 | 重量(公斤) | 单价 | 买价(元) | 运输费 | 采购经费 |
|---|---|---|---|---|---|
| 子材料 | 6 000 | 10 元 | 60 000 | | |
| 丑材料 | 9 050 | 8 元 | 72 400 | | |
| 合　计 | 15 050 | | 132 400 | 752.50 | 2 648 |

对于采购材料过程中发生的运输等费用，如果能分清对象的，可以直接计入各种材料的采购成本，不能分清对象的可按重量或其他标准比例，分摊计入各种材料的采购成本。本例中按重量比例分摊运输费用，则：

每公斤材料应分摊运输费用＝752.5/15 050＝0.05(元)

子材料应分摊运输费＝6 000×0.05＝300(元)

丑材料应分摊运输费＝9 050×0.05＝452.50(元)

实际工作中往往通过编制运输费用分配表的方法来完成，参见表 5-2。

**表 5-2　运输费用分配表**

2012 年 6 月 31 日

| 材料名称 | 分配标准重量(公斤) | 分配率 | 分配金额 |
|---|---|---|---|
| 子材料 | 6 000 | 5% | 300.00 |
| 丑材料 | 9 050 | 5% | 452.50 |
| 合　计 | 15 050 | 5% | 752.50 |

对于采购材料过程中发生的采购费用，如果能分清对象的，可以直接计入各种材料的采购成本，不能分清对象的可以按采购材料金额等

比例，分摊计入各种材料的采购成本。本例中按金额比例分摊采购费用，则：

采购费用分摊率＝2 648/132 400＝0.02（元）

子材料应分摊采购费用＝60 000×0.02＝1 200（元）

丑材料应分摊采购费用＝72 400×0.02＝1 448（元）

也可以通过编制采购费用分配表的方法来完成，参见表 5-3。

**表 5-3 采购费用分配表**

2012 年 6 月 31 日

| 材料名称 | 分配标准买价（元） | 分配率 | 分配金额 |
|---|---|---|---|
| 子材料 | 60 000 | 2% | 1 200.00 |
| 丑材料 | 72 400 | 2% | 1 448.00 |
| 合　计 | 132 400 | 2% | 2 648.00 |

这项经济业务涉及材料采购和银行存款两个账户。采购成本增加记入材料采购账户借方，银行存款减少记入银行存款账户贷方。这项经济业务应作如下会计分录：

借：材料采购——子材料　　1 500.00

　　　　　　——丑材料　　1 900.50

　贷：银行存款　　3 400.50

**例 5-12**　30 日，结转本月子丑两种材料的实际采购成本。

计算实际采购成本：

子材料采购成本＝60 000＋300＋1 200＝61 500（元）

丑材料采购成本＝72 400＋452.50＋1 448＝74 300.50（元）

这项经济业务涉及到材料采购和原材料两个账户，原材料增加记入原材料账户的借方，结转采购成本应记入材料采购账户的贷方。这项经济业务应作如下会计分录：

借：原材料——子材料　　61 500.00

　　　　　——丑材料　　74 300.50

贷：材料采购——子材料　　61 500.00

　　　　　　——丑材料　　74 300.50

## 第三节　企业生产阶段经济业务的核算

### 一、设置的主要账户

生产性企业生产阶段的主要经济业务是进行产品的生产，这就必然会发生各项耗费。在这些耗费中，不但有直接用于产品生产、构成产品实体的原材料、主要材料、外购半成品及其他直接材料而发生的直接材料费用，直接从事产品生产的工人的工资及福利费，即直接人工费用，而且还有企业各生产车间为组织和管理生产而发生的各项间接费用，即制造费用。直接材料费用、直接人工费用和制造费用构成产品的生产成本或称制造成本。此外，生产过程中还会发生一些不能直接归属于某个特定产品成本的费用，这些费用容易确定其发生的期间，而难以判别其所应归属的产品，需要在发生的当期从该期损益中直接扣除，因而称为期间费用。期间费用包括管理费用、财务费用和销售费用等，其中销售费用将在本章第三节中讲述。

企业为了加强对产品生产的管理，核算和监督生产费用以及管理费用、财务费用的发生、归集和分配，准确计算产品的实际生产成本，正确核算管理费用和财务费用，需要设置和运用以下几个主要账户。

#### （一）生产成本账户

生产成本账户是一个成本类账户，用来核算企业在产品生产过程中所发生的生产费用，计算确定产品实际生产成本。这个账户的借方登记企业在产品生产过程中所发生的全部生产费用；贷方登记已完工产品的转入库存商品的实际生产成本；月末借方余额表示尚未完工的在产品的实际生产成本。为了具体核算每一种产品的生产数量及生产成本，可以按照生产产品的品名或种类设置明细分类账户，进行生产成本的明细分类核算。通过生产成本账户提供的资料,可以全面了解生产过程中所发生的各种生产费用,计算确定产品的单位成本和总成本,监督检查生产计划的完成情况和生产费用节约情况。

用简化的丁字型账户表示生产成本账户的结构如图 5-8 所示:

生产成本

| 借方 | 贷方 |
| --- | --- |
| 企业在产品生产过程中所发生的全部生产费用 | 已完工产品的转入库存商品的实际生产成本 |
| 余额:尚未完工的在产品的实际生产成本 | |

图 5-8　丁字型生产成本账户

(二)制造费用账户

制造费用账户是一个成本类账户.用来核算企业为生产产品和提供劳务而发生的各项间接费用,如车间管理人员的薪酬、车间厂房折旧费、办公费、水电费、机物料消耗、劳动保护费、季节性或修理期间的停工损失等费用。这个账户的借方登记企业在生产过程中发生的各项间接费用。贷方登记月度终了将全部制造费用分配计入有关产品成本的金额;月末一般无余额。为了具体核算制造费用的发生情况,可以按制造费用的项目设置明细分类账户,进行明细分类核算。

用简化的丁字型账户表示制造费用账户的结构如图 5-9 所示:

制造费用

| 借方 | 贷方 |
| --- | --- |
| 企业在生产过程中发生的各项间接费用 | 分配计入有关产品成本的金额 |
| 平 | 平 |

图 5-9　丁字型制造费用账户

## （三）累计折旧账户

累计折旧账户是固定资产账户的一个备抵调整账户，专门用来核算固定资产因磨损等原因而减少的价值。企业固定资产在使用过程中减少的价值，是通过计提折旧的方式逐步地转移到产品成本或期间费用中去。因此计提折旧费用，就表明生产费用或期间费用的增加，同时，由于固定资产发生了磨损或贬值，固定资产的价值也相应减少，又由于固定资产账户要始终反映企业现有固定资产的原值，其减少金额应通过"累计折旧"账户来核算。所以这个账户的贷方登记固定资产因计提折旧而减少的金额，即固定资产折旧的增加金额；借方登记已提固定资产折旧的减少或转销数额；月末贷方余额，表示现有固定资产已计提的累计折旧额。设置累计折旧账户，可以确定现有固定资产的实际价值(净值)。

用简化的丁字型账户表示累计折旧账户的结构如图 5-10 所示：

累计折旧

| 借方 | 贷方 |
| --- | --- |
| 已提固定资产折旧的减少或转销数额 | 固定资产折旧的计提金额 |
| | 余额：现有固定资产已计提的累计折旧额 |

图 5-10　丁字型累计折旧账户

## （四）应付职工薪酬账户

应用职工薪酬账户是一个负债类账户，用来核算企业根据有关规定应付给职工的各种薪酬，包括职工工资、奖金、津贴和补贴，职工福利费，社会保险费，住房公积金，工会经费和职工教育经费等。这个账户的贷方登记实际发生的应付职工的薪酬数额；借方登记实际已经支付的薪酬数额；月末一般无余额，如有余额在贷方，表示期末职工尚未领取或尚未全部发放的薪酬额。在《企业会计制度》中对于工资的核算通过"应付工资"账户核算;对于福利费的核算通过"应付福利费"核算。

用简化的丁字型账户表示应付职工薪酬账户的结构如图 5-11 所示:

应付职工薪酬

| 借方 | 贷方 |
| --- | --- |
| 实际已经支付的薪酬数额 | 实际发生的应付职工的薪酬金额 |
| | 余额:期末职工尚未领取或尚未全部发放的工资额 |

图 5-11　丁字型应付职工薪酬账户

（五）管理费用账户

管理费用账户是一个损益类账户,用来核算企业行政管理部门为组织和管理生产经营活动发生的各种费用,包括应由企业统一负担的公司经费(包括行政管理部门职工工资及福利费、物料消耗、低值易耗品摊销、办公费和差旅费等)、工会经费、业务招待费、董事会费(包括董事会成员津贴、会议费和差旅费等),贷方登记月末全部转入本年利润账户,计入当期损益的数额;月末本账户结转后无余额。

用简化的丁字型账户表示管理费用账户的结构如图 5-12 所示:

管理费用

| 借方 | 贷方 |
| --- | --- |
| 企业发生的各项管理费用 | 期末全部转入"本年利润"账户的金额 |
| 平 | 平 |

图 5-12　丁字型管理费用账户

（六）财务费用账户

账务费用账户是一个损益类账户,用来核算企业为筹集生产经营所需资金而发生的费用。这个账户的借方登记企业发生的各项财务费用,包括利息支出、汇兑损失以及支付给金融机构的手续费等;贷方登记发生的利息收入,汇兑收益以及期末转入本年利润账户,计入当期损益的数额;月末本账户结转后无余额。

用简化的丁字型账户表示财务费用账户的结构如图 5-13 所示:

财务费用

| 借方 | 贷方 |
|---|---|
| 企业发生的各项财务费用 | 发生的利息收入,汇兑收益以及期末转入"本年利润"账户的金额 |
| 平 | 平 |

图 5-13　丁字型财务费用账户

## (七)库存商品账户

库存商品账户是一个资产类的账户,用来核算已生产完工并验收入库产品的增减变动及结存情况。这个账户的借方登记生产完工并已验收入库的库存商品实际成本;贷方登记发出库存商品的实际成本,月末余额在借方,表示库存商品的实际成本。为了具体反映各种库存商品的增减变化及库存情况,应按库存商品品名或种类设置明细分类账户,进行明细分类核算。

用简化的丁字型账户表示库存商品账户的结构如图 5-14 所示:

库存商品

| 借方 | 贷方 |
|---|---|
| 生产完工并已验收入库的库存商品实际成本 | 发出库存商品的实际成本 |
| 余额:库存商品的实际成本 | |

图 5-14　丁字型库存商品账户

(八)其他应收款账户

其他应收款账户是一个资产类的账户。用来核算企业除应收票据、应收账款、预付账款以外的其他各种应收、暂付款。这个账户的借方登记企业发生的其他各种应收款项;贷方登记已收回的其他各种应收款项;月末借方余额表示未收回的其他各种应收款项。该账户可以按其他各种应收债务人设置明细分类账户,进行明细分类核算。

用简化的丁字型账户表示其他应收款账户的结构如图 5-15 所示:

其他应收款

| 借方 | 贷方 |
|---|---|
| 企业发生的其他各种应收款项 | 已收回的其他各种应收款项 |
| 余额:未收回的其他各种应收款项 | |

图 5-15　丁字型其他应收款账户

## 二、主要经济业务的核算

生产性企业生产阶段主要经济业务可以分为材料费用、工资及福利费用、制造费用、生产成本等几个方面进行核算。下面仍以 ABC 公司为例,说明生产性企业生产阶段主要经济业务的核算。假定 ABC 公司有一个生产车间,生产 A、B 两种产品。

**例 5-13**　30 日,仓库部门汇总本月发出下列材料用于生产 A、B 两种产品和车间及行政管理部门一般耗用(根据各种材料明细分类账户资料汇总整理),如表 5-4 所示。

表 5-4　材料耗用汇总表

| 项　目 | 子材料 | | 丑材料 | | 合计 |
|---|---|---|---|---|---|
| | 数量（公斤） | 金额（元） | 数量（公斤） | 金额（元） | 金额（元） |
| ①制造产品耗用 | 9 000 | 90 000 | 8 000 | 64 000 | 154 000 |
| A 产品 | 8 000 | 80 000 | 2 000 | 16 000 | 96 000 |
| B 产品 | 1 000 | 10 000 | 6 000 | 48 000 | 58 000 |
| ②车间管理部门一般耗用 | 1 100 | 11 000 | | | 11 000 |
| ③行政管理部门一般耗用 | | | 300 | 2 400 | 2 400 |
| 合　计 | 10 100 | 101 000 | 8 300 | 66 400 | 167 400 |

这项经济业务的发生涉及原材料、生产成本、制造费用、管理费用四个账户。生产产品耗用材料 15 400 元，应记入生产成本账户的借方；车间管理部门一般耗用材料应记入制造费用账户的借方；企业行政管理部门一般耗用材料应计入管理费用账户的借方；仓库发出原材料总计 161 400 元，应计入原材料账户的贷方。这项经济业务应作如下会计分录：

借：生产成本——A 产品　　96 000
　　　　　　——B 产品　　58 000
　　制造费用　　11 000
　　管理费用　　2 400
　贷：原材料——子材料　　101 000
　　　　　　——丑材料　　66 400

**例 5-14**　30 日，结算本月应付职工工资 28 000 元，其中生产 A 产品工人工资 12 000 元，B 产品工人工资 6 000 元，车间管理人员工工资 4 000 元，企业行政管理人员工工资 6 000 元。

这项经济业务的发生涉及生产成本、制造费用、管理费用和应付职工薪酬——工资四个账户。生产 A 产品、B 产品工人工资属于生产成本的直接人工费，应记入生产成本账户的借方；车间管理人员工资属于生产产品的间接人工费，应计入制造费用账户的借方；企业行政管理人员工资属于期间费用，应记入管理费用账户的借方；本月发生应付给职工的工资表明企业负债的增加，应记入应付职工薪酬——工资账户的贷方。这项经济业务应作如下会计分录：

| | |
|---|---|
| 借：生产成本——A 产品 | 12 000 |
| ——B 产品 | 6 000 |
| 制造费用 | 4 000 |
| 管理费用 | 6 000 |
| 贷：应付职工薪酬——工资 | 28 000 |

**例 5-15** 30 日，按规定企业以职工工资总额的 14%分别计提职工福利费，计提额度如下：

| | |
|---|---|
| 生产 A 产品工人福利费 | 1 680(12 000×14%)(元) |
| 生产 B 产品工人福利费 | 840(6 000×14%)(元) |
| 生产车间管理人员福利费 | 560(4 000×14%)(元) |
| 行政管理人员福利费 | 840(6 000×14%)(元) |
| 合计 | 3 920(28 000×14%)(元) |

这项经济业务的发生涉及到生产成本、制造费用、管理费用和应付职工薪酬——福利费四个账户。生产产品工人应计提的福利费，应记入生产成本账户的借方；车间管理人员应计提的福利费，应记入制造费用账户的借方；行政管理人员应计提的福利费，应记入管理费用账户的借方；计提职工福利费表明对职工的负债增加，应计入应付职工薪酬——职工福利账户的贷方。这项经济业务应作如下会计分录：

| | |
|---|---|
| 借：生产成本——A 产品 | 1 680 |
| ——B 产品 | 840 |
| 制造费用 | 560 |
| 管理费用 | 840 |
| 贷：应付职工薪酬——职工福利 | 3 920 |

**例 5-16** 12 日，开出现金支票，从银行存款中提取现金 28 000 元，备发

工资。

这项经济业务涉及到现金和银行存款两个账户。从银行存款中提取现金，应记入现金账户的借方，银行存款账户的贷方。这项经济业务应作如下会计分录：

借：库存现金 28 000

贷：银行存款 28 000

**例 5-17** 12 日，以现金 28 000 元发放职工工资。

这项经济业务的发生，涉及现金和应付职工薪酬——工资两个账户。应付职工薪酬——工资减少应记入应付职工薪酬——工资账户的借方；现金减少应记入现金账户的贷方。这项经济业务应作如下会计分录：

借：应付职工薪酬——工资 28 000

贷：库存现金 28 000

**例 5-18** 13 日，行政管理人员王刚出差预借差旅费 1 000 元，以现金付讫。

这项经济业务的发生，涉及现金和其他应收款两个账户。职工出差预借款形成职工对企业的负债，应记入其他应收款账户的借方；现金减少应记入现金账户的贷方。这项经济业务应作如下会计分录：

借：其他应收款——王刚 1 000

贷：库存现金 1 000

**例 5-19** 16 日，王刚出差归来，报销差旅费 600 元，余款 400 元交回现金。

这项经济业务的发生，涉及管理费用、其他应收款和现金三个账户。管理人员出差报销差旅费，应记入管理费用账户的借方；余款 400 元交回现金，应记入现金账户的借方；报销差旅费 600 元，交回现金 400 元，解除了职工对企业的负债，应记入其他应收款账户的贷方。这项经济业务应作如下会计分录：

借：管理费用 600

库存现金 400

贷:其他应收款——王刚　　1 000

**例 5-20**　17 日,以银行存款支付办公费、水电费等管理费用 1 200 元。

这项经济业务的发生,涉及管理费用和银行存款两个账户。管理费用增加应记入管理费用账户的借方;银行存款的减少应记入银行存款账户的贷方。这项经济业务应作如下会计分录:

借:管理费用　　1 200

贷:银行存款　　1 200

**例 5-21**　30 日,预提本月银行借款利息费用 1 060 元。

这项经济业务的发生,涉及"财务费用"和"应付利息"两个账户,银行借款利息费用通常采取按季结算,因此企业依据权责发生制原则,预先提取均需记入受益月份。借款利息支出属于财务费用,应记入"财务费用"账户的借方;预提利息时增加记入"应付利息"账户的贷方。这项经济业务应作如下会计分录:

借:财务费用　　1 060

贷:应付利息　　1 060

**例 5-22**　30 日,计提本月固定资产折旧费 6 400 元,其中生产车间应提折旧费 4 200 元,行政管理部门使用的固定资产应提折旧 2 000 元。

这项经济业务的发生,涉及"制造费用"、"管理费用"和"累计折旧"三个账户。生产部门使用固定资产折旧费属于生产成本中的固定资产损耗费,是一种间接生产费用,应记入"制造费用"账户的借方;管理部门使用固定资产的损耗费,应记入"管理费用"账户的借方;计提固定资产折旧说明原有固定资产价值减少了,即累计折旧的增加,应记入"累计折旧"账户的贷方。这项经济业务应作如下会计分录:

借:制造费用　　4 200

管理费用　　2 000

贷:累计折旧　　6 200

**例 5-23**　30 日,本月发生的全部制造费用,进行归集、分配并结转"生产成本"账户。

制造费用是企业在生产过程中所发生的,构成产品生产成本的一个组成部分的生产费用，月末需要加以归集，并按照一定的标准在各生产产品之间进行分配，计算确定每种产品应负担的制造费用。其分配标准通常有生产产品耗用工时、生产工人的工资比例等。在本例中以生产工人工资为标准进行分配。汇总计算制造费用总额如表 5-5 所示。

**表 5-5 制造费用总分类核算**

| 2012 年 | | 凭证字号 | 摘要 | 借方 | 贷方 | 借或贷 | 余额 |
|---|---|---|---|---|---|---|---|
| 月 | 日 | 8 | 耗用材料 | 11 000 | | 借 | 11 000 |
| | | 9 | 车间管理人员工资 | 4 000 | | 借 | 15 000 |
| | | 10 | 计提职工福利费 | 560 | | 借 | 15 560 |
| | | 21 | 固定资产折旧费 | 4 200 | | 借 | 19 760 |

根据制造费用总额和生产工人工资计算分配率。

分配率＝19 760/(12 000＋6 000)≈1.10

A 产品应负担制造费用＝12 000×1.10＝13 200(元)

B 产品应负担制造费用＝19 760－13 200＝6 560(元)

制造费用分配过程及其结果列表如表 5-6 所示。

**表 5-6 制造费用分配表**

| 产品名称 | 生产工人工资(元) | 分配率 | 分配金额(元) |
|---|---|---|---|
| A 产品 | 12 000 | 1.10 | 13 200 |
| B 产品 | 6 000 | 1.10 | 6 560 |
| 合计 | 18 000 | 1.10 | 19 760 |

根据表 5-6 的分配结果，将制造费用转入生产成本账户。这项经济业务的发生，使生产成本增加，应记入生产成本账户的借方；制造费用结转应记入制造费用账户的贷方。这项经济业务应作如下会计分录：

借：生产成本——A 产品　　13 200
　　　　　——B 产品　　6 560
　贷：制造费用　　19 760

**例 5-24**　30 日，ABC 公司本月生产 A 产品 3 072 件，B 产品 3 570 件全部生产完工并验收入库，实际生产成本为 A 产品 122 880 元，B 产品 71 400 元，共计 194 280 元。

计算确定产品的总成本和单位成本，需要根据产品生产成本明细分类账户记录，编制产品生产成本计算单如表 5-7、表 5-8 所示。根据产品成本计算单结转本月完工产品成本。

**表 5-7　A 产品成本计算单**

| 成本项目 | 总成本 | 单位成本 |
|---|---|---|
| 直接材料 | 96 000 | 31.25 |
| 直接人工费 | 13 680 | 4.453 |
| 制造费用 | 13 200 | 4.297 |
| 产品生产成本 | 122 880 | 40 |

**表 5-8　B 产品成本计算单**

| 成本项目 | 总成本 | 单位成本 |
|---|---|---|
| 直接材料 | 58 000 | 16.246 |
| 直接人工费 | 6 840 | 1.9159 |
| 制造费用 | 6 560 | 1.838 |
| 产品生产成本 | 71 400 | 20 |

这项经济业务的发生，涉及库存商品和生产成本两个账户，生产产品完工验收入库，使库存商品增加，应记入库存商品账户的借方；生产完工结转生产成本应记入生产成本账户的贷方。这项经济业务应作如下会计分录：

借：库存商品——A 产品　　122 880

　　——B 产品　　　　71 400

贷：生产成本——A 产品　　　　122 880

　　　　——B 产品　　　　71 400

# 第四节　企业销售阶段经济业务的核算

## 一、设置的主要账户

生产性企业销售阶段的主要经济业务是产品的销售。在销售过程中，企业应及时确认销售收入的实现，办理货款结算，计算结转销售成本，支付各种销售费用，计算收取销项增值税，按期确定财务成果，并对财务成果进行合理分配。为了正确核算这些经济业务，需要设置以下主要账户：

### （一）主营业务收入账户

主营业务收入账户是一个损益类账户，用来核算企业确认的销售商品、提供劳务等主营业务取得的收入。这个账户的贷方登记按规定的销售实现条件确认收入；借方登记销货退回的数额和在期末结转到本年利润账户的数额；期末结转后本账户应无余额。为了对营业收入详细情况进行核算，本账户可以按照产品类别或经营项目类别设置明细分类账户，进行明细分类核算。

用简化的丁字型账户表示主营业务收入账户的结构如图 5-16 所示：

主营业务收入

| 借方 | 贷方 |
|---|---|
| 销货退回的数额和在期末结转到“本年利润”账户的数额 | 企业因对外销售商品、提供劳务或从事其他经营活动而取得的收入 |
| 平 | 平 |

图 5-16　丁字型主营业务收入账户

(二)主营业务成本账户

主营业务成本账户是一个损益类账户,用来核算企业确认的销售商品、提供劳务等主营业务取得的成本。这个账户的借方登记企业为销售商品、提供劳务等主营业务时应结转的成本;贷方登记期末结转到本年利润账户的数额;结转后本账户一般无余额。为了对营业成本详细情况进行核算,本账户可以按照产品类别或经营项目类别设置明细分类账户,进行明细分类核算。

用简化的丁字型账户表示主营业务成本账户的结构如图 5-17 所示:

| 借方 主营业务成本 | 贷方 |
|---|---|
| 企业为销售商品、提供劳务或从事其他经营活动而发生的各种成本 | 期末结转到“本年利润”账户的数额 |
| 平 | 平 |

图 5-17　丁字型主营业务成本账户

(三)应收账款账户

应收账款账户是一个资产类账户,用来核算企业因赊销商品、提供劳务等业务,应向购货单位或接受劳务的单位收取的款项。这个账户的借方登记企业销售商品、提供劳务等取得经营收入而发生的应收款项;贷方登记收回的应收款项或已确认为坏账的应收款项;余额一般在借方,表示期末尚未收回的应收款项。为了加强对应收账款的核算与管理,本账户应按不同的购货单位或接受劳务的单位设置明细分类账户,进行明细分类核算。

用简化的丁字型账户表示应收账款账户的结构如图 5-18 所示:

应收账款

| 借方 | 贷方 |
| --- | --- |
| 企业销售商品、提供劳务等取得经营收入而发生的应收款项 | 收回的应收款项或已确认为坏账的应收款项 |
| 余额:期末尚未收回的应收款项 | |

图 5-18 丁字型应收账款账户

(四)预收账款账户

预收账款账户是一个负债类账户,用来核算企业按照合同规定向购货单位或个人预收的货款和定金。这个账户的贷方登记企业按照销货合同规定向购货单位预收的款项;借方登记销售实现时与购货单位结算的款项;月末余额一般在贷方,表示已预收尚未发货的款项。为了加强对预收账款的核算,本账户可以按不同的购买单位或个人设置明细分类账户,进行明细分类核算。

用简化的丁字型账户表示预收账款账户的结构如图 5-19 所示:

预收账款

| 借方 | 贷方 |
| --- | --- |
| 销售实现时与购货单位结算的款项 | 企业按照销货合同规定向购货单位预收的款项 |
| | 余额:已预收尚未发货的款项 |

图 5-19 丁字型预收账款账户

(五)销售费用账户

销售费用账户是一个损益类账户,用来核算企业在销售商品和材料、提供劳务的过程中所发生的各项费用。包括运输费用、装卸费、包装费、保险费、展览费和广告费以及为销售本企业商品而专设的销售机构的职工薪酬、业务费、折旧费等。这个账户的借方登记企业发生的各项销售费用;贷方登记月末转入本年利润账户借方的数额,期末结转后本账户应无余额。在《企业会计制度》规定中:企业在销售商品和材料、提供劳务的过程中所发生的各项费用通过“营业费用”进行核算。

用简化的丁字型账户表示销售费用账户的结构如图 5-20 所示:

销售费用

| 借方 | 贷方 |
| --- | --- |
| 企业发生的各项销售费用 | 月末转入“本年利润”账户借方的金额 |
| 平 | 平 |

图 5-20　丁字型销售费用账户

(六)营业税金及附加账户

营业税金及附加账户是一个损益类账户,用来核算企业因销售商品等而应缴纳的消费税、营业税等税金及附加(但不包括增值税)。这个账户的借方登记企业按规定计算的应缴纳的消费税、营业税等税金的数额;贷方登记期末转入本年利润账户的数额;期末结转后本账户应无余额。在《企业会计制度》规定中:核算企业因销售商品等而应缴纳的消费税、营业税等税金及附加(但不包括增值税)等通过“主营业务税金及附加”账户核算。

用简化的丁字型账户表示营业税金及附加账户的结构如图 5-21 所示:

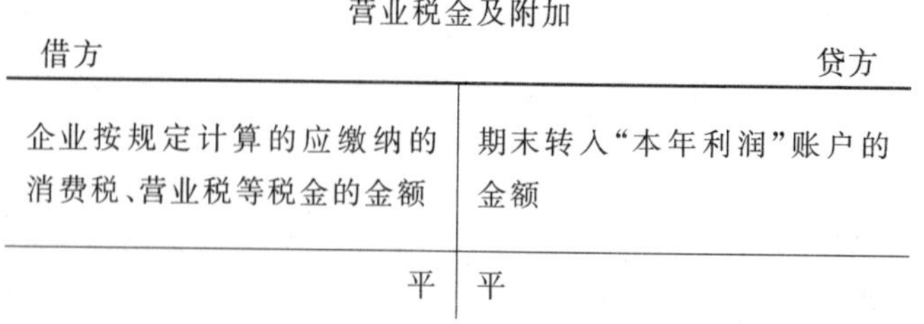


图 5-21　丁字型营业税金及附加账户

（七）本年利润账户

本年利润账户是一个所有者权益类账户，用来核算企业在本年度实现的利润（或亏损）总额。这个账户的贷方登记期末将主营业务收入、营业外收入等转入的数额；借方登记期末主营业务成本、营业外支出、营业税金及附加、管理费用、财务费用、销售费用等转入的数额。期末余额如在贷方，表示企业实现的利润数额。反之，如果期末余额在借方，则表示企业发生的亏损数额。年度终了，企业应将本年实现的利润总额（或亏损总额），全部转入利润分配账户，年终结转后本账户应无余额。

用简化的丁字型账户表示本年利润账户的结构如图 5-22 所示：

本年利润

| 借方 | 贷方 |
|---|---|
| 期末主营业务成本、营业外支出、营业税金及附加、管理费用、财务费用、销售费用等转入的金额 | 期末将主营业务收入、其他业务收入、营业外收入等转入的金额 |
| | 余额：实现的利润金额 |

图 5-22　丁字形本年利润账户

（八）利润分配账户

利润分配账户是本年利润账户的调整账户，用来核算企业实现利润的分配情况或亏损的弥补情况。为了使本年利润账户能够反映企业实现利润的原始数额，需要开设利润分配账户，专门用来核算企业利润的分配情况，因此，利润分配账户是用以抵销实现利润的原始数额的财务成果账户。这个账户的借方，登记对实现利润的分配数额；贷方登记可供分配的利润数额；期末余额如果在借方，表示未弥补的亏损数额，如果在贷方则表示未分配利润数额。为了具体地核算企业利润分配和每年利润分配后的结余金额，本账户一般应设置盈余公积补亏、提取盈余公积、应付股利、未分配利润等明细分类账户，进行明细分类核算。年终，企业应将实现利润总额，从本年利润账户转入未分配利润明细账户的贷方，同时将本账户下其他明细账户的余额转入未分配利润明细账户的借方，年终结转后，除未分配利润明细账户外，其他明细账户应无余额。

用简化的丁字型账户表示利润分配账户的结构如图 5-23 所示：

利润分配

| 借方 | 贷方 |
| --- | --- |
| 对实现利润的分配数额 | 可供分配的利润数额，包括由“本年利润”账户转入的数额和弥补亏损的数额 |
| 余额：未弥补的亏损数额 | 余额：未分配利润数额 |

图 5-23　丁字型利润分配账户

## （九）所得税费用账户

所得税费用账户是一个损益类账户，用来核算企业按规定从当期损益中扣除的所得税费用。这个账户的借方登记企业按纳税所得（即利润）计算的应缴所得税费用，贷方登记期末转入本年利润账户借方的数额；结转后本账户应无余额。

用简化的丁字形账户表示所得税费用账户的结构如图 5-24 所示：

所得税费用

| 借方 | 贷方 |
| --- | --- |
| 企业按纳税所得（即利润）计算的应缴所得税费用 | 期末转入“本年利润”账户借方的金额 |
| 平 | 平 |

图 5-24　丁字型所得税费用账户

### (十)盈余公积账户

盈余公积账户是一个所有者权益类账户,用来核算企业的盈余公积的提取、使用和结余情况。这个账户的贷方登记企业从利润中提取的盈余公积;借方登记盈余公积的使用金额,如弥补亏损、转增资本等;期末贷方金额,表示盈余公积结存数额。

用简化的丁字型账户表示盈余公积账户的结构如图 5-25 所示:

盈余公积

| 借方 | 贷方 |
| --- | --- |
| 盈余公积的使用金额 | 企业从利润中提取的盈余公积 |
| | 余额:盈余公积结存金额 |

图 5-25 丁字型盈余公积账户结构

### (十一)营业外收入账户

营业外收入账户是一个收入类账户,用来核算企业所取得的与其生产经营无直接关系的各项收人,如固定资产的盘盈、罚款收入等。这个账户的贷方登记企业取得的各项营业外收入;借方登记期末转入本年利润账户贷方的金额,结转后本账户应无余额。

用简化的丁字型账户表示营业外收入账户的结构如图 5-26 所示:

营业外收入

| 借方 | 贷方 |
| --- | --- |
| 期末转入“本年利润”账户贷方的金额 | 企业取得的各项营业外收入 |
| 平 | 平 |

图 5-26 丁字型营业外收入账户

### （十二）营业外支出账户

营业外支出账户是一个支出类账户，用来核算企业所发生的与其生产经营无直接关系的各项支出。如固定资产盘亏、报废、出售的净损失，非季节性和非修理期间的停工损失，非常损失，公益救济性捐款，赔偿金，违约金等。这个账户的借方登记企业发生的各项营业外支出；贷方登记期末转入本年利润账户借方的金额；结转后本账户应无余额。

用简化的丁字型账户表示营业外支出账户的结构如图 5-27 所示：

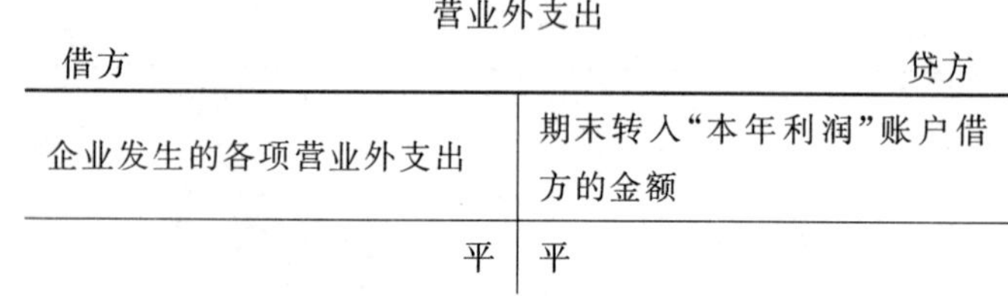

营业外支出

| 借方 | 贷方 |
| --- | --- |
| 企业发生的各项营业外支出 | 期末转入“本年利润”账户借方的金额 |
| 平 | 平 |

图 5-27　丁字型营业外支出账户

除此之外，在销售过程中，企业还会发生因销售商品或提供应税劳务，而应计算收取的销项增值税，因此，还应设置“应交税费——应交增值税”账户。它是一个负债类账户，企业销售业务而发生的销项税额，应记入该账户贷方的销项税额专栏；月末贷方余额为销项税扣除进项税后的实际应交增值税额，借方余额为企业多交或尚未抵扣的增值税。

## 二、主要经济业务的核算

生产性企业销售阶段的主要经济业务，可以分为销售收入、销售成本及财务成果等几个方面进行核算。下面仍以上述 ABC 企业为例，说明生产性企业销售阶段主要经济业务的核算。

**例 5-25**　20 日，向丁公司销售 A 产品 1 500 件，每件售价 60 元，计 90 000元，销项税额为 15 300 元，货款及增值税款已收并存入银行。

这项经济业务的发生，涉及主营业务收入、应交税费——应交增值税和银行存款三个账户。销售产品取得收入应记入主营业务收入账户的贷方；向购货方收取的销项增值税应记入应交税费——应交增值税（销项税额）账户的贷方；银行存款增加应记入银行存款账户的借方。这项经济业务应作如下会计分录：

借：银行存款 105 300
　贷：主营业务收入——A 产品 90 000
　　应交税费——应交增值税（销项税额） 15 300

**例 5-26** 21 日，以银行存款支付销售产品的广告费 1 320 元。

这项经济业务的发生，涉及销售费用和银行存款两个账户，销售产品的广告费用应记入销售费用账户的借方；银行存款减少应记入银行存款账户的贷方。这项经济业务应作如下会计分录：

借：销售费用 1 320
　贷：银行存款 1 320

**例 5-27** 22 日，根据合同规定预收戊商业公司购买产品款 60 000 元，款项已存入银行。

这项经济业务的发生，涉及到预收账款和银行存款两个账户。银行存款增加记入银行存款账户的借方；预收账款是负债类账户，增加应记入其贷方。这项经济业务应作如下会计分录：

借：银行存款 60 000
　贷：预收账款——戊商业公司 60 000

**例 5-28** 25 日，向丁公司销售 B 产品 1 000 件，每件售价 40 元，计 40 000元，应收销项增值税 6 800 元，货款及增值税款尚未收到。

这项经济业务的发生，涉及主营业务收入、应交税费——应交增值税和应收账款三个账户。销售产品取得收入应记入主营业务收入账户的贷方；向购货方收取销项增值税应记入应交税费——应交增值税账户的贷方；货款及增值税款尚未收到，应记入应收账款账户的借方。这项经济业务应作如下会计分录：

借：应收账款——丁公司 46 800
　贷：主营业务收入——B 产品 40 000
　　应交税费——应交增值税（销项税额） 6 800

**例 5-29** 30 日，根据合同规定向戊商业公司销售 A 产品 500 件，每件售价 60 元；销售 B 产品 1 200 件，每件售价 40 元。货款总计 78 000 元，应收销项增值税计 13 260 元，扣除预收账款 60 000 元，购货方补付货款及增值税款 31 260 元。

这项经济业务的发生，涉及主营业务收入、预收账款、应交税费——应交增值税和银行存款四个账户。主营业务收入增加，应记入其贷方；应收销项增值税应记入应交税费——应交增值税账户的贷方；预收账款抵销应记入预收账款账户的借方；银行存款增加应记入银行存款账户的借方。这项经济业务应作如下会计分录：

借：预收账款——戊商业公司　　91 260
　贷：主营业务收入——A 产品　　30 000
　　　　　　　　　——B 产品　　48 000
　　应交税费——应交增值税(销项税额)　　13 260
同时　借：银行存款　　31 260
　　贷：预收账款——戊商业公司　　31 260

**例 5-30** 30 日，按本月销售收入 208 000 元的 0.5%计算出应交纳城市维护建设税 1 040 元。

这项经济业务的发生，涉及到营业税金及附加和应交税金两个账户。城市维护建设税的增加应记入营业税金及附加账户的借方；应交税金增加就记入应交税金账户的贷方。

这项经济业务应作如下会计分录：

借：营业税金及附加　　1 040
　贷：应交税费——应交城建税　　1 040

**例 5-31** 30 日，结转本月已销售产品的实际生产成本。本月共销售 A 产品 2 000 件，每件单位成本为 40 元，B 产品 2 200 件，每件单位成本为 20 元，共计 124 000 元。

这项经济业务的发生，涉及主营业务成本和库存商品两个账户。已销售产品的实际生产成本形成产品的销售成本。应记入主营业务成本账户的借方；销售产品表明企业库存库存商品减少，应记入库存商品账户的贷方。这项经济业务应作如下会计分录：

借：主营业务成本——A 产品 80 000
——B 产品 44 000
贷：库存商品——A 产品 80 000
——B 产品 44 000

**例 5-32** 28 日，决定对违纪职工罚款 800 元，款项于当日送存银行。

这项经济业务的发生，涉及营业外收入和银行存款两个账户，银行存款增加应记入银行存款账户的借方；罚款收入应记入营业外收入账户的贷方。这项经济业务应作如下会计分录：

借：银行存款 800
贷：营业外收入 800

**例 5-33** 30 日，经研究对贫困地区某小学捐赠文教费 1 000 元，款项已由银行转账付讫。

这项经济业务的发生，涉及营业外支出和银行存款两个账户。捐赠支出应记入营业外支出账户的借方，银行存款减少应记入银行存款的贷方。这项经济业务应作如下会计分录：

借：营业外支出 1 000
贷：银行存款 1 000

**例 5-34** 30 日，将本月实现主营业务收入 208 000 元，营业外收入 800 元，结转本年利润账户。

这项经济业务的发生，涉及到主营业务收入、营业外收入和本年利润三个账户。应记入主营业务收入和营业外收入账户的借方，本年利润账户的贷方。作会计分录如下：

借：主营业务收入——A 产品 120 000
——B 产品 88 000
营业外收入 800
贷：本年利润 208 800

**例 5-35** 30 日，将本月发生主营业务成本 124 000 元，销售费用 1 320 元，营业税金及附加 1 040 元，管理费用 13 040 元，财务费用 1 300 元，营业外支出1 000元，所得税费用20 460元，结转至本年利润账户。

这项经济业务的发生，涉及主营业务成本、销售费用、营业税金及附加、管理费用、财务费用、营业外支出、所得税费用、和本年利润八个账户。应记入主营业务成本、销售费用、营业税金及附加、管理费用、财务费用、营业外支出和所得税费用账户贷方，本年利润账户借方。作会计分录如下：

借：本年利润　　141 700

贷：主营业务成本——A产品　　80 000

——B产品　　44 000

销售费用　　1 320

营业税金及附加　　1 040

管理费用　　13 040

财务费用　　1 300

营业外支出　　1 000

**例5-36**　30日，按规定所得税费用税率25%计算并结转ABC公司6月份应缴纳所得税费用为20 460元。

利润是企业一定期间内所取得的经营成果，它是将一定会计期间的各种收入与各项费用支出相抵后形成的经营成果。企业财务成果主要由营业利润和营业外收支净额两部分构成。其计算公式如下：

利润总额＝营业利润＋营业外收支净额

营业利润＝营业收入（主营业务收入＋其他业务收入）

－营业成本（主营业务成本＋其他业务成本）

－营业税金及附加－销售费用－管理费用－财务费用

－资产减值损失＋公允价值变动损益＋投资收益

营业收支净额＝营业外收入－营业外支出

净利润＝利润总额－所得税费用

ABC公司6月份实现利润计算如下：

营业利润＝208 000－124 000－1 320－1 040－13 040－1 300＝67 300（元）

利润总额＝67 300＋800－1 000＝67 100（元）

则　ABC公司6月份应缴纳所得税费用额=67 100×25%=16 775(元)

这项经济业务的发生,涉及所得税费用和应交税金两个账户。所得税费用是企业在生产经营过程中所发生的一项费用耗费,增加金额应记入所得税费用账户的借方;计算应缴纳所得税费用说明企业应交所得税费用增加,应记入应交税金——应交所得税费用账户的贷方。这项经济业务应作如下会计分录:

借:所得税费用　　16 775
　贷:应交税费——应交所得税费用　　16 775
同时　借:本年利润　　16 775
　　贷:所得税费用　　16 775

**例5-37**　30日,按净利润的10%计算提取法定盈余公积5032.5元。(50325×10%)。

本例中,净利润=67100-16775=50325(元)

这项经济业务的发生,涉及到利润分配和盈余公积两个账户。利润分配的增加是本年利润的减少,应记入利润分配账户的借方;盈余公积增加应记入盈余公积账户的贷方。这项经济业务应作如下会计分录:

借:利润分配——提取法定盈余公积　　5 032.5
　贷:盈余公积　　5 032.5

**例5-38**　31日,经批准,决定向企业投资者分配利润10 000元。

这项经济业务的发生,涉及利润分配和应付股利两个账户。利润分配的增加是本年利润的减少,应记入利润分配账户的借方;应付股利是负债类账户,增加应记入该户的贷方。这项经济业务应作如下会计分录:

借:利润分配——应付股利　　10 000
　贷:应付股利　　10 000

**例5-39**　2日,经批准将资本公积20 000元转增资本。

这项经济业务应作如下会计分录:

借:资本公积　　20 000
　贷:实收资本　　20 000

# 第六章　账户的分类

账户的分类是对账户设置和运用规律的再认识。账户是用来核算经济业务增减变化情况及其结果的一种手段和方式。前面第五章应用了许多账户,它们各自核算不同的经济内容,具有不同的用途和结构。由于每个经济核算单位的各项经济业务是相互联系的,因此用来核算这些经济业务的各个账户也并非孤立,而是相互联系、相互依存的。资金运动作为一个整体,并不是由个别账户而是由全部账户才能记录和反映的。全部账户共同组成一个统一完整的账户体系,它们分工协作记录和反映资金运动的全貌。在学习复式记账方法过程中,既要掌握每一账户的特性,又要了解账户之间的相互关系。账户的分类就是研究账户体系中各账户之间存在的相互联系及其共性,以寻求其规律,探明每一个账户在账户体系中的地位和作用,以便加深对账户的认识,更好地运用账户这个手段,对企业经济活动进行全面记录和反映。因此,有必要进一步研究账户的分类。

按照不同的分类标准,账户可以从不同的角度观察,进而把全部账户划分成各种类别。常见的分类标准有按账户所反映的经济内容、按账户的用途和结构、按账户所提供会计核算指标的详细程度等。本章重点介绍前两者。

## 第一节　账户按经济内容的分类

账户之间最本质的差别在于其所反映的经济内容的不同,因而账户的经济内容是账户分类的基础,账户按经济内容的分类是账户最基本、最主要的一种分类方法。通过账户按经济内容分类的研究,可以确切地了解各个账户反映和监督的内容，以及全部账户的设置和运用能否适应企业经济活动的特点，能否满足经营管理的需要。这对于正确区分账户的经济性质，以便更完善地建立账户体系，是非常必要的。此外，账户按经济内容分类还可以为编制会计报表提供依据。

账户的经济内容就是账户所反映的会计对象的具体内容，即企、事业单位的资金运动，因而，账户按经济内容的分类就是按账户所核算和监督的资金运动状态分类。资金运动通常表现为静态和动态两种。资金运动在静态条件下表现为资产、负债及所有者权益；资金运动在动态条件下表现为收入、费用和利润。所以，有时人们也将账户按经济内容的分类，称为账户按会计要素的分类。

但是，需要指出的是，账户按经济内容的分类并非是简单地按会计要素分类，这是因为：

①许多企业特别是制造企业和加工企业，必须进行产品成本的计算，为此就需要专门设置用来核算生产成本和劳务成本的成本类账户；

②由于企业在一定期间内实现的利润最终要归属于所有者权益，因而，在对账户按经济内容分类时，可将利润并入所有者权益；

③由于收入和费用最终都要体现在当期损益的计算中，因而，在按经济内容对账户进行分类时，将收入类账户和费用类账户归为一类，即损益类账户。

账户按经济内容分类，一般可分为资产类、负债类、所有者权益类、成本类和损益类等五大类账户。另外，我国财政部2006年颁布的《企业会计准则应用指南》中还增加了一类，即“共同类”账户，这类账户是属于少数金融企业设置的，涉及面很小，所以，本书不再介绍。

## 一、资产类账户

资产类账户是反映资产增减变动及其实有数额的账户。按照资产的流动性和经营管理上的需要，资产类账户又分为反映流动资产的账户和反映非流动资产的账户两类。

**1. 反映流动资产的账户**

按照各项流动资产的经济内容，又可分为：反映货币资金的账户，如“库存现金”、“银行存款”等账户；反映结算债权的账户，如“应收账款”、“其他应收款”等账户；反映存货的账户，如“原材料”、“库存商品”、“周转材料”等账户，等等。

**2. 反映非流动资产的账户**

按照各项非流动资产的经济内容，又可分为：反映固定资产的账户，如“固定资产”、“累计折旧”等账户；反映无形资产的账户，如“无形资产”、“累计摊销”等账户；反映长期投资的账户，如“持有至到期投资”、“长期股权投资”等账户，等等。

## 二、负债类账户

负债类账户是反映企业负债增减变动及其实有数额的账户。按照负债的偿还期长短等特性，又可分为：反映流动负债的账户和反映长期负债的账户。

**1. 反映流动负债的账户**

如“短期借款”、“应付账款”、“应付职工薪酬”、“应交税费”、“应付股利”等账户。

**2. 反映长期负债的账户**

如“长期借款”、“应付债券”、“长期应付款”等账户。

## 三、所有者权益类账户

所有者权益类账户是反映企业所有者权益增减变动及其实有数额的账户。按照所有者权益的形成来源，又可分为反映投入资本的账户和反映留存利润的账户。

**1. 反映投入资本的账户**

如“实收资本”、“资本公积”等账户。

**2. 反映留存利润的账户**

如“盈余公积”、“本年利润”、“利润分配”等账户。

## 四、成本类账户

成本类账户是反映成本的发生和结转的账户。按照成本的内容的不同，又可分为反映生产过程中成本的账户和反映对外提供劳务所发生成本的账户。

**1. 反映生产过程中成本的账户**

如"生产成本"、"制造费用"等账户。

**2. 反映对外提供劳务所发生成本的账户**

如"劳务成本"等账户。

## 五、损益类账户

损益类账户是反映企业有关收入和费用发生情况的账户。按照损益发生的不同性质，又可分为反映营业损益的账户、反映投资损益的账户和反映营业外收支的账户。

**1. 反映营业损益的账户**

如"主营业务收入"、"主营业务成本"、"其他业务收入"、"其他业务成本"、"销售费用"等账户。

**2. 反映投资损益的账户**

如"投资收益"等账户。

**3. 反映营业外收支的账户**

如"营业外收入"、"营业外支出"等账户。

账户按经济内容的分类，如图 6-1 所示。

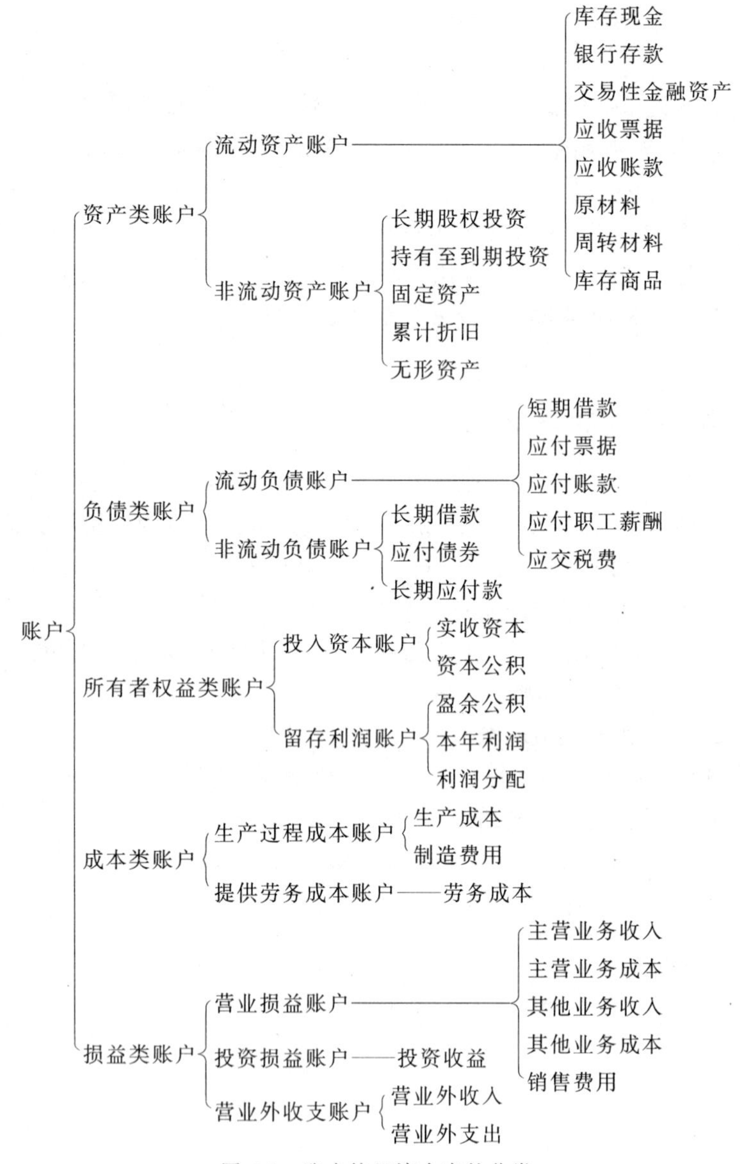


图 6-1　账户按经济内容的分类

# 第二节　账户按用途和结构的分类

为了进一步了解并熟练地运用各种账户，还需要研究账户的用途和结构。账户的用途和结构与账户的经济内容有着紧密的联系，应当在按经济内容分类的基础上，再按用途和结构对账户进行分类。账户按其用途和结构分类，有利于正确地使用账户，熟悉账户用途和结构可以明确账户的不同使用方法，正确地运用账户去核算和监督特定的经济内容，避免核算上的技术性差错，这对于提高会计核算工作质量，积极参与企业预测、决策、分析等工作都具有重要意义。

账户的用途是指设置各个账户的目的和作用。账户的结构是指账户在使用中怎样来反映它的经济内容，具体地说也就是账户的借方、贷方如何登记，借方、贷方发生额和余额分别反映什么内容。账户按用途和结构分类，可以分为11类：盘存账户、资本账户、结算账户、集合分配账户、成本计算账户、收入账户、费用账户、财务成果账户、暂记账户、计价对比账户和调整账户。下面简要说明各类账户的特点。

## 一、盘存账户

盘存账户是用来核算和监督可以实地盘点的各项财产物资和货币资金的增减变动及其结存情况的账户。它是任何企业单位都必须设置的账户。盘存账户的结构特点是：账户借方登记各项财产物资和货币资金的增加数；贷方登记其减少数；余额通常在借方，表示期末各项财产物资和货币资金的结存数额。

这类账户可以通过实物盘点方式进行财产清查，核对账实是否相符。除货币资金账户外，其实物明细账户均可以提供实物和货币两种指标。

盘存账户的结构可用图6-2表示。

盘存账户

| 借方 | 贷方 |
| --- | --- |
| 期初余额:期初财产物资和货币资金结存额<br>发生额:本期财产物资和货币资金增加额 | 发生额:本期财产物资和货币资金减少额 |
| 期末余额:期末财产物资和货币资金结存额 | |

图 6-2　盘存账户结构

属于盘存账户的有“固定资产”、“原材料”、“周转材料”、“库存商品”、“库存现金”、“银行存款”等账户。

## 二、资本账户

资本账户是用来核算和监督企业取得资本及提取资金的增减变动及其实有数的账户。资本账户的结构特点是:账户贷方登记各项资本、公积金的增加数;借方登记其减少数;余额通常在贷方,表示各项资本、公积金的实有数额。

资本账户的结构可用图 6-3 表示。

资本账户

| 借方 | 贷方 |
| --- | --- |
| 发生额:本期资本和公积金减少额 | 期初余额:期初资本和公积金实有额<br>发生额:本期资本和公积金增加额 |
| | 期末余额:期末资本和公积金实有额 |

图 6-3　资本账户结构

属于资本账户的有“实收资本”、“资本公积”、“盈余公积”等账户。这类账户的总分类账及其明细分类账只能提供货币指标。

## 三、结算账户

结算账户是用来核算和监督企业同其他单位或个人之间发生的债权、债务结算情况的账户。就其性质而言,结算账户又可分为债权结算账户、债务结算账户和债权债务结算账户三小类。

### (一)债权结算账户

债权结算账户是专门用于核算和监督企业同各个债务单位或个人之间结算业务的账户。债权结算账户的结构特点是:账户借方登记债权的增加数;贷方登记债权的减少数;余额一般在借方,表示期末尚未收回的债权的实有数。

债权结算账户的结构可用图 6-4 表示。

债权结算账户

| 借方 | 贷方 |
|---|---|
| 期初余额:期初尚未收回的应收款项及未结算的预付款<br>发生额:本期应收款项及预付款项的增加额 | 发生额:本期应收款项及预付款项的减少额 |
| 期末余额:期末尚未收回的应收款项及未结算的预付款项 | |

图 6-4 债权结算账户结构

属于债权结算账户的有“应收账款”、“应收票据”、“其他应收款”、“预付账款”等账户。

### (二)债务结算账户

债务结算账户是专门用于核算和监督企业同各个债权单位或个人之间结算业务的账户。债务结算账户的结构特点是:账户贷方登记债务的增加数;借方登记债务的减少数;余额一般在贷方,表示期末尚未偿还的债务的实有数。

债务结算账户的结构可用图 6-5 表示。

债务结算账户

| 借方 | 贷方 |
|---|---|
| | 期初余额:期初结欠的应付款项及未结算的预收款 |
| 发生额:本期应付款项及预收款项的减少额 | 发生额:本期应付款项及预收款项的增加额 |
| | 期末余额:期末结欠的应付款项及未结算的预收款 |

图 6-5 债务结算账户结构

属于债务结算账户的有“短期借款”、“应付账款”、“应付票据”、“其他应付款”、“预收账款”、“应付职工薪酬”、“应交税费”、“长期借款”等账户。

(三)债权债务结算账户

债权债务结算账户是用于核算和监督企业与某一单位或个人之间发生的债权和债务往来结算业务的账户。在实际工作中,与企业经常发生结算业务的往来单位,有时是企业的债权人,有时是企业的债务人。如企业向同一单位销售产品,有些款项是预收的,预收款项时,该单位是企业的债务人。有些款项是应收未收的,应收未收款项构成了企业的债权。为了集中反映企业同某一单位或个人所发生的债权和债务的往来结算情况,可以在一个账户中核算应收和应付款项的增减变动和余额。债权债务结算账户的结构特点是:账户借方登记债权的增加数和债务的减少数;贷方登记债务的增加数和债权的减少数;余额可能在借方,也可能在贷方。从明细分类账的角度看,借方余额表示期末债权的实有数,贷方余额表示期末债务的实有数;从总分类账的角度看,借方余额表示期末债权大于债务的差额,贷方余额表示期末债务大于债权的差额。

债权债务结算账户的结构可用图 6-6 表示。

债权债务结算账户

| 借方 | 贷方 |
| --- | --- |
| 期初余额:期初债权大于债务的差额<br>发生额:(1)本期债权增加额<br>(2)本期债务减少额 | 期初余额:期初债务大于债权的差额<br>发生额:(1)本期债务增加额<br>(2)本期债权减少额 |
| 期末余额:期末债权大于债务的差额 | 期末余额:期末债务大于债权的差额 |

图 6-6 债权债务结算账户结构

当企业不单独设置“预收账款”账户时,可以用“应收账款”账户同时反映销售产品和提供劳务的应收款项和预收款项,“应收账款”账户便是债权债务结算账户;当企业不单独设置“预付账款”账户时,用“应付账款”账户同时反映购进材料的应付款项和预付款项,“应付账款”账户也是债权债务结算账户;当企业将其他应收款和其他应付款的增减变动和结果都集中在“其他往来”账户中核算时,“其他往来”账户也是一个债权债务结算账户。债权债务结算账户须根据总分类账户所属明细分类账户的余额方向分析判断其账户的性质。

结算账户只能提供货币指标,都是按发生结算业务的对应单位或个人开设明细分类账户,以便及时进行结算和核对账目。

## 四、集合分配账户

集合分配账户是用来归集和分配企业生产过程中某个阶段所发生的某种费用的账户。企业生产经营过程中经常会发生一些间接费用,这些费用不能直接计入某种产品成本计算对象,而应由各个产品成本计算对象共同负担,需要先通过集合分配账户进行归集,然后再按照一定标准分配计入各个产品成本计算对象。企业可以借助集合分配账户来核算和监督有关费用计划的执行情况,加强费用管理;同时还可以用来核算费用的分配情况,以便于正确确定产品的生产成本。集合分配账户的结构特点是:账户借方登记各种需要集合分配的费用发生额;贷方登记按受益对象进行费用的分配数额;期末通常无余额。由于各项集合分配费用要在期末全部分配到各受益对象，所以集合分配账户一般没有期末余额。

集合分配账户的结构可用图 6-7 表示。

集合分配账户

| 借方 | 贷方 |
| --- | --- |
| 发生额：归集各种费用的发生额 | 发生额：分配到各受益对象的费用数额 |

图 6-7　集合分配账户结构

属于集合分配账户的主要有“制造费用”等账户。

## 五、成本计算账户

成本计算账户是用来核算和监督企业经营过程中某一阶段发生的全部费用，并据此计算该阶段各个成本计算对象实际成本的账户。成本计算账户的结构特点是：账户借方汇集经营过程中某个阶段发生的、应计入成本的全部费用；贷方登记转出已完成某个阶段的成本计算对象的实际成本；余额通常在借方，表示尚未完成某个阶段成本计算对象的实际成本。

成本计算账户的结构可用图 6-8 表示。

成本计算账户

| 借方 | 贷方 |
| --- | --- |
| 期初余额：期初尚未完成某个经营阶段的成本计算对象的实际成本<br>发生额：汇集经营过程某个阶段发生的全部费用额 | 发生额：结转已完成某个经营阶段的成本计算对象的实际成本 |
| 期末余额：尚未完成该阶段的成本计算对象的实际成本 | |

图 6-8　成本计算账户结构

属于成本计算账户的主要有“材料采购”、“生产成本“等账户。这类账户除设置总分类账户以外,还应按各个成本计算对象分别设置明细分类账进行明细分类核算,提供有关成本计算对象的货币指标和实物指标。

## 六、收入账户

收入账户是用来核算和监督企业在一定时期内所取得的各种收入的账户。收入账户的结构特点是:账户贷方登记取得的收入;借方登记收入的减少数和期末转入“本年利润”的收入;由于当期实现的全部收入都要于期末转入“本年利润”账户,所以收入账户期末无余额。

收入账户的结构可用图 6-9 表示。

收入账户

| 借方 | 贷方 |
|---|---|
| 发生额:收入的减少额及期末转入“本年利润”账户的收入数 | 发生额:本期收入的增加额 |

图 6-9　收入账户结构

属于收入账户的有“主营业务收入”、“其他业务收入”、“营业外收入”等账户。

## 七、费用账户

费用账户是用来核算和监督企业在一定时期内所发生的应记入当期损益的各项费用、成本和支出的账户。费用账户的结构特点是:账户借方登记费用支出的增加额;贷方登记费用支出的减少额和期末转入“本年利润”账户的费用支出数额;由于当期发生的全部费用支出都要于期末转入“本年利润”账户,所以费用账户期末无余额。

费用账户的结构可用图 6-10 表示。

费用账户

| 借方 | 贷方 |
| --- | --- |
| 发生额:本期费用支出的增加额 | 发生额:费用支出的减少额及期末转入“本年利润”账户的费用支出额 |

图 6-10　费用账户结构

属于费用账户的有“主营业务成本”、“营业税金及附加”、“销售费用”、“管理费用”、“财务费用”、“其他业务成本”、“营业外支出”等账户。

## 八、财务成果账户

财务成果账户是用来计算并确定企业在一定时期内全部经营活动最终成果的账户。财务成果账户的结构特点是:账户贷方登记一定期间发生的各项收入数;借方汇集一定期间内发生的、与收入相配比的各项费用数;期末如为贷方余额表示收入大于费用的差额,为企业实现的利润总额,如为借方余额,表示收入少于费用的差额,即为企业发生的亏损总额。

财务成果账户的结构可用图 6-11 表示。

财务成果账户

| 借方 | 贷方 |
| --- | --- |
| 发生额:转入的各项费用 | 发生额:转入的各项收入 |
| 期末余额:发生的亏损总额 | 期末余额:实现的利润总额 |

图 6-11　财务成果账户结构

属于财务成果账户的主要是“本年利润”账户。

## 九、暂记账户

暂记账户是用来核算和监督某些暂时难以确定其应借记或应贷记账户的经济业务的账户。显然,暂记账户是一种过渡性账户,一旦确定其应借或应贷账户时，即应进行转账。例如，企业在财产清查中发现了财产物资的溢余或盘亏，在尚未查明原因或未经有关部门批准之前，还不能确定其应借或应贷账户，在这种情况下就需要设置暂记账户予以记录。常见的暂记账户有"待处理财产损溢"账户。暂记账户的结构特点是：账户借方登记企业财产物资盘亏、毁损数及报经批准转账的财产物资盘盈数；贷方登记企业财产物资盘盈数及报经批准转账的财产物资盘亏、毁损数；处理前的借方余额，反映企业尚未处理的各种财产的净损失，处理前的贷方余额，反映企业尚未处理的各种财产的净溢余，期末，处理后本科目应无余额。

企业清查的各种财产的损溢，应于期末前查明原因，并根据企业的管理权限，经股东大会或董事会，或经理（厂长）会议或类似机构批准后，在期末结账前处理完毕。如清查的各种财产的损溢，在期末结账前尚未经批准的，在对外提供财务会计报告时先按上述规定进行处理，并在会计报表附注中作出说明；如果其后批准处理的金额与已处理的金额不一致的，调整会计报表相关项目的年初数。

暂记账户的结构可用图 6-12 表示。

暂记账户：待处理财产损溢

| 借方 | 贷方 |
|---|---|
| 发生额：本期发生的财产盘亏、毁损以及本期转销的财产盘盈数 | 发生额：本期发生的财产盘盈数以及本期转销的财产盘亏、毁损数 |

图 6-12　暂记账户结构

## 十、计价对比账户

计价对比账户是用来对某项经济业务按两种不同的计价标准进行核算对比，借以确定其业务成果的账户。计价对比账户的结构特点是：借方登记某项经济业务的一种计价；贷方登记该项业务的另一种计价；期末将两种计价对比，确定成果。

计价对比账户的结构可用图 6-13 表示。

计价对比账户

| 借方 | 贷方 |
| --- | --- |
| 发生额:业务的第一种计价 | 发生额:业务的第二种计价 |
| 期末余额:第一种计价大于第二种计价的差额 | 期末余额:第二种计价大于第一种计价的差额 |

图 6-13 计价对比账户结构

属于计价对比账户的有"材料采购"、"固定资产清理"、"本年利润"等账户。

## 十一、调整账户

调整账户是用来调整相关账户(被调整账户)的余额,以确定被调整账户的实际余额的账户。在会计核算工作中,由于经营管理上的需要或其他原因,要求某些账户反映该项经济活动的原始数据。但实际工作中,该项经济活动的原始数据又往往会发生增减变化。如固定资产由于使用,其价值不断减少,但从经营管理的角度考虑,需要"固定资产"账户反映固定资产的原始价值。为反映固定资产不断减少的价值,需开设"累计折旧"账户,通过"累计折旧"账户对"固定资产"账户进行调整,反映固定资产的净值。反映经济活动原始数字的账户,称为"被调整账户";对被调整账户进行调整的账户,称为"调整账户"。将被调整账户中的原始数额同调整账户中的调整数额相加或相减,即可求得被调整账户调整后的实际数额。调整账户按其调整方式的不同,又可分为备抵账户、附加账户和备抵附加账户三小类。

### (一)备抵账户

备抵账户亦称抵减账户,是用来抵减被调整账户的余额,以求得被调整账户的实际余额的账户。其调整方式,可用下列计算公式表示:

被调整账户余额－备抵账户余额＝被调整账户的实际余额

备抵账户的余额与被调整账户的余额必定方向相反,上述公式才能成立。如果被调整账户的余额在借方，调整账户的余额一定在贷方，如“固定资产”与“累计折旧”账户；如果被调整账户的余额在贷方，调整账户的余额一定在借方，如“本年利润”与“利润分配”账户。“累计折旧”账户是“固定资产”账户的备抵账户。根据“固定资产”账户的记录，可以取得固定资产原始价值的数字，从“累计折旧”账户中可以取得固定资产损耗价值的数字，用“固定资产”账户的借方余额减去“累计折旧”账户的贷方余额，其差额就是固定资产的实际价值(净值)。通过“固定资产”账户与“累计折旧”账户余额的对比分析，可以了解固定资产的新旧程度。“利润分配”账户是“本年利润”账户的备抵账户。“利润分配”账户的期末借方余额，反映期末已分配的利润数，用“本年利润”账户的贷方余额减去“利润分配”账户的借方余额，其差额表示企业期末尚未分配的利润数。

备抵账户与被调整账户的抵减方式，可用图 6-14(a)(b)表示。

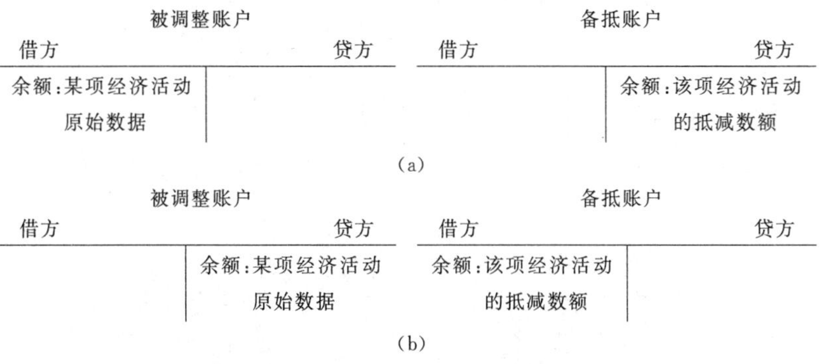


图 6-14 备抵账户与被调整账户的抵减方式

从图 6-14 可以看出这类被调整账户与备抵账户的关系，并可通过下式表示：

被调整账户的借方余额 − 备抵账户的贷方余额 = 该项经济活动的实际数额

从图 6-15 可以看出这类被调整账户与备抵账户的关系，并可通过下式表示：

被调整账户的贷方余额 － 备抵账户的借方余额 ＝ 该项经济活动的实际数额

（二）附加账户

附加账户是用来增加被调整账户的余额，以求得被调整账户的实际余额的账户。其调整方式可用下列计算公式表示：

被调整账户余额＋附加账户余额＝被调整账户的实际余额

附加账户的余额与被调整账户的余额必定在相同的方向，上述公式才能成立。如果被调整账户的余额在借方，附加账户的余额也一定在借方；如果被调整账户的余额在贷方，附加账户的余额也一定在贷方。

附加账户与被调整账户的附加方式，可通过图 6-15 表示。

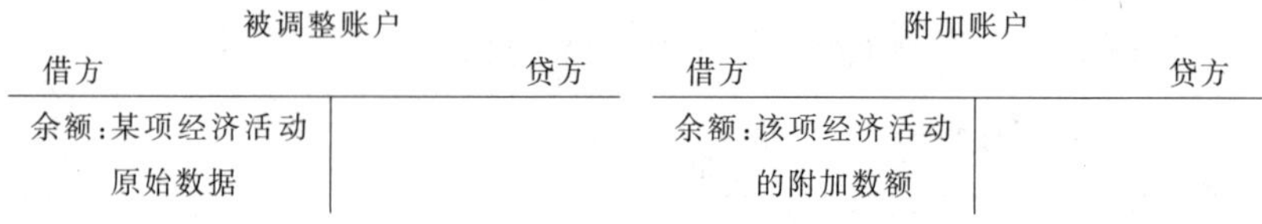


图 6-15　附加账户与被调整账户的附加方式

从图 6-15 可以看出这类被调整账户与附加账户的关系，并可通过下式表示：

被调整账户的借（贷）方余额 ＋ 附加账户的借（贷）方余额 ＝ 该项经济活动的实际数额

（三）备抵附加账户

备抵附加账户是既用来抵减，又用来增加被调整账户的余额，以求得被调整账户的实际余额的账户。备抵附加账户既可以作为备抵账户，又可以作为附加账户来发挥作用，兼有两种账户的功能。这类账户在某一时刻执行的是哪种功能，取决于该账户的余额与被调整账户的余额在方向上是否一致，当其余额与被调整账户的余额方向相反时，它所起的是备抵账户的作用，其调整方式与备抵账户相同；当其余额与被调整账户的余额方向一致时，它所起的是附加账户的作用，其调整方式与附加账户相同。例如，“材料成本差异”账户就属于备抵附加账户。

账户按用途和结构的分类，如图 6-16 所示。

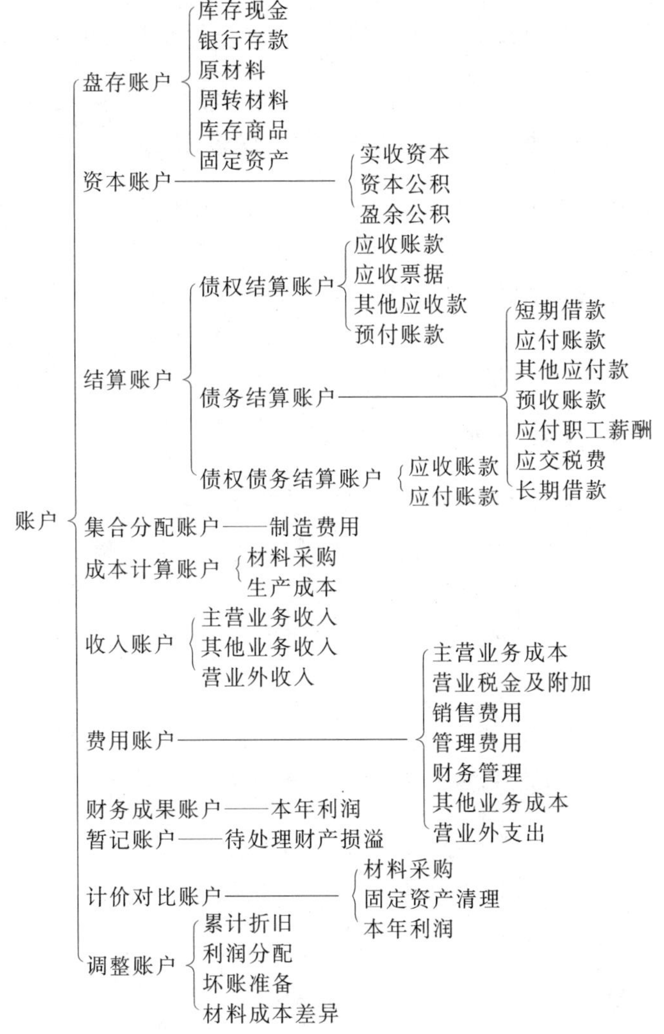

图 6-16 账户按用途和结构的分类

# 第三节　账户的其他分类

账户除了可以按经济内容、用途和结构进行分类以外，还可以按其他不同的分类标准进行分类。

## 一、账户按其提供指标详细程度分类

账户按其提供指标详细程度可分为总分类账户和明细分类账户。总分类账户是根据总账科目设置的，又称一级账户或总账账户，反映的是经济业务的总括资料；明细分类账户是根据明细科目设置的，反映的是经济业务详细而具体的资料。总分类账户对所属明细分类账户具有统驭和控制作用，明细分类账户对总分类账户具有补充和说明作用。

## 二、账户按记账形式分类

复式记账的一个明显特征是从账户两方面来处理经济业务，把每项经济业务记录分为借贷记录，因此，账户也可按其记账形式分为借方账户和贷方账户。借方账户是指经济业务发生或增加时将其金额记入借方的账户，属于该类账户的有资产账户、费用账户等；贷方账户是指经济业务发生或增加时将其金额记入贷方的账户，属于该类账户的有负债账户、所有者权益账户和收入账户等。

## 三、账户按与会计报表的关系分类

账户按与会计报表的关系可分为资产负债表账户和利润表账户。将据以编制资产负债表的账户称为资产负债表账户，将据以编制利润表的账户称为利润表账户。

## 四、账户按有无期末余额分类

账户按其期末有无余额可分为实账户和虚账户。实账户是指反映企业资产、负债和所有者权益的账户，这些账户在期末结账后通常都有余额，表示企业实际拥有或者控制的经济资源和对这些资源的要求权，以后各期都要连续登记，所以又称为永久性账户。同时，由于这些账户是编制资产负债表的依据，所以又称为资产负债表账户。虚账户是指反映企业经营过程中发生的收入、费用的账户，这些账户在期末结账后通常并无余额，下期期初需另行开设，所以又称临时性账户。同时，由于这些账户是编制利润表的依据，所以又称为利润表账户。实账户和虚账户的实质差别表现在期末是否有余额上。将账户分为实账户和虚账户，可以进一步了解账户的经济内容和用途、结构，以便更正确地运用各种账户，为期末进行结账、编制会计报表起到积极的作用。

# 第七章 会计凭证

## 第一节 会计凭证的意义和种类

### 一、会计凭证的意义

会计凭证是在会计工作中记录经济业务、明确经济责任、按一定格式编制的作为记账依据的书面证明，简称凭证。

企业发生的每一项经济业务，都必须按照规定的程序和要求办理凭证手续。由执行或完成该项经济业务的有关人员填制或取得会计凭证，详细说明该项经济业务的内容，并在凭证上签名或盖章，以明确经济责任。填制或取得会计凭证后，必须经过有关人员的严格审核，并由审核人员签章，只有审核无误的会计凭证，才能作为记账的依据。填制和审核会计凭证是会计的一项基础工作，也是会计核算的基本方法之一。

会计凭证的填制和审核，对完成会计工作的任务，实现会计的职能，充分发挥会计的作用，具有以下四方面的意义：

#### （一）会计凭证是反映经济业务的依据

会计凭证是经济业务的载体，对于每一项经济业务的发生、完成或执行情况，都必须按照规定的程序和要求，由经办人员及时取得或填制相应的会计凭证，如实加以记录。这样，就可以将发生的每一项经济业务的实际情况及时、如实地反映出来，为经济管理提供有用的会计信息。

#### （二）会计凭证是审核经济业务的依据

由于一切经济业务的发生都必须填制或取得会计凭证，通过对会计凭证的审核，就能够判断企业发生的经济业务是否真实、合法、合理，有无弄虚作假、违法乱纪等行为，以充分发挥会计的监督作用。

（三）会计凭证是登记账簿的依据

记账必须以经过审核无误的会计凭证为依据。没有凭证，不能记账。这就保证了会计记录的客观性和真实性，从而防止会计核算的主观臆断和弄虚作假等行为。

（四）会计凭证是明确经济责任的重要手段

由于各项经济业务都要填制或取得会计凭证，而且经办单位和有关人员必须在凭证上盖章、签字，办理凭证手续；对会计凭证进行审核后，审核人员也必须签字或盖章，以示对该程序负责。这样，通过填制和审核会计凭证可以明确经济责任，促使有关人员在自己的职责范围内严格按规章和制度办事。一旦出现经济纠纷等有关问题，便于检查和分清责任，从而加强经济责任制。

## 二、会计凭证的种类

会计凭证按照不同的标志有不同的分类，但最基本的是按照其填制程序和用途分类。按照填制程序和用途，会计凭证可以分为原始凭证和记账凭证两大类。具体如图 7-1 所示。

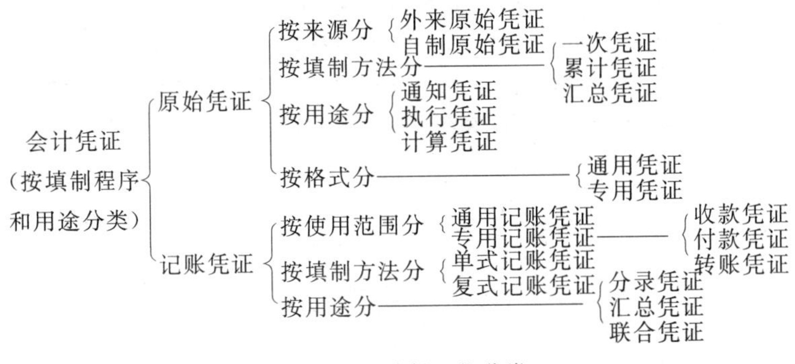


图 7-1　会计凭证的分类

# 第二节 原始凭证

## 一、原始凭证的概念

原始凭证，是在经济业务发生时取得或填制的，用以记录经济业务发生或完成情况并具有法律效力的书面证明，是进行会计核算的原始资料和主要依据。原始凭证记载着大量的经济信息，又是证明经济业务发生、完成或执行情况的初始文件，具有较强的法律效力，是一种很重要的会计凭证。例如发货票、领料单、产品入库单、差旅费报销单等都属于原始凭证。凡是不能证明经济业务发生或完成情况的各种凭证、文件，如购货合同、费用预算、购料申请单等，不能作为记账的原始依据。

## 二、原始凭证的种类

### （一）原始凭证按其来源不同分类

可以分为外来原始凭证和自制原始凭证两种。

**1. 外来原始凭证**

外来原始凭证指在经济业务发生或完成时，从其他单位或个人处取得的原始凭证。如增值税专用发票（格式见表 7-1）、非增值税及小型纳税人的发票（一般格式见表 7-2）、铁路运输部门的火车票、对外支付款项时取得的收据（一般格式见表 7-3）等都是外来原始凭证。

**表 7-1　增值税专用发票格式**

增值税专用发票

发票联

开票日期　　　　　　　　年　月　日　　　　　　　　№

<table>
<tr><td rowspan="2">购货单位</td><td>名称</td><td colspan="3"></td><td>纳税人登记号</td><td colspan="2"></td></tr>
<tr><td>地址、电话</td><td colspan="3"></td><td>开户银行及账号</td><td colspan="2"></td></tr>
<tr><td colspan="2">商品或劳务名称</td><td>计量单位</td><td>数量</td><td>单价</td><td>金　额</td><td>税率(%)</td><td>税额</td></tr>
<tr><td colspan="2"></td><td></td><td></td><td></td><td></td><td></td><td></td></tr>
<tr><td colspan="2">合　计</td><td></td><td></td><td></td><td></td><td></td><td></td></tr>
<tr><td colspan="2">价税合计(大写)</td><td colspan="6">¥________</td></tr>
<tr><td rowspan="2">销货单位</td><td>名称</td><td colspan="3"></td><td>纳税人登记号</td><td colspan="2"></td></tr>
<tr><td>地址、电话</td><td colspan="3"></td><td>开户银行及账号</td><td colspan="2"></td></tr>
<tr><td>备注</td><td></td><td colspan="3"></td><td></td><td></td><td></td></tr>
</table>

第二联：发票联购货方记账

收款人：　　　　复核人：　　　　开票人：　　　　销货单位(公章)

**表 7-2　非增值税及小规模纳税人发票格式**

发　票

购货单位　　　　　　　　年　月　日　　　　　　　　№

| 货号及品名 | 规格 | 数量 | 单位 | 单价 | 金　额 |
|---|---|---|---|---|---|
| | | | | | |
| | | | | | |
| | | | | | |
| 合计人民币(大写) | | | | | |
| 付款方式 | | | 开户银行及账号 | | |

第　联

单位(盖章)　　　　　　开票人：　　　　收款人：

表 7-3 收据格式

收 据

年 月 日 №

付款单位____________ 收款方式____________

人民币(大写)____________ ￥____________

收款事由____________

第 联

收款单位(盖章) 审核: 经手: 出纳:

## 2. 自制原始凭证

自制原始凭证指由本单位内部具体经办业务的部门和人员,在执行或完成某项经济业务时自行填制的、仅供本单位内部使用的原始凭证。常用的自制原始凭证有:收料单、领料单、产品入库单、产品出库单、借款单、现金收据、扣款通知单、工资计算单等。收料单、领料单、产品入库单和借款单的一般格式如表 7-4 至表 7-7 所示。

表 7-4 收料单格式

收 料 单

供货单位: 年 月 日 凭证编号:

发票号码: 收料仓库:

| 材料编号 | 材料规格及名称 | 计量单位 | 数量 | | 价格 | |
|---|---|---|---|---|---|---|
| | | | 应收 | 实收 | 单价 | 金额 |
| | | | | | | |
| | | | | | | |
| | | | | | | |
| | | | | | | |
| | | | | | | |
| | | | | | | |
| 备 注 | | | | | 合计 | |

第 联

仓库负责人: 记账: 仓库保管: 收料:

## 表 7-5 领料单格式

领 料 单

领料部门：　　　　　　　　年 月 日　　　　　　　　凭证编号：

用途：　　　　　　　　　　　　　　　　　　　　　　收料仓库：

| 材料编号 | 材料规格及名称 | 计量单位 | 数量 | | 价格 | |
|---|---|---|---|---|---|---|
| | | | 请领 | 实领 | 单价 | 金额 |
| | | | | | | |
| | | | | | | |
| 备 注 | | | | | 合计 | |

第 联

记账：　　　　　　发料：　　　　　　审批：　　　　　　领料：

## 表 7-6 产品入库单格式

产品入库单

编 号：

交库单位：　　　　　　　　年 月 日　　　　　　　　产品仓库：

| 产品编号 | 产品名称 | 规格 | 单位 | 交付数量 | 检验结果 | | 实收数量 | 单价 | 金额 |
|---|---|---|---|---|---|---|---|---|---|
| | | | | | 合格 | 不合格 | | | |
| | | | | | | | | | |
| 备 注 | | | | | | | | | |

第 联

记账：　　　　　　检验：　　　　　　仓库：　　　　　　经手：

## 表 7-7 借款单(或预支单)格式

借款单（或预支单）

年 月 日

| 借款单位： | | 借款人 | |
|---|---|---|---|
| 借款事由 | | | |
| 借款金额 | 人民币（大写）： 仟 佰 拾 元 角 分 | | |

审批：　　　　　　出纳：　　　　　　主管：　　　　　　领款：

### (二)原始凭证按其填制的方法不同分类

可以分为一次凭证、累计凭证和汇总凭证三种。

**1. 一次凭证**

一次凭证指只反映一项经济业务或者同时反映若干项同类经济业务,其填制手续是一次完成的原始凭证。一次凭证在原始凭证的各种填法中使用最为普遍。常用的一次凭证有:发票、收据、借款单、银行结算凭证、收料单等。通常,外来原始凭证都是一次凭证,自制原始凭证绝大多数是一次凭证。

**2. 累计凭证**

累计凭证指在一定时期内,连续多次记载若干项不断重复发生的同类经济业务,以期末累计数作为记账依据的自制原始凭证。常用的累计凭证有:限额领料单、费用登记表等。限额领料单的格式如表 7-8 所示。

**表 7-8 限额领料单格式**

ABC 企业限额领料单

领料单位: 凭证编号:

用 途: 年 月 发料仓库:

| 材料编号 | 材料名称及规格 | 计量单位 | 领用限额 | 实际领用 | | | 计划产量 | 单位消耗定额 |
|---|---|---|---|---|---|---|---|---|
| | | | | 数量 | 单价 | 金额 | | |
| | | | | | | | | |

| 日期 | 请领 | | 实发 | | 退回 | | | 限额结余 |
|---|---|---|---|---|---|---|---|---|
| | 数量 | 领料单位负责人 | 数量 | 发料人 | 数量 | 收料人 | 退料人 | |
| | | | | | | | | |
| | | | | | | | | |
| | 合计 | | | | | | | |

生产计划部门: 供应部门: 仓库:

**3. 汇总凭证**

汇总凭证指在一定时期内把许多性质相同的、反映同类经济业务的原始证汇总起来,而一次填制完成的原始凭证。使用汇总凭证可以简化记账凭证的填制工作,集中反映某项经济业务的总括情况。常用的汇总凭证有:工资汇总表、发料汇总表、差旅费报销单等。发料汇总表的格式如表7-9所示。

**表7-9 发料汇总表格式**

ABC企业发料汇总表

年 月 日 单位:元

| 领料单位 | 应借科目 | 原料及主要材料 | 辅助材料 | 燃料 | | 合计 |
|---|---|---|---|---|---|---|
| 机钳车间 | 生产成本 | | | | | |
| | 制造费用 | | | | | |
| 铸造车间 | 生产成本 | | | | | |
| | 制造费用 | | | | | |
| 管理部门 | 管理费用 | | | | | |
| 合计 | | | | | | |

会计主管: 记账: 审核: 填制:

(三)原始凭证按其用途不同分类

可以分为通知凭证、执行凭证和计算凭证三种。

**1. 通知凭证**

通知凭证是命令或指示完成某项经济业务的原始凭证。通知凭证由业务主管部门发出,此种凭证不表明凭证所载业务已办理完成,只作为办理业务的通知。进行会计核算时,应以执行凭证为依据,此种凭证为核算的参考。常用的通知凭证有:扣款通知单、调出(入)职工通知单、产品定单等。通知凭证(职工或职工家属住院费通知单)的格式如表7-10所示。

**表 7-10　通知凭证格式**

职工或职工家属住院费通知单

单位：　　　　　　　　　　　转账通知　　　年　　月　　日　　　　　字第　　号

| 职工姓名 | | 家属姓名 | | 所住医院 | |
|---|---|---|---|---|---|
| 项　目 | 全部金额 | | 企业负担 | 职工自理 | 备　注 |
| | 职　工 | 家　属 | | | |
| 住院费 | | | | | |
| 药品费 | | | | | |
| 饭　费 | | | | | |
| 取暖费 | | | | | |
| 医疗费 | | | | | |
| 手术费 | | | | | |
| 输血费 | | | | | |
| | | | | | |
| 合　计 | | | | | 每月扣 |

审核：　　　　　　　　　　　　　　　　　　　　　　制单：

**2. 执行凭证**

执行凭证指详细记载经济业务的具体情况，证明经济业务已经办理完成的原始凭证。执行凭证在原始凭证的各种用途中使用最为普遍。常用的执行凭证有：发票、收据、收料单、领料单、产品入(出)库单、固定资产报废单等，其格式具体见表 7-1～7-6 所示。

**3. 计算凭证**

计算凭证指对已经发生或完成的经济业务进行计算而编制的原始凭证。常用的计算凭证有：固定资产折旧计算单、工资计算单、产品成本计算单、制造费用分配表等，计算凭证(工资计算单)的格式如表 7-11 所示。

**表 7-11　计算凭证格式**

工资计算单

单位名称：　　　　　　　　　　　　年　月　日　　　　　　　　共　页第　页

| 编号 | 部门 | 姓名 | 工资项目 | | | | 津贴、补贴项目 | | | | | | | | | 应发金额 | 扣款项目 | | | | 实发金额 | 备注 |
|---|---|---|---|---|---|---|---|---|---|---|---|---|---|---|---|---|---|---|---|---|---|---|
| | | | 基本工资 | 工龄工资 | | 小计 | 岗位津贴 | 房屋补贴 | 副食补贴 | 交通补贴 | 独生子费 | 洗理费 | 书报费 | | 小计 | | 房租 | 水电费 | | 小计 | | |
| | | | | | | | | | | | | | | | | | | | | | | |
| | | | | | | | | | | | | | | | | | | | | | | |
| | | | | | | | | | | | | | | | | | | | | | | |
| | | | | | | | | | | | | | | | | | | | | | | |
| | | | | | | | | | | | | | | | | | | | | | | |
| | | | | | | | | | | | | | | | | | | | | | | |
| | | | | | | | | | | | | | | | | | | | | | | |
| | | | | | | | | | | | | | | | | | | | | | | |
| | | | | | | | | | | | | | | | | | | | | | | |
| | | | | | | | | | | | | | | | | | | | | | | |
| 部门小计 | | | | | | | | | | | | | | | | | | | | | | |
| 单位合计 | | | | | | | | | | | | | | | | | | | | | | |

### (四)原始凭证按其格式不同分类

可以分为通用凭证和专用凭证两种。

**1. 通用凭证**

通用凭证指由有关部门统一印制，在全国或某个地区、部门范围内使用的具有统一格式和使用方法的原始凭证。如全国统一使用的商业汇票，银行统一制定的托收承付结算凭证等。通用凭证的格式(中国人民银行托收承付结算凭证)如表 7-2 所示。

**表 7-12　通用凭证格式**

中国人民银行托收承付结算凭证(收账通知)

第　　号

托收号码:

委托日期 20××年×月×日　　承付期限:

付款单位开户行　　收到日期 20　年　月　日　　支付日期 20　年　月　日

<table>
<tr><td rowspan="3">收款单位</td><td>全　称</td><td colspan="3"></td><td rowspan="3">付款单位</td><td>全　称</td><td colspan="10"></td></tr>
<tr><td>账　号</td><td colspan="3"></td><td>账号或地址</td><td colspan="10"></td></tr>
<tr><td>开户银行</td><td colspan="3"></td><td>开户银行</td><td colspan="10"></td></tr>
<tr><td rowspan="2">托收金额</td><td colspan="6" rowspan="2">人民币:壹仟贰佰元整<br>(大写)</td><td>千</td><td>百</td><td>十</td><td>万</td><td>千</td><td>百</td><td>十</td><td>元</td><td>角</td><td>分</td></tr>
<tr><td></td><td></td><td></td><td>¥</td><td>1</td><td>2</td><td>0</td><td>0</td><td>0</td><td>0</td></tr>
<tr><td colspan="3">附件</td><td colspan="2">商品发运情况</td><td colspan="12">合同名称号码</td></tr>
<tr><td colspan="2">附寄单证张数或册数</td><td></td><td colspan="2"></td><td colspan="12"></td></tr>
<tr><td colspan="3">备　注</td><td colspan="4">上列款项已由付款单位开户行全额划回并收入你方账户内。此致收款单位<br>(收款单位开户行盖章)<br>月　　日</td><td colspan="10">科　目<br>对方科目:<br>转账 20　年　月　日<br>单位主管　　会计<br>复核　　记账</td></tr>
</table>

此联是收款单位开户银行在款项收妥后给收款单位的收款通知

**2. 专用凭证**

专用凭证指由各单位自行印制,仅在本单位内部使用,有专门用途的原始凭证。专用凭证只用于本单位,一般要在凭证名称前冠以本单位的名称:如××公司差旅费报销单、××公司材料入库单等,专用凭证(ABC 企业外购或自制材料入库单)的格式如表 7-13 所示。

表 7-13　专用凭证格式

| 材料科目 | |
|---|---|
| 材料类别 | |

ABC 企业备件入库单　　　　支 票 号：________

　　　　　　　　　　　　　发 票 号：________

年　　月　　日　　　　　　供货单位：________

| 备件名称 | 规格 | 单位 | 数量 | 价格 | | | | | | | | | | |
|---|---|---|---|---|---|---|---|---|---|---|---|---|---|---|
| | | | | 自制件 | | | 加工件 | | | | | 外购件 | | |
| | | | | 工时费 | 材料费 | 合计 | 原价 | 加工费 | 材料费 | 运杂费 | 合计 | 金额 | 运杂费 | 合计 |
| | | | | | | | | | | | | | | |
| | | | | | | | | | | | | | | |
| | | | | | | | | | | | | | | |
| | | | | | | | | | | | | | | |
| | | | | | | | | | | | | | | |
| | | | | | | | | | | | | | | |

第一联：存根

审核：　　　　稽核员：　　　　质量验收员：　　　　保管员：　　　　制单：

## 三、原始凭证的填制

### (一)原始凭证的基本要素

在会计实务中，由于各种经济业务的内容和经济管理的要求不同，原始凭证的名称、格式和内容多种多样，其填制和审核的具体内容也会各不相同。但是，每一种原始凭证都必须客观真实地记录和反映经济业务的发生和完成情况，都必须明确有关单位、部门及人员的经济责任。这些共同的要求，决定了每种原始凭证都必须具有一些基本内容，具备一些基本要素，这些基本要素主要包括以下 7 个方面：

**1. 凭证的名称**

标明原始凭证所记录的业务内容的种类，反映原始凭证的用途。如发票、入库单等。

**2. 填制凭证的日期**

填制原始凭证的日期一般是经济业务发生或完成的日期，如果因各种原因当时未能及时填制原始凭证的，应以实际填制日期为准。

**3. 填制凭证单位名称或者填制人姓名**

**4. 经办人员的签名或者盖章**

为了明确经济责任，原始凭证要由经办人员签名或者盖章。

**5. 接受凭证单位名称**

标明使用原始凭证的特定单位，俗称“抬头”。

**6. 经济业务内容**

主要表明经济业务的项目、名称及有关的附注说明。

**7. 数量、单价和金额**

主要表明经济业务的计价，是原始凭证的核心。

## （二）原始凭证填制的基本要求

**1. 记录真实**

原始凭证所填制的内容必须真实可靠，必须与实际发生的经济业务保持一致，不得弄虚作假，不能填列匡算数或估计数，以确保原始凭证为会计核算提供真实的原始资料。

**2. 内容完整**

内容完整即原始凭证上的所有项目要填写齐全，不得遗漏，凭证的所有手续要履行完备，经办业务的有关部门和人员要认真审查，签名盖章。

**3. 填制及时**

各有关部门的经办人员必须按照会计制度的规定，在经济业务发生或完成时，及时填制原始凭证；并按规定程序进行传递、审核，不能拖延、积压，以便及时进行账务处理。

**4. 格式规范**

原始凭证要用蓝色或黑色笔书写，字迹清楚、规范，填写支票必须使用碳素笔，属于需要套写的凭证，必须一次套写清楚。原始凭证要连续编号以备查考。各种凭证不得随意涂改、刮擦、挖补，若填写错误，应按规定的方法予以更正。对于重要的原始凭证，如支票以及各种结算凭证，一律不得涂改。对于预先印有编号的各种凭证，发生填写错误时，要加盖“作废”戳记，并单独保管。

（三）原始凭证填制的具体要求

**1. 从外单位取得的原始凭证，必须盖有填制单位的公章；从个人取得的原始凭证，必须有填制人员的签名或者盖章**

自制原始凭证必须有经办单位领导人或者指定的人员签名或者盖章。对外开出的原始凭证，必须加盖本单位公章。

**2. 凡填有大写和小写金额的原始凭证，大写和小写金额必须相符**

购买实物的原始凭证，必须有验收证明。支付款项的原始凭证，必须有收款单位和收款人的收款证明。

**3. 一式多联的原始凭证，应当注明各联的用途，只能以一联作为报销凭证**

一式多联的发票和收据，必须用双面复写纸（发票和收据本身具备复写纸功能的除外）套写，并连续编号。作废时应当加盖“作废”戳记，连同存根一起保存，不得撕毁。

**4. 发生销货退回的，除填制退货发票外，还必须有退货验收证明；退款时，必须取得对方的收款收据或者汇款银行的凭证，不得以退货发票代替收据**

**5. 职工公出借款凭据，必须附在记账凭证之后**

收回借款时，应当另开收据或者退还借据副本，不得退还原借款收据。

**6. 经上级有关部门批准的经济业务，应当将批准文件作为原始凭证附件**

如果批准文件需要单独归档的，应当在凭证上注明批准机关名称、日期和文件字号。

**7. 原始凭证不得涂改、挖补**

发现原始凭证有错误的，应当由开出单位重开或者更正，更正处应该加盖开出单位的公章。原始凭证金额有错误的，应当由出具单位重开，不得在原始凭证上更正。

### （四）票据和结算凭证填写的基本要求

银行、单位和个人填写的各种票据和结算凭证是办理支付结算和现金收付的重要依据，直接关系到支付结算的准确、及时和安全。票据和结算凭证是银行、单位和个人凭以记载账务的会计凭证，是记载经济业务和明确经济责任的一种书面证明。因此，填写票据和结算凭证，必须做到标准化、规范化，做到要素齐全、数字正确、字迹清晰、不错漏、不潦草，防止涂改。

**1. 中文大写金额数字应用正楷或行书填写**

如壹、贰、叁、肆、伍、陆、柒、捌、玖、拾、佰、仟、万、亿、元、角、分、零、整（正）等字样，不得用一、二（两）三、四、五、六、七、八、九、十、毛、另（或O）填写，不得自造简化字。如果金额数字书写中使用繁体写，如貳、陸、億、萬、圓的，也应受理。

**2. 中文大写金额数字到“元”为止的，在“元”之后，应写“整”（或“正”）字，在“角”之后可以写“整”（或“正”）字，也可以不写**

大写金额数字有“分”的，“分”后面不写“整”（或“正”）字。

**3. 中文大写金额数字前应标明“人民币”字样，大写金额数字应紧接“人民币”字样填写，不得留有空白**

大写金额数字前未印“人民币”字样的，应加填“人民币”三字。在票据和结算凭证大写金额栏内不得预印固定的“仟、佰、拾、万、仟、佰、拾、元、角、分”字样。

**4. 阿拉伯小写金额数字中有“0”时，中文大写应按照汉语语言规律、金额数字构成和防止涂改的要求进行书写**

举例如下：

①阿拉伯数字中间有“0”时，中文大写金额要写“零”字。如￥1

409.50,应写成人民币壹仟肆佰零玖元伍角。

②阿拉伯数字中间连续有几个“0”,中文大写金额中间可以只写一个“零”字。如￥6 007.14,应写成人民币陆仟零柒元壹角肆分。

③阿拉伯金额数字万位或元位是“0”,或者数字中间连续有几个“0”,万位、元位也是“0”,但千位、角位不是“0”时,中文大写金额中可以只写一个“零”字,也可以不写“零”字。如￥1 680.32,应写成人民币壹仟陆佰捌拾元零叁角贰分,或者写成人民币壹仟陆佰捌拾元叁角贰分;又如￥107 000.53,应写成人民币壹拾万柒仟元零伍角叁分,或者写成人民币壹拾万零柒仟元伍角叁分。

④阿拉伯金额数字角位是“0”,而分位不是“0”时,中文大写金额“元”后面应写“零”字。如￥16 409.02,应写成人民币壹万陆仟肆佰零玖元零贰分;又如￥325.04,应写成人民币叁佰贰拾伍元零肆分。

**5. 阿拉伯小写金额数字前面,均应填写人民币符号“￥”**

阿拉伯小写金额数字要认真填写,不得连写分辨不清。

**6. 票据的出票日期必须使用中文大写**

为防止变造票据的出票日期,在填写月、日时,月为壹、贰或壹拾的,日为壹至玖和壹拾、贰拾和叁拾的,应在其前加“零”;日为拾壹至拾玖的,应在其前加“壹”。如 1 月 15 日,应写成零壹月壹拾伍日。再如 10 月 20 日,应写成零壹拾月零贰拾日。

**7. 票据出票日期使用小写填写的,银行不予受理**

大写日期未按要求规范填写的,银行可予受理,但由此造成损失的,由出票人自行承担。

### (五)原始凭证的填制方法

**1. 外来原始凭证的填制方法**

外来原始凭证是在经济业务发生或完成后由其他单位的经办人员按要求填制的。如企业购货时由销货方开具的发票,由运输企业开具的运费收据,由银行开出的收款通知和付款通知等。

**2. 自制原始凭证的填制方法**

自制原始凭证的填制方法主要有以下三种：

(1)根据实际发生的经济业务直接填制。如收料单是在采购材料验收入库时，根据供货单位发货票及实际验收入库的材料类别、名称、规格、数量、价格等填制的。

(2)根据账簿记录在会计期末对有关经济业务归类整理填制。如制造费用分配表是会计人员在计算产品生产成本时，根据制造费用明细账的记录，按一定标准(如生产工时等)计算分配各产品应承担的制造费用而填制的。

(3)根据若干张反映同类经济业务的原始凭证汇总填制，即汇总原始凭证。如发出材料汇总表是根据一定时期的领料单等领料凭证，按领料用途和材料类别分别归类汇总填制的。

## 四、原始凭证的审核

为了保证会计核算资料的真实、完整、准确和合法，必须对原始凭证进行严格的审核，各种原始凭证除了由经办业务的部门和人员审核外，还必须经过会计人员的审核。对原始凭证进行严格的审核，是加强会计监督的重要内容。只有经审核无误的原始凭证，才能据以支付款项、编制记账凭证和登记账簿。

### (一)原始凭证审核的内容

**1. 真实性审核**

真实性审核即审核原始凭证所记录的经济业务内容是否真实、是否为确实发生或已经完成的经济业务。审核中发现假冒、伪造的凭证应拒绝办理。

**2. 合法性审核**

合法性审核即审核原始凭证所记录的经济业务内容是否合法，有无违反国家法律法规和相关制度的规定。

**3. 准确性审核**

准确性审核即根据原始凭证的填写要求，审核原始凭证的摘要和数字及其他项目是否填写正确，数量、单价、金额、合计是否填写正确，大小写金额是否相符。

**4. 完整性审核**

完整性审核即根据原始凭证的要素，逐项审核原始凭证的内容是否完整，原始凭证的各项目是否按规定填写齐全，是否按规定手续办理。

### （二）原始凭证审核结果的处理

严格审核原始凭证是会计人员的主要职责之一。会计人员必须按照国家统一的会计制度的规定对原始凭证进行审核，对于符合要求的原始凭证，应按规定及时办理会计手续，编制记账凭证，登记账簿，并对凭证妥善保管；对不真实、不合法的原始凭证有权不予接受，并向单位负责人报告；对记载不准确、不完整的原始凭证予以退回，并要求按照国家统一的会计制度的规定更正、补充。

# 第三节　记账凭证

## 一、记账凭证的概念

记账凭证是会计人员根据审核无误的原始凭证及有关资料填制的，载有反映经济业务的简要内容和会计分录，并作为记账依据的一种会计凭证。

由于原始凭证来自各个不同的部门，反映各种不同的经济业务，直接根据原始凭证记账容易发生差错，所以必须根据其性质和内容进行必要的归类整理，在记账前一般先要按照原始凭证及有关资料编制记账凭证，然后据以记账，原始凭证作为记账凭证的附件。在实际工作中，会计分录一般就直接编制在记账凭证上。这样既便于记账，又可防止差错，保证账簿记录的正确性。

记账凭证和原始凭证同属于会计凭证，但二者存在着以下差别：原始凭证是由经办人员填制的，记账凭证一律由会计人员填制；原始凭证根据发生或完成的经济业务填制，记账凭证根据审核后的原始凭证填制；原始凭证仅用以记录、证明经济业务已经发生或完成，记账凭证要依据会计科目对已经发生或完成的经济业务进行归类、整理；原始凭证是填制记账凭证的依据，记账凭证是登记账簿的依据。

## 二、记账凭证的种类

### （一）记账凭证按用途可分为通用记账凭证和专用记账凭证

通用记账凭证是指各类经济业务共同使用的统一格式的记账凭证。其格式见表 7-14 所示。

**表 7-14　通用记账凭证格式**

记账凭证

年　月　日　　　　　　字第　　号

<table>
<tr><th rowspan="2">摘要</th><th colspan="2">借方</th><th colspan="2">贷方</th><th rowspan="2">记账符号</th><th colspan="10">金　　额</th></tr>
<tr><th>一级科目</th><th>二级科目</th><th>一级科目</th><th>二级科目</th><th>千</th><th>百</th><th>十</th><th>万</th><th>千</th><th>百</th><th>十</th><th>元</th><th>角</th><th>分</th></tr>
<tr><td></td><td></td><td></td><td></td><td></td><td></td><td></td><td></td><td></td><td></td><td></td><td></td><td></td><td></td><td></td><td></td></tr>
<tr><td></td><td></td><td></td><td></td><td></td><td></td><td></td><td></td><td></td><td></td><td></td><td></td><td></td><td></td><td></td><td></td></tr>
<tr><td></td><td></td><td></td><td></td><td></td><td></td><td></td><td></td><td></td><td></td><td></td><td></td><td></td><td></td><td></td><td></td></tr>
<tr><td></td><td></td><td></td><td></td><td></td><td></td><td></td><td></td><td></td><td></td><td></td><td></td><td></td><td></td><td></td><td></td></tr>
<tr><td>合计</td><td></td><td></td><td></td><td></td><td></td><td></td><td></td><td></td><td></td><td></td><td></td><td></td><td></td><td></td><td></td></tr>
</table>

附件　张

会计主管　　记账　　出纳　　审核　　制证

- 专用记账凭证是指对于不同的经济业务采用不同格式的记账凭证。专用记账凭证按其反映的经济业务内容不同，可以分为收款凭证、付款凭证和转账凭证 3 种格式。
- 收款凭证是用于记录有关库存现金或银行存款收入业务的记账

凭证。其格式见表 7-15 所示。

● 付款凭证是用于记录有关库存现金或银行存款付出业务的记账凭证。需要强调，对于只涉及库存现金和银行存款之间的收付业务，如将现金解缴银行或从银行提取现金，为避免重复记账，一般只编制付款凭证，而不编制收款凭证。付款凭证的格式见表 7-16 所示。

● 转账凭证是用于记录不涉及库存现金和银行存款收付的经济业务，即转账业务的记账凭证，其格式见表 7-17 所示。

如果企业货币资金收付业务多，收款与付款业务分设现金收入日记账、现金支出日记账、银行存款收入日记账、银行存款支出日记账时，则可相应采用现金收款凭证、现金付款凭证、银行存款收款凭证、银行存款付款凭证、转账凭证五种格式。

**表 7-15 收款凭证格式**

收款凭证

借方科目:银行存款　　　　年　月　日　　　　字第　号

| 摘　要 | 贷方科目 | | 金额 | 记账符号 |
|---|---|---|---|---|
| | 一级科目 | 二级或明细科目 | | |
| | | | | |
| | | | | |
| | | | | |
| | | | | |
| | | | | |
| | | | | |
| | | | | |
| 合　计 | | | | |

附件　张

会计主管　　记账　　出纳　　审核　　制证

**表 7-16　付款凭证格式**

付款凭证

贷方科目:库存现金　　　　　　年　　月　　日　　　　　　　　字第　　号

| 摘　　要 | 贷方科目 | | 金额 | 记账符号 |
|---|---|---|---|---|
| | 一级科目 | 二级或明细科目 | | |
| | | | | |
| | | | | |
| | | | | |
| | | | | |
| 合　　计 | | | | |

附件　张

会计主管　　　　记账　　　　出纳　　　　审核　　　　制证

**表 7-17　凭证格式格式**

转账凭证

年　　月　　日　　　　　　转字第　　号

| 摘　　要 | 一级科目 | 二级或明细科目 | 借方金额 | 记账符号 | 贷方金额 | 记账符号 |
|---|---|---|---|---|---|---|
| | | | | | | |
| | | | | | | |
| | | | | | | |
| | | | | | | |
| | | | | | | |
| 合　　计 | | | | | | |

附件　张

会计主管　　　　记账　　　　审核　　　　制证

(二)记账凭证按填制方式分单式记账凭证和复式记账凭证

单式记账凭证就是在一张凭证上只记一个会计科目,对应科目只作为参考,不凭以记账。单式记账凭证将一项经济业务所涉及的会计科目及其对应关系通过借项记账凭证、贷项记账凭证予以分别反映。采用单式记账凭证,便于同时汇总计算每一会计科目的发生额,也便于分工记账,但不便于反映经济业务的全貌及会计科目的对应关系,一般适用于业务量较大,会计部门内部分工较细的单位。单式记账凭证的格式见表 7-18、7-19 所示。

**表 7-18　借项记账凭证**

对应科目：　　　　　　　　　年　　月　　日　　　　　　　　第　　号

| 摘要 | 会计科目 | | 账页 | 金额 |
|---|---|---|---|---|
| | 一级科目 | 二级或明细科目 | | |
| | | | | |
| | | | | |
| 合　　计 | | | | |

附件　　张

会计主管　　　记账　　　审核　　　出纳　　　制证

**表 7-19　贷项记账凭证**

对应科目：　　　　　　　　　年　　月　　日　　　　　　　　第　　号

| 摘要 | 会计科目 | | 账页 | 金额 |
|---|---|---|---|---|
| | 一级科目 | 二级或明细科目 | | |
| | | | | |
| | | | | |
| 合　　计 | | | | |

附件　　张

会计主管　　　记账　　　审核　　　出纳　　　制证

复式记账凭证就是在一张凭证上至少登记两个相互对应的会计科目。上述的通用记账凭证和专用记账凭证都属于复式记账凭证。复式记账凭证可在一张记账凭证上反映一笔完整的经济业务,便于反映经济业务的全貌及会计科目之间的对应关系,可减少记账凭证的数量,但不便于同时汇总计算每一会计科目的发生额，也不利于会计人员分工记账。

（三）记账凭证按用途可分为分录凭证、汇总凭证和联合凭证

(1)分录凭证是直接根据原始凭证编制，载明会计科目、记账方向和金额的凭证。

(2)汇总凭证是对分录凭证加以汇总，据以登记分类账的记账凭证。如汇总记账凭证、科目汇总表等，有关格式和内容将在第十一章中详细介绍。

(3)联合凭证是同时具备原始凭证和记账凭证的基本内容，兼有两者功能的会计凭证。联合凭证有两种类型：一是原始凭证与记账凭证的联合，即在原始凭证上直接标注会计分录，据以记账的联合凭证，其格式见表 7-20 所示；二是汇总原始凭证与记账凭证的联合，这种联合凭证，在将原始凭证的资料汇总编制时，就注明了应记入的账户和金额，其格式见表 7-21 所示。

**表 7-20　联合凭证格式(一)**

ABC 企业领料单

编号：
领料部门：1 车间
生产通知单号：7

19××年 6 月 9 日

会字第　　　号

| 借方账户 | 贷方账户 |
| --- | --- |
| 生产成本 | 原材料 |
| 甲 产 品 | 原料及主要材料 |

| 制造品名：轴瓦 | | | 制造数量：50 | | | 领料用途：甲产品 | |
| --- | --- | --- | --- | --- | --- | --- | --- |
| 编号 | 品名 | 规格 | 单位 | 请领数量 | 实发数量 | 单价 | 金额 |
| 763 | 钢板 | 3mm | 公斤 | 10 | 10 | 3.50 | 35.00 |
| | | | | | | | |
| 合 | | | 计 | | | | 35.00 |

记账：　　发料：　　领料部门主管：　　领料：

表 7-21　联合凭证格式(二)

发料凭证汇总表

单位名称：　　　　　　　　　20××年　　月份

| 应借科目 | 应贷科目：　　原材料 | | | | | |
|---|---|---|---|---|---|---|
| | 原料及主要材料 | 辅助材料 | | | | 合计 |
| 生产成本 | | | | | | |
| 1 日至 10 日 | | | | | | |
| 11 日至 20 日 | | | | | | |
| 21 日至 30 日 | | | | | | |
| 制造费用 | | | | | | |
| 1 日至 10 日 | | | | | | |
| 11 日至 20 日 | | | | | | |
| 21 日至 30 日 | | | | | | |
| 管理费用 | | | | | | |
| 1 日至 10 日 | | | | | | |
| 11 日至 20 日 | | | | | | |
| 21 日至 30 日 | | | | | | |
| 本月发出总计 | | | | | | |

会计主管：　　　　　记账：　　　　　审核：　　　　　制表：

## 三、记账凭证的填制

### (一)记账凭证的基本要素

各单位依据自身经营业务的特点,可设计使用不同格式的记账凭证。但作为确定会计分录和进行款项收付、账簿记录的依据,记账凭证必须具有一些基本内容,具备一些基本要素,这些基本要素主要包括以下7个方面：

①填制凭证的日期；

②凭证编号；

③经济业务摘要；

④会计科目；

⑤金额；

⑥所附原始凭证张数；

⑦填制凭证人员、稽核人员、记账人员、会计机构负责人、会计主管人员签名或者盖章。收款和付款记账凭证还应当由出纳人员签名或者盖章。

以自制的原始凭证或者原始凭证汇总表代替记账凭证的，也必须具备记账凭证应有的项目。

### （二）记账凭证的填制要求

记账凭证的填制，是在对原始凭证进行整理、分类的基础上，借助复式记账方法，确定经济业务所涉及的账户名称、记账方向及金额即确定会计分录，是会计核算的重要环节。如果说会计人员对原始凭证主要在于注重审核，那么，对记账凭证则主要在于注重填制。各种记账凭证除严格按原始凭证的填制要求填制外，还应注意以下填制要求：

**1. 填制依据正确**

记账凭证可以根据每一张原始凭证填制，或者根据若干张同类原始凭证汇总填制，也可以根据原始凭证汇总表填制。但不得将不同内容和类别的原始凭证汇总填制在一张记账凭证上。

**2. 填制日期正确**

一般说来，记账凭证在哪一天编制，其填制日期就是哪一天。收付业务因为要登记当天的日记账，记账凭证的日期应是货币资金实际收付的日期，与原始凭证的日期不一定一致；转账凭证原则上以收到原始凭证的日期为填制日期。如报销差旅费的记账凭证填写报销当日的日期；现金收、付款记账凭证填写办理收、付现金的日期；银行收款业务的记账凭证一般按财会部门收到银行进账单或银行回执的戳记日期填写；当实际收到的进账单日期与银行戳记日期相隔较远，或次月初收到上月的银行收、付款凭证，按财会部门实际办理转账业务的日期填写；银行付款业务的记账凭证，一般以财会部门开出银行存款付出单据的日期或承付的日期填写；属于计提和分配费用等转账业务的记账凭证，应以当月最后一天的日期填写。

**3. 凭证摘要简明**

在填写摘要栏时，既要简明，又要全面、清楚，应以说明问题为主，以便于查阅凭证和登记账簿。如写物要有品名、数量、单价；写事要有过程；银行结算凭证，要注明支票号码、去向；送存款项，要注明现金、支票、汇票等。遇有冲转业务，不应只写冲转，应写明冲转某年、某月、某日、某项经济业务和凭证号码，也不能只写对方科目。

**4. 会计分录正确**

一级科目、二级科目或明细科目，账户的对应关系，借贷方向及其相应金额都必须正确无误。

**5. 凭证连续编号**

记账凭证的编号，要根据不同的情况采用不同的编号方法。如果企业各种经济业务的记账凭证采用统一的一种格式（通用格式），凭证的编号可采用顺序编号法，即按月编顺序号。业务极少的单位可按年编顺序号。如果是按照经济业务的内容加以分类，采用三种格式或五种格式的记账凭证，记账凭证的编号应采用字号编号法。即把不同类型的记账凭证用字加以区别，再把同类记账凭证顺序号加以连续。三种格式的记账凭证，采用字号编号法时，具体地编为“收字第××号”，“付字第××号”，“转字第××号”。例如，×月×日收到一笔现金，是该月第30笔收款业务，记录该笔经济业务的记账凭证的编号为“收字第30号”。五种格式的记账凭证，运用字号编号法时，具体编为“现收字第××号”，“现付字第××号”，“银收字第××号”，“银付字第××号”，“转字第××号”。例如，×月×日以银行存款支付材料款，为该月银行存款付款第25笔业务，记录该项经济业务的记账凭证的编号就为

"银付字第 25 号"。如果一笔经济业务需要填制一张以上的记账凭证时,记账凭证的编号可采用分数编号法。例如,某企业采用三种格式的记账凭证,×月×日发生一笔转账业务,需要填制三张记账凭证,则这三张记账凭证的编号分别为:

转字第 $28\frac{1}{3}$　　(第一张)

转字第 $28\frac{2}{3}$　　(第二张)

转字第 $28\frac{2}{3}$　　(第三张)

上述编号,分数中的分母是该笔经济业务填制的记账凭证的总张数,分子是表示第几张凭证,分数前的整数表示该笔转账业务编号为 28 号。分数编号法可以与顺序编号法结合使用,也可以与字号编号法结合使用。当企业采用单式记账凭证时,为了便于查阅记录同一经济业务的几张相关凭证,可采用分数编号法。但不论采用哪种方法编号,都应在每月最末一张记账凭证的编号旁加注"全"字,以便于检查凭证有无散失。

业务量大的单位,可使用"记账凭证编号单",按照本单位记账凭证编号的方法,事先在编号单上印满顺序号,编号时用一个销一个,由制证人注销,在装订凭证时将编号单附上,使记账凭证的编号和张数一目了然,方便查考。

**6. 附件数量完整**

记账凭证所附加的原始凭证必须完整无缺,并在记账凭证上注明原始凭证的张数,以便核对摘要及所编会计分录是否准确无误。除结账和更正错误的记账凭证可以不附原始凭证外,其他记账凭证必须附有原始凭证。如果一张原始凭证涉及几张记账凭证,可以把原始凭证附在一张主要的记账凭证后面,并在其他记账凭证上注明附有该原始凭证的编号或者附原始凭证复印件。一张原始凭证所列支出需要几个单位共同负担的,应当将其他单位负担的部分,开给对方原始凭证分割单,进行结算。

**7. 填写内容齐全**

记账凭证中的各项内容必须填写齐全,并按规定程序办理签章手续,不得简化。如果在填制记账凭证时发生错误,应当重新填制,并将错误凭证作废或撕毁。已经登记入账的记账凭证,在当年内发现填写错误时,可以用红字填写一张与原内容相同的记账凭证,在摘要栏注明"注销某月某日某号凭证"字样,同时再用蓝字重新填制一张正确的记账凭证,注明"订正某月某日某号凭证"字样。如果会计科目没有错误,只是金额错误,也可以将正确数字与错误数字之间的差额,另编一张调整的记账凭证,调增金额用蓝字,调减金额用红字。发现以前年度记账凭证有错误的,应当用蓝字填制一张更正的记账凭证。

记账凭证填制完经济业务事项后,如有空行,应当自金额栏最后一笔金额数字下的空行处至合计数上的空行处划线注销。

## (三)记账凭证的填制方法

**1. 收款凭证的填制方法**

收款凭证是根据有关库存现金和银行存款收款业务的原始凭证填制的。它既是登记现金日记账、银行存款日记账和明细账等有关账簿的依据,又是出纳人员收入款项的依据。填制收款凭证的格式见表7-22所示。

**表 7-22 收款凭证格式**

收款凭证

借方科目:银行存款 年 月 日 收字第 号

| 摘要 | 贷方科目 | | 金额 | 记账符号 | |
|---|---|---|---|---|---|
| | 一级科目 | 二级或明细科目 | | | 附件 |
| 出售甲产品10台、单价100元 | 主营业务收入 | 甲产品 | 1 000.00 | √ | |
| | | | S | | 张 |
| 合计 | | | ¥1 000.00 | | |

会计主管 记账 出纳 审核 制证

收款凭证的左上方"借方科目"后应填到"库存现金"或"银行存

款”;“贷方科目”栏则应填列与“库存现金”或“银行存款”时与之相对应的一级科目和所属的明细科目的名称;在“摘要”栏内,应当简要说明经济业务的内容;在“记账”栏内,应于过账后作“√”标记或注明过入银行存款日记账、现金日记账及有关分类账的页次,以免漏记或重记;在“金额”栏下的空行处应打上“S”号或斜线注销,表示业务到此截止,金额合计前应加上“¥”号;“附件”张数应根据所依据的原始凭证张数填列;“收字第　号”根据本期收款凭证的顺序填列;“会计主管”、“记账”、“出纳”、“审核”、“填制”由相应的经办人员签名或盖章。

**2. 付款凭证的填制方法**

付款凭证是根据有关库存现金和银行存款付出的原始凭证填制的,它是登记现金日记账,银行存款日记账和明细账等有关账簿的依据,也是出纳人员付出款项的依据。填制付款凭证的格式见表7-23所示。

**表7-23　付款凭证格式**

付款凭证

贷方科目:库存现金　　　　年　月　日　　　　付字第　　号

| 摘　要 | 贷方科目 | | 金额 | 记账符号 |
|---|---|---|---|---|
| | 一级科目 | 二级或明细科目 | | |
| 支付本月工资 | 应付工资 | | 8 000.00 | √ |
| | | | S | |
| 合　计 | | | ¥8 000.00 | |

附件　张

会计主管　　记账　　出纳　　审核　　制证

付款凭证的填制方法和收款凭证的填制方法基本相同,只是借方科目和贷方科目填写的位置不同,在其左上方的“贷方科目”后应填列“库存现金”或“银行存款”;“借方科目”栏应填写与付出库存现金或银行存款时与之相对应的一级科目和所属的明细科目的名称。

出纳人员对于已经收讫的收款凭证和已经付讫的付款凭证及其所附的原始凭证,都要加盖“收讫”或“付讫”的戳记,以免重收重付。出纳人员和有关的记账人员都应当根据盖有收讫戳记的收款凭证和盖有付讫戳记的付款凭证登记有关账簿。

**3. 转账凭证的填制方法**

转账凭证的格式见表 7-24 所示。

**表 7-24 转账凭证格式**

转账凭证

年 月 日 转字第 号

| 摘　　要 | 一级科目 | 二级或明细科目 | 借方金额 | 贷方金额 | 记账符号 |
|---|---|---|---|---|---|
| 生产领用甲材料 | 生产成本 | 基本生产成本 | 1 000.00 | | √ |
| | 原材料 | 甲材料 | | 1 000.00 | √ |
| | | | | S | |
| 合　　计 | | | ¥1 000.00 | ¥1 000.00 | |

附件 张

会计主管 记账 审核 制证

转账凭证是用来记录除库存现金、银行存款以外其他经济业务即转账业务的记账凭证。转账凭证中一级科目和二级或明细科目栏应分别填列应借、应贷科目，借方科目应记金额应在同一横行的“借方金额”栏填列；贷方科目应记金额应在同一横行的“贷方金额”栏填列。“借方金额”栏合计数应和“贷方金额”栏合计数相等。其他栏目的填列方法与前面所述相同。

## 四、记账凭证的审核

记账凭证是登记账簿的直接依据，为了保证账簿记录的准确性，监督款项收付，全面提供会计信息，必须严格按照要求填制记账凭证，同时要由专人对已经填制的记账凭证进行认真、严格的审核。只有审核无误的记账凭证，才能作为记账的依据。

记账凭证的审核内容主要包括：

**1. 内容是否真实**

审核记账凭证是否附有原始凭证；所附原始凭证的张数、经济内容、金额合计数是否与记账凭证一致。

**2. 项目是否齐全**

审核记账凭证中的有关项目是否填列完整，摘要是否清楚，有关人员的签名盖章是否齐全等。

**3. 科目是否准确**

审核记账凭证上应借应贷的会计科目是否正确、账户对应关系是否清晰、所使用的会计科目是否符合国定统一会计制度的规定等。

**4. 金额是否正确**

审计记账凭证所记录的金额与原始凭证的有关金额是否一致；计算是否正确；原始凭证汇总表的金额与记账凭证的金额是否相符；记账凭证应借应贷科目的金额是否正确；借贷双方金额是否相等。

**5. 书写是否规范**

审核记账凭证中记录的文字是否工整，数字是否清晰，小写金额是否符合规定的书写方式等。会计人员要按规定使用蓝黑墨水或碳素墨水书写，不得使用圆珠笔或铅笔书写。书写要正确、清楚，不准涂改、挖补、刮擦或者用药水消除字迹。出纳人员在办理收款或付款业务后，应在凭证上加盖“收讫”或“付讫”的戳记，以避免重收重付。

实行会计电算化的单位，对于机制记账凭证，要认真审核，做到会计科目使用正确，数字准确无误。打印出的机制记账凭证要加盖制单人员、审核人员、记账人员及会计机构负责人、会计主管人员印章或者签字。

只有经过审核无误的记账凭证才能据以登记账簿。在审核中若发现差错，应查明原因并及时更正，并由更正人员在更正处签章。

## 第四节　会计凭证的传递和保管

### 一、会计凭证传递与保管的作用

会计凭证的传递是指会计凭证从填制或取得开始到归档保管为

止，在本单位内部各有关部门和人员之间，按照规定时间、路线进行传递和处理的程序。会计凭证传递的程序，是会计制度的一个组成部分。正确、合理地组织会计凭证的传递，不仅可以及时地反映和监督经济业务的完成情况，而且可以促使经办业务的部门和人员及时地、正确地完成经济业务并办理凭证手续。所以，会计凭证的传递也是考核各经办业务的部门和人员，是否按照规定的会计手续办理业务的一种手段。

会计凭证是企业重要的经济资料，也是重要的法律性证明文件，不仅可以为登记分类账提供依据，而且还可以为日后各主管部门及审计机构等有关方面进行的检查、审计等工作提供合法的依据。因此，必须按规定将全部会计凭证装订成册，归档妥善保管，以便日后查阅。

## 二、会计凭证传递的要求

为了正确地组织会计凭证的传递，必须注意以下三个方面：

**1. 规定会计凭证的传递程序**

各单位要根据经济业务的特点、机构设置和人员分工等情况，适应经济管理和内部控制的需要，具体规定会计凭证在有关部门和人员之间的传递程序，使各有关部门和人员能够及时了解经济业务的情况并及时办理凭证手续，使会计凭证沿着最快捷、最合理的流向运行。会计凭证的传递程序要科学、合理，既要保证经办业务的部门和人员能够及时了解和处理经济业务，又要便于各环节的有机联系和相互监督，避免凭证传递"越位"，更不能使凭证的传递经过不必要的环节。

**2. 规定会计凭证在各个环节的停留时间**

会计凭证应当及时传递，不得积压。会计凭证在各个环节的停留时间应合理确定，既要讲求效率，加速业务处理过程，防止拖延和积压凭证；又要避免规定的停留时间过短，以致使经办人员不能在规定的时间内完成业务手续，草草了事。一切会计凭证的传递和处理，都应在报告期内完成，不允许跨期。否则，将影响会计核算的准确性和及时性。

**3. 建立会计凭证传递过程中的交接签收制度**

为了防止会计凭证在传递过程中出现遗失、毁损或其他意外情况，保证凭证在传递过程中的安全和完整，在各个环节中都应指定专人办理交接手续，做到责任明确，手续完备、严密，简便易行。

## 三、会计凭证保管的要求

会计凭证在办理好各项业务手续并据以登账之后，应由会计部门加以整理、装订、归档，并妥善保管。会计凭证的保管应该做到：既能保证会计凭证的安全和完整，又便于日后查阅。具体包括以下内容：

**1. 按分类和编号顺序保管**

会计凭证登记完毕后，应当按照分类和编号顺序保管，不得散乱丢失。

**2. 记账凭证装订成册并签名或盖章**

记账凭证应当连同所附的原始凭证或者原始凭证汇总表，按照编号顺序，折叠整齐，按期装订成册，并加具封面，注明单位名称、年度、月份和起讫日期、凭证种类、起讫号码，由装订人在装订线封签处签名或者盖章。

对于数量过多的原始凭证，可以单独装订保管，在封面上注明记账凭证日期、编号、种类，同时在记账凭证上注明“附件另订”和原始凭证名称及编号。

各种经济合同、存出保证金收据以及涉外文件等重要原始凭证，应当另编目录，单独登记保管，并在有关的记账凭证和原始凭证上相互注明日期和编号。

**3. 原始凭证不得外借**

原始凭证不得外借，其他单位如因特殊原因需要使用原始凭证时，经本单位会计机构负责人、会计主管人员批准，可以复制。向外单位提供的原始凭证复制件，应当在专设的登记簿上登记，并由提供人员和收取人员共同签名或者盖章。

**4. 原始凭证遗失的处理**

从外单位取得的原始凭证如有遗失，应当取得原开出单位盖有公章的证明，并注明原来凭证的号码、金额和内容等，由经办单位会计机构负责人、会计主管人员和单位领导人批准后,才能代作原始凭证。如果确实无法取得证明的,如火车、轮船、飞机票等凭证,由当事人写出详细情况,由经办单位会计机构负责人、会计主管人员和单位领导人批准后,代作原始凭证。

**5. 会计凭证保管期限和销毁手续须严格执行会计制度相关规定**

为了便于检查各单位的经济活动和财务收支,对各种会计凭证应该按规定保存一定的年限,如《会计档案管理办法》规定企业会计凭证保管年限一般为15年。保存期满后也不得自行销毁,要按规定手续报请批准后才能处理。

# 第八章　会计账簿

## 第一节　账簿的意义和种类

### 一、账簿的意义

会计账簿，简称账簿，是由具有一定格式、相互联系的若干账页所组成，以会计凭证为依据，用以全面、系统、连续地记录各项经济业务的簿籍。各单位应当按照国家统一的会计制度的规定和会计业务的需要设置会计账簿。

经济业务的发生或完成，是由会计凭证作最初反映的。填制和审核会计凭证，可以将发生的经济业务进行如实、准确的记录，同时明确经济责任。但会计凭证数量繁多，其提供的信息比较分散、零星，缺乏系统性。每张会计凭证只能反映个别的经济业务，不能连续、系统、全面地反映一个单位在一定时期内，某类或全部经济业务的变化情况。因此，为了把分散在会计凭证中的大量核算资料加以集中归类反映，为经营管理提供系统、完整的核算资料，并为编报会计报表提供依据，就必须设置和登记账簿。

设置和登记账簿是会计核算的专门方法之一，是编制会计报表的基础，是连接会计凭证和会计报表的中间环节。科学地设置和正确地登记账簿，对于充分发挥会计在经济管理中的作用有着重要意义。

#### （一）提供较全面、系统的会计信息

通过设置和登记账簿，可以为经营管理提供比较系统、完整的会计

核算资料。会计凭证也可以提供会计信息，但会计凭证只能零散地记录和反映个别经济业务，不能全面、系统地反映经济业务的完成情况，只能通过账簿的设置和登记，才能把会计凭证所提供的大量核算资料，归类到各种账簿中，提供总括指标和详细指标，并进行序时记录和反映。

### （二）为会计报表的编制提供依据

通过设置和登记账簿，可以为编制会计报表提供资料。由于账簿运用了分门别类登记经济业务的科学方法，把一定时期的会计资料积累了起来，既可以提供动态资料，又可以提供静态资料，对这些资料进行一定的加工整理就可以编制会计报表。

### （三）确保财产物资的安全完整

通过设置和登记账簿，可以连续反映各项财产物资的增减变动及其结存情况，并借助于财产清查、账目核对等方法，反映财产物资的具体情况，检查财产物资是否妥善保管、账实是否相符，发现问题，及时解决，以保证财产物资的安全完整，合理使用各项资金。

### （四）提供会计分析的参考资料，为会计检查提供依据

通过设置和登记账簿，提供各项会计核算资料，并利用这些资料进行分析，可以检查企业贯彻执行国家政策、法规、制度的情况；分析资金的运用情况等，促使企业不断改善经营管理，增收节支，不断提高经济效益。

## 二、账簿的种类

账簿的种类是多种多样的，不同的账簿所登记的内容、方法各不相同，为了便于了解和运用各种账簿，为满足经济业务对登记账簿的不同要求，通常对账簿按其用途和外表形式进行分类。

### （一）账簿按用途分类

所谓账簿的用途，就是指这本账簿用来登记什么经济业务以及怎

样登记这些经济业务。账簿按其用途一般分为序时账簿、分类账簿和备查账簿。

**1. 序时账簿**

序时账簿亦称日记账，是对各项经济业务按其发生时间的先后顺序，逐日逐笔连续进行登记的账簿。序时账簿按其记录的内容不同，又分为普通日记账和特种日记账两种。

（1）普通日记账，也叫分录簿，是指用来逐日逐笔记录全部经济业务的序时账簿，通常把每天所发生的经济业务，按照业务发生的先后顺序，逐日逐笔地登记在日记账中，并确定其会计分录，然后据以登记分类账。由于普通日记账手续烦琐，目前很少使用。

（2）特种日记账，是指用来逐日逐笔记录某一类经济业务的序时账簿，通常把某一类比较重要的、发生次数比较频繁、而内容又千篇一律的经济业务集中起来，按照业务发生的先后顺序，逐日逐笔地登记在日记账中。这种账簿兼有序时和分类之意。设置特种日记账是为了详细记录某一类经济业务的发生，以加强对该类经济业务的核算和监督。例如，为了加强货币资金的管理，单设现金日记账和银行存款日记账，就是专为提供现金和银行存款收付情况的详细资料而设置的特种日记账。在会计实务中，为了简化记账的手续，除了现金和银行存款收付要记入现金日记账和银行存款日记账以外，其他各项目一般不再设置特种日记账进行登记。

**2. 分类账簿**

分类账簿，简称分类账，是对全部经济业务按照账户进行分类登记的账簿。分类账簿按其反映指标的详细程度划分，又分为总分类账簿和明细分类账簿两种。

（1）总分类账簿，又称总分类账，简称总账，是根据一级会计科目开设的，用以总括反映经济业务的账簿。总账对明细账具有统驭和控制作用。在实际工作中，每个会计主体应该设置总账，包括所需的所有会计账户。

（2）明细分类账簿，又称明细分类账，简称明细账，是根据明细会计科目开设的，用以详细反映经济业务的账簿。明细账是对总账的补充和具体化。在实际工作中，每个会计主体可以根据经营管理的需要，为不同的总账账户设置所属的明细账。

在经济业务比较简单，总分类账户为数不多的单位，为了简化记账工作，可以把序时记录和总分类记录结合起来，在一本账簿中进行登记。这种既进行序时登记，又进行总分类登记的账簿称为联合账簿。日记总账就是典型的、兼有序时账簿和总分类账簿作用的联合账簿。

**3. 备查账簿**

备查账簿，也称辅助账簿，是对在日记账和分类账中未能记录或记录不全的经济业务进行补充登记的账簿。主要是为某些经济业务的经营决策提供必要的参考资料，如以经营租赁方式租入固定资产的登记簿、受托加工材料登记簿等。备查账簿不一定在每个单位都设置，而应根据各单位的实际需要确定。备查账簿没有固定的格式，可由各单位根据管理的需要自行设计，也可使用分类账的账页格式。

### （二）账簿按外表形式分类

所谓账簿的外表形式，就是指组成账簿的账页是固定在一起并装订成册还是不固定在一起而采用散页的方式。账簿按其外表形式一般分为订本式账簿、活页式账簿和卡片式账簿。

**1. 订本式账簿**

订本式账簿，简称订本账，是指在账簿启用以前，就把若干具有专门格式、顺序编号的账页固定装订在一起的账簿。采用订本式账簿的优点是：可以避免账页散失，防止抽换账页的不正当行为，比较安全。但是采用订本式账簿也有其缺点：由于账页序号和总数已经固定，不能根据需要增减，因而必须预先估计每一个账户需要的页数，以此来保留空白账页，如果保留空白账页不够，就要影响账户的连续登记；如果保留空白账页有多余，又会造成浪费，另外，同一本账簿在同一时间内只能由一人登记，不便于分工记账。订本式账簿主要适用于总分类账和现金、银行存款日记账。

**2. 活页式账簿**

活页式账簿，简称活页账，是指在账簿启用前和使用过程中把若干零散的、不固定装订成册的账页装存在活页账夹内，可以根据需要随时增加或抽减账页的账簿。采用活页式账簿的优点是：账页不固定装订在一起，可以根据实际需要随时将空白账页加入账簿，且在同一时间里，可由多人分工记账，灵活性大，可以提高工作效率。其缺点是：容易散失和被抽换，空白账页在使用时必须顺序编号并装置在账夹内。在会计年度终了更换新账时，应及时装订成册或予以封扎，并妥善保管。活页式账簿主要适用于各种明细账。

**3. 卡片式账簿**

卡片式账簿，简称卡片账，是指由若干具有一定格式的、分散的卡片组成，存放在卡片箱中，可以随时取出或放入的账簿。卡片式账簿也属活页式账簿，使用之前不加装订，需要多少就用多少，为了便于保管，多放在一个特制的卡片箱中，并按顺序编号，由专人保管。卡片式账簿的优缺点与活页式账簿基本相同，其最大优点就是应用灵活、便于分工，其缺点是如果保管不善易于散失，被抽换的可能性比较大，所以在平时要加强保管。卡片式账簿主要适用于记录内容比较复杂的财产明细账，如固定资产的明细账采用卡片账。

## 第二节　账簿的设置和登记

### 一、设置账簿的原则

要记好账，首先必须设置好各种账簿。账簿的设置既要考虑到完成会计任务的要求，又要结合不同单位经营管理和业务工作上的特点，从有利于加强经营管理，保证财产物资的安全完整，合理使用人力、物力和财力出发，在这个前提下力求简便实用，避免繁杂。具体来讲，设置会计账簿要根据下列原则来进行：

#### （一）满足需要

不同单位，由于经营活动的内容不同，管理工作的内容也不相同，管理的具体要求也就不同。因此，账簿的设置必须根据不同单位的特点，有利于全面反映各单位经济活动和财务收支情况，保证满足经营管理和编制会计报表的需要。

（二）从实际出发

由于各单位的经济活动和业务工作各有特点，规模大小不一，会计机构及其人员配备有多有少，会计工作进行的方式也不相同，账簿的设置必须从不同单位的实际情况出发，区别对待。对于经济活动频繁、规模较大、会计人员较多，分工较细的单位，其账簿的设置可以细些，而对于那些业务简单、规模较小、会计人员较少的单位，账簿的设置在满足各方面需要的前提下可以相对简化一点。

（三）组织技术严密

设置账簿不仅是一个账簿组织问题，也是一个记账技术问题，各账簿之间既要划分范围又要相互联系。在账簿中既要有序时账又要有分类账，既要有总分类账又要有明细分类账，既要有会计账簿又要有财产保管等账簿，同时要做到有分工、有合作、不脱节、不重复。所以在账簿设置时一定要注意其系统性、科学性，使之成为一个密切配合的账簿体系。

（四）有利于分工

设置账簿还要配合业务分工，与岗位责任制相结合，以便于记账工作的分工，保证把账记全记好，并利于会计记录和查阅。

## 二、账簿的基本要素

各种账簿所记录的经济内容不同，账簿的格式又多种多样，不同账簿格式所包括的具体内容也不尽一致，但各种账簿应具备一些基本要素，这些基本要素主要包括以下三项内容。

（一）封面

封面主要标明账簿的名称、记账单位和使用年度等内容。订本账通常将账簿名称印刷在封面中央和账脊上，使用时可不必填写；活页账需要在封面中央填写账簿的名称和使用年度，以便于使用和查阅。

（二）扉页

扉页是指封面之后账页之前的一页，其上印有“账簿启用表”。“账簿启用表”记载账簿使用单位、账簿名称、编号、使用起讫日期、经管人员和交接记录等内容。“账簿启用表”的一般格式如表 8-1 所示。

**表 8-1 账簿启用表**

<table>
<tr><td>使用单位</td><td colspan="7"></td><td colspan="3">单位盖章</td></tr>
<tr><td>账簿名称</td><td colspan="7"></td><td colspan="3" rowspan="7"></td></tr>
<tr><td>账簿编号</td><td colspan="7">总 册 第 册</td></tr>
<tr><td>启用日期</td><td colspan="7">年 月 日至 年 月 日</td></tr>
<tr><td rowspan="3">经管人员</td><td colspan="4">主 管</td><td colspan="3">记 账</td></tr>
<tr><td colspan="2">姓 名</td><td colspan="2">盖 章</td><td colspan="2">姓 名</td><td>盖 章</td></tr>
<tr><td colspan="2"></td><td colspan="2"></td><td colspan="2"></td><td></td></tr>
<tr><td rowspan="6">交接记录</td><td>日 期</td><td colspan="3">监 交</td><td colspan="3">移 交</td><td colspan="3">接 管</td></tr>
<tr><td>年 月 日</td><td>职务</td><td>姓名</td><td>盖章</td><td>职务</td><td>姓名</td><td>盖章</td><td>职务</td><td>姓名</td><td>盖章</td></tr>
<tr><td></td><td></td><td></td><td></td><td></td><td></td><td></td><td></td><td></td><td></td></tr>
<tr><td></td><td></td><td></td><td></td><td></td><td></td><td></td><td></td><td></td><td></td></tr>
<tr><td></td><td></td><td></td><td></td><td></td><td></td><td></td><td></td><td></td><td></td></tr>
<tr><td></td><td></td><td></td><td></td><td></td><td></td><td></td><td></td><td></td><td></td></tr>
<tr><td>备注</td><td colspan="10"></td></tr>
</table>

（三）账页

账页是账簿的主要组成部分。不同的账簿其账页格式虽然存在很大差别，但一般都包括以下主要内容：

①账户名称，即会计科目；

②登账日期栏；

③凭证种类及号数栏；

④摘要栏，填写经济业务的简要情况；

⑤金额栏，填写借、贷方金额及余额的方向；

⑥总页次和分户页次。

## 三、日记账的设置与登记

日记账可以用来连续记录全部经济业务的完成情况，也可以用来连续记录某一类经济业务的完成情况。为了逐日反映现金和银行存款的收付情况，各单位一般应设置特种日记账，通过现金、银行存款日记账分别记录现金、银行存款的收入、支出及结存情况。有条件的企业还可以采用普通日记账形式登记全部经济业务的完成情况。

### （一）现金日记账的格式和登记方法

现金日记账是专门用来记录库存现金每天的收入、支出和结存情况的账簿。现金日记账必须采用订本式账簿，其账页格式通常采用三栏式，在同一张账页上分设“借方”、“贷方”和“余额”三栏。具体格式如表8-2所示。

**表8-2　现金日记账**

| 年 | | 凭证 | | 摘　要 | 借　方 | 贷　方 | 借或贷 | 余　额 |
|---|---|---|---|---|---|---|---|---|
| 月 | 日 | 字 | 号 | | | | | |
| | | | | | | | | |
| | | | | | | | | |
| | | | | | | | | |
| | | | | | | | | |
| | | | | | | | | |
| | | | | | | | | |

现金日记账通常由出纳人员根据审核后的现金收款凭证、现金付款凭证，按照经济业务的发生顺序逐日逐笔登记。借方栏一般根据现金收款凭证登记，贷方栏一般根据现金付款凭证登记。但对于从银行提取现金的业务，只填制银行存款付款凭证，不再填制现金收款凭证，所以，对于从银行提取现金的现金收入数额，应根据银行存款付款凭证登记现金日记账的借方栏。每日终了应结出当日现金收入、支出合计数及结余数，并将账面余额与库存现金实存额相核对，做到账款相符。

### （二）银行存款日记账的格式和登记方法

银行存款日记账是专门用来记录银行存款增加、减少和结存情况的账簿。银行存款日记账与现金日记账一样，必须采用订本式账簿，其格式一般也采用三栏式。具体格式如表 8-3 所示。

表 8-3　银行存款日记账

| 年 | 凭证 | 摘　要 | 对方科目 | 结算凭证 | | 借方 | 贷方 | 余额 |
|---|---|---|---|---|---|---|---|---|
| 月　日 | 字　号 | | | 种类 | 号数 | | | |
| | | | | | | | | |
| | | | | | | | | |
| | | | | | | | | |
| | | | | | | | | |
| | | | | | | | | |
| | | | | | | | | |

为了便于与银行对账，也便于反映银行存款收付所采用的结算方式，并突出各单位票证的管理，银行存款日记账还专设了“结算凭证种类和号数”栏。

银行存款日记账通常由出纳人员根据审核后的银行存款收款凭证、银行存款付款凭证，按照经济业务的发生顺序逐日逐笔登记。借方栏一般根据银行存款收款凭证登记，贷方栏一般根据银行存款付款凭证登记。但对于现金存入银行的业务，只填制现金付款凭证，不再填制银行存款收款凭证，所以，对于将现金送存银行的银行存款收入数额，应根据现金付款凭证登记银行存款日记账的借方栏。每日终了应结出当日银行存款收入、支出合计数及结余数，以便于定期或不定期同银行送来的对账单进行核对，每月至少核对一次，并随时检查、监督各种款项收付，避免因超过实有余额付款而出现透支。若一个单位按规定在银行开设了不同银行存款户，则应分别设置银行存款日记账。

为了坚持内部牵制原则，实行钱、账分管，出纳人员不得负责登记现金日记账和银行存款日记账以外的任何账簿。出纳人员登记现金日记账和银行存款日记账后，应将各种收付款凭证交由会计人员据以登记总分类账及有关的明细分类账。通过“库存现金”和“银行存款”总账与日记账的定期核对，达到控制现金日记账、银行存款日记账的目的。

在会计实务中，为了便于反映货币资金的收入来源和支出用途，日记账也可以采用多栏式的格式，收入栏和支出栏分别按照对方科目设专栏进行登记，即收入栏（借方栏）按与现金和银行存款相对应的贷方科目设置专栏；支出栏（贷方栏）按与现金和银行存款相对应的借方科目设置专栏。多栏式日记账的格式如表 8-4 所示。

**表 8-4　现金（银行存款）日记账**

第　　页

| 年 | | 凭证 | | 摘　要 | 结算凭证 | | 收　入 | | | | | | 支　出 | | | | | | 结存 |
|---|---|---|---|---|---|---|---|---|---|---|---|---|---|---|---|---|---|---|---|
| | | | | | | | 应贷科目 | | | | | 合计 | 应借科目 | | | | | 合计 | |
| 月 | 日 | 字 | 号 | | 种类 | 号数 | | | | | | | | | | | | | |
| | | | | | | | | | | | | | | | | | | | |

如果现金和银行存款的对应科目较多，为了避免篇幅太大，账页过宽，可以将上述格式一分为二，分别设置收入和支出两本日记账。其一般格式如表 8-5、8-6 所示。

表 8-5　现金(银行存款)收入日记账

第　　页

| 年 | | 收款凭证号数 | 摘要 | 贷方科目 | | | | | | | 支出合计 | 结余 |
|---|---|---|---|---|---|---|---|---|---|---|---|---|
| 月 | 日 | | | | | | | | | 收入合计 | | |
| | | | | | | | | | | | | |

表 8-6　现金(银行存款)支出日记账

第　　页

| 年 | | 付款凭证号数 | 摘要 | 借方科目 | | | | | | | | |
|---|---|---|---|---|---|---|---|---|---|---|---|---|
| 月 | 日 | | | | | | | | | | | 支出合计 |
| | | | | | | | | | | | | |

在设置多栏式现金日记账、多栏式银行存款日记账的情况下,可将多栏式日记账中的各科目的发生额作为登记总分类账的依据,但必须加强对多栏式日记账的控制和监督。上述现金和银行存款的收入、支出日记账的登记方法为:出纳人员根据审核后的收、付款凭证逐日逐笔登记现金和银行存款的收入日记账和支出日记账,每日终了应将支出日记账中的当日支出合计数,转入收入日记账中的当日支出合计栏内,以结算当日账面结余额。会计人员应对多栏式现金和银行存款日记账的记录加强检查监督,并于月末根据多栏式现金和银行存款日记账各专栏的合计数,分别登记有关总分类账户。

(三)转账日记账和普通日记账的格式和登记方法

有条件的企业还可以设置转账日记账,其格式一般为多栏式,即按科目分设专栏，每个科目的专栏下又分设“借方”、“贷方”两个金额栏，如表 8-7 所示。

**表 8-7　转账日记账**

第　　页

| 年 | | 凭证号数 | 摘要 | （账户名称） | | （账户名称） | | （账户名称） | |
|---|---|---|---|---|---|---|---|---|---|
| 月 | 日 | | | 借方 | 贷方 | 借方 | 贷方 | 借方 | 贷方 |
| | | | | | | | | | |

转账日记账是由记账人员根据转账凭证逐日逐笔顺序登记的，月终则应分专栏结算出本月的发生额，以便据以登记总账。

普通日记账又叫分录簿，其格式如表 8-8 所示。

**表 8-8　普通日记账**

第　　页

| 年 | | 账户名称（会计科目） | 摘　要 | 总账页数 | 借方金额 | 贷方金额 |
|---|---|---|---|---|---|---|
| 月 | 日 | | | | | |
| | | | | | | |

普通日记账是根据记账凭证逐日逐笔顺序登记的，其主要作用在于控制会计凭证，大体了解全部经济业务的内容。

## 四、分类账的设置与登记

分类账按其所记录经济业务的详细程度划分，分为总分类账和明细分类账。

### （一）总分类账的格式和登记方法

由于总分类账能够全面地、总括地反映经济活动情况，并为编制会计报表提供资料，因而任何单位都要设置总分类账。

总分类账的格式一般采用借方、贷方、余额三栏式的订本账。其格式如表 8-9 所示。

**表 8-9　总分类账**

会计科目　　　　　　　　　　　　　　　　第　　页

| 年 | | 凭证 | | 摘　要 | 借方 | 贷方 | 借或贷 | 余　额 |
|---|---|---|---|---|---|---|---|---|
| 月 | 日 | 字 | 号 | | | | | |
| | | | | | | | | |

总分类账应由会计人员根据审核无误的记账凭证直接逐笔登记或通过一定的方式分次或月终一次汇总登记。总分类账登记的依据和方法，取决于所采用的账务处理程序，随账务处理程序的不同而不同，详见第十一章的会计核算组织程序。

### （二）明细分类账的格式和登记方法

各个单位在设置总分类账的基础上，还应根据管理的需要，设置若干必要的明细分类账，作为总分类账的必要补充。这样，既能根据总分类账了解某一科目的总括情况，又能根据有关的明细分类账进一步了解该科目的详细情况。各个单位应根据经营管理的需要，为各种材料物资、应收应付款项、收入、费用、利润等有关总账科目设置各种明细分类账，进行明细分类核算。明细分类账一般采用活页式账簿，也有的采用卡片式账簿（如固定资产明细账）。根据经营管理的要求和经济业务内容的不同，明细分类账主要有三种格式：

**1. 三栏式明细分类账**

三栏式明细分类账的格式同三栏式总分类账相同，即账页只设有借方、贷方和余额三个金额栏，不设数量栏。这种格式适用于那些只需要进行金额核算而不需要进行数量核算的债权、债务结算科目，如“应收账款”、“应付账款”等科目。三栏式明细分类账账页的一般格式见表8-10。

**表8-10　(一级科目名称)明细分类账**

二级或明细科目　　　　　　　　　　　　　　　　　　　　第　　页

| 年 | | 凭证 | | 摘　要 | 借方 | 贷方 | 借或贷 | 余　额 |
|---|---|---|---|---|---|---|---|---|
| 月 | 日 | 字 | 号 | | | | | |
| | | | | | | | | |

### 2. 数量金额式明细分类账

数量金额式明细分类账的账页，在借方(收入)、贷方(发出)和余额(结存)栏内，又分别设置数量、单价、金额三小栏。为了满足管理上的需要，还在格式上端设置一些必要的项目。这种账页格式适用于既要进行金额核算，又要进行实物数量核算的各种财产物资科目，如“原材料”、“库存商品”等科目。数量金额式明细分类账账页的一般格式见表8-11。

**表8-11　原材料明细分类账**

类别：　　　　　　　　　　　　　　　　　　　　　　　　编号：
品名或规格：　　　　　　　　　　　　　　　　　　　　　存放地点：
储备定额：　　　　　　　　　　　　　　　　　　　　　　计量单位：

| 年 | | 凭证 | | 摘要 | 收　入 | | | 发　出 | | | 结　存 | | |
|---|---|---|---|---|---|---|---|---|---|---|---|---|---|
| 月 | 日 | 字 | 号 | | 数量 | 单价 | 金额 | 数量 | 单价 | 金额 | 数量 | 单价 | 金额 |
| | | | | | | | | | | | | | |

### 3. 多栏式明细分类账

多栏式明细分类账是为了减少记账工作量和便于分析利用，根据经营管理的需要和经济业务的特点，在一张账页内记录某一科目所属的各明细科目的内容，按该总账科目的明细项目设专栏，用来登记明细项目较长、借贷方向单一的经济业务。这种账页格式适用于只记金额，不记数量，而且在管理上需要了解其构成内容的收入、费用、利润科目，如“制造费用”、“管理费用”、“生产成本”、“本年利润”等科目。

费用明细账一般按借方设专栏，若发生需冲减有关费用的事项，可以在明细账中以红字在借方登记。收入明细账一般按贷方设专栏，若发生需冲减有关收入的事项，可以在明细账中以红字在贷方登记 。利润明细账一般按借方和贷方分设多栏即按利润构成项目设多栏记录。多栏式明细分类账的一般格式见表 8-12。以生产成本明细账为例。

**表 8-12　生产成本明细账**

产品名称：　　　　　　　　　　　　　　　　　　　　第　页

| 年 | | 凭证 | | 摘要 | 借方 | | | | 贷方 | 余额 |
|---|---|---|---|---|---|---|---|---|---|---|
| 月 | 日 | 字 | 号 | | 直接材料 | 直接人工 | 制造费用 | 合计 | 完工产品转出数 | |
| | | | | | | | | | | |

各种明细分类账的登记方法，应根据各单位的业务量大小、人员多少、经济业务内容以及经营管理的需要而定。明细分类账通常是由会计人员根据原始凭证、原始凭证汇总表或记账凭证逐笔进行登记，也可以根据这些凭证逐日或定期汇总登记。

## 五、备查账的设置与登记

备查账是对某些在序时账簿和分类账簿中未能记载的经济事项，进行补充登记的账簿。它能够对某些经济业务的内容提供必要的参考资料。备查账一般无统一格式，只是根据管理的需要和具体业务的内容，载明各项需要查阅的资料和数据。现以租入固定资产登记簿为例，一般格式如表 8-13 所示。

**表 8-13　租入固定资产登记簿**

| 固定资产名称及规格 | 租约号数 | 租出单位 | 租入日期 | 使用部门 | | 归还日期 | 租金 | 备注 |
|---|---|---|---|---|---|---|---|---|
| | | | | 日期 | 单位 | | | |
| | | | | | | | | |

## 六、总分类账和明细分类账的平行登记

总分类账和明细分类账的核算内容相同，登记的原始依据相同，分别以总括指标和详细指标的形式反映同一项内容。为了使总分类账与其所属的明细分类账之间能起到统驭与补充的作用，便于账户记录的核对，并确保核算资料的正确、完整，必须采用平行登记的方法，在总分类账及其所属明细分类账中进行记录。所谓平行登记，是指对所发生的每项经济业务，都要以会计凭证为依据，一方面记入有关的总分类账户，另一方面要同时记入有关总分类账户所属的明细分类账户。

### （一）平行登记的要点

**1. 期间相同**

对于需要提供其详细指标的每一项经济业务，应根据审核无误后的记账凭证，一方面记入有关的总分类账户，另一方面要记入同期总分类账户所属的有关明细分类账户。这里所指的同期是指在同一会计期间，而并非同时，因为明细账一般根据记账凭证及其所附的原始凭证于平时登记，而总分类账因账务处理程序不同，可能在平时登记，也可能定期登记，但登记总分类账和明细分类账必须在同一会计期间内完成。

**2. 方向相同**

方向相同即在将经济业务记入总分类账户和其所属的明细分类账

户时，记账的方向必须一致。如果总分类账户记在借方，明细分类账户也必须记在借方；如果总分类账户记在贷方，明细分类账户也必须记在贷方。

**3. 金额相等**

对每一项经济业务，登记总分类账上的金额，应与登记在其所属明细分类账上的金额合计数相等。即期初余额、本期发生额及期末余额均相等。

总分类账和所属明细分类账平行登记之后，总分类账与明细分类账之间产生了下列数量关系：

总账本期发生额＝总账所属明细账本期发生额合计

总账期末余额＝总账所属明细账期末余额合计

在会计核算过程中，通常利用上述关系检查总分类账和明细分类账记录的正确性和完整性。

### (二)总分类账和明细分类账平行登记方法

下面以“原材料”、“应付账款”为例，说明总分类账和明细分类账平行登记的方法。

**例 8-1** ABC 企业 2012 年 6 月份“原材料”和“应付账款”两个总分类账户和所属明细分类账户的月初余额如下：

“原材料”总分类账户为 30 000 元，其所属明细分类账户的月初余额见图 8-14。

**表 8-14 原材料明细分类账户月初余额**

| 名　称 | 数　量 | 单　价 | 金　额 |
| --- | --- | --- | --- |
| 甲材料 | 2 000 公斤 | 10 元 | 20 000 元 |
| 乙材料 | 2 000 公斤 | 5 元 | 10 000 元 |
| 合　计 | | | 30 000 元 |

“应付账款”总分类账户贷方余额为 15 000 元，其所属明细分类账

户余额为:临天厂贷方余额为 10 000 元,临水厂贷方余额为 5 000 元。

根据本月发生的材料收发业务及与供应单位的结算业务如下:

①6 月 5 日仓库发出甲材料 1 500 公斤,单价 10 元,计 15 000 元;乙材料 1 000 公斤,单价 5 元,计 5 000 元。共计 20 000 元。上述材料直接用于制造产品。

②6 月 8 日向临天厂购进甲材料 1 000 公斤,单价 10 元,计 10 000 元,货款未付。(为简化起见,忽略增值税,下同)

③6 月 14 日向临水厂购进乙材料 800 公斤,单价 5 元,计 4 000 元,货款未付。

④6 月 20 日通过银行结算偿还临天厂 15 000 元,临水厂 5 000 元,共计 20 000 元。

根据上述资料,采用平行登记的方法登记"原材料"总分类账户和"应付账款"总分类账户及其所属各明细分类账户。具体做法如下:

(1)将月初余额分别记入"原材料"和"应付账款"两个总分类账户及其所属各明细分类账户。

(2)根据上列有关经济业务编制会计分录如下:

①借:生产成本　　20 000
　　贷:原材料——甲材料　　15 000
　　　　　　——乙材料　　5 000

②借:原材料——甲材料　　10 000
　　贷:应付账款——临天厂　　10 000

③借:原材料——乙材料　　4 000
　　贷:应付账款——临水厂　　4 000

④借:应付账款——临天厂　　15 000
　　　　　　——临水厂　　5 000
　　贷:银行存款　　20 000

(3)根据上列会计分录平行登记"原材料"和"应付账款"两个总分类账户及其所属各明细分类账户,并分别计算本期发生额和期末余额。登账结果分别见表 8-15、16、17、18。

**表 8-15 总分类账**

会计科目:原材料　　　　　　　　　　　　　　　　　　　　第　页

| 02 年 | | 凭证 | | 摘　要 | 借　方 | 贷　方 | 借与贷 | 余额 |
|---|---|---|---|---|---|---|---|---|
| 月 | 日 | 字 | 号 | | | | | |
| 7 | 1 | | | 月初余额 | | | 借 | 30 000 |
| | 5 | | ① | 生产领用 | | 20 000 | 借 | 10 000 |
| | 8 | | ② | 购　　进 | 10 000 | | 借 | 20 000 |
| | 14 | | ③ | 购　　进 | 4 000 | | 借 | 24 000 |
| | 31 | | | 本期发生额及余额 | 14 000 | 20 000 | 借 | 24 000 |

**表 8-16 原材料明细分类账**

材料名称:甲材料　　　　　　　　　　　　　　　　　　计量单位:公斤

| 02 年 | | 凭证 | | 摘　要 | 收　入 | | | 发　出 | | | 结　存 | | |
|---|---|---|---|---|---|---|---|---|---|---|---|---|---|
| 月 | 日 | 字 | 号 | | 数量 | 单价 | 金额 | 数量 | 单价 | 金额 | 数量 | 单价 | 金额 |
| 7 | 1 | | | 月初余额 | | | | | | | 2 000 | 10 | 20 000 |
| 7 | 5 | | ① | 生产领用 | | | | 1 500 | 10 | 15 000 | 500 | 10 | 5 000 |
| 7 | 8 | | ② | 购　　进 | 1 000 | 10 | 10 000 | 1 500 | 10 | 15 000 | | | |
| | 31 | | | 本月发生额及余额 | 1 000 | 10 | 10 000 | 1 500 | 10 | 15 000 | 1 500 | 10 | 15 000 |

材料名称:乙材料　　　　　　　　　　　　　　　　　　计量单位:公斤

| 02 年 | | 凭证 | | 摘　要 | 收　入 | | | 发　出 | | | 结　存 | | |
|---|---|---|---|---|---|---|---|---|---|---|---|---|---|
| 月 | 日 | 字 | 号 | | 数量 | 单价 | 金额 | 数量 | 单价 | 金额 | 数量 | 单价 | 金额 |
| 7 | 1 | | | 月初余额 | | | | | | | 2 000 | 5 | 10 000 |
| 7 | 5 | | ① | 生产领用 | | | | 1 000 | 5 | 5 000 | 1 000 | 5 | 5 000 |
| 7 | 14 | | ③ | 购　　进 | 800 | 5 | 4 000 | | | | 1 800 | 5 | 9 000 |
| | 31 | | | 本月发生额及余额 | 800 | 5 | 4 000 | 1 000 | 5 | 5 000 | 1 800 | 5 | 9 000 |

**表 8-17　总分类账**

会计科目:应付账款　　　　　　　　　　　　　　　　　　第　页

| 02 年 | | 凭证 | | 摘　要 | 借方 | 贷方 | 借或贷 | 余额 |
|---|---|---|---|---|---|---|---|---|
| 月 | 日 | 字 | 号 | | | | | |
| 7 | 1 | | | 月初余额 | | | 贷 | 15 000 |
| | 8 | | ② | 购进材料 | | 10 000 | 贷 | 25 000 |
| | 14 | | ③ | 购进材料 | | 4 000 | 贷 | 29 000 |
| | 20 | | ④ | 偿还货款 | 20 000 | | 贷 | 9 000 |
| | 31 | | | 本月发生额及余额 | 20 000 | 14 000 | 贷 | 9 000 |

**表 8-18　应付账款明细分类账**

明细科目:临天厂

| 02 年 | | 凭证 | | 摘　要 | 借方 | 贷方 | 借或贷 | 余额 |
|---|---|---|---|---|---|---|---|---|
| 月 | 日 | 字 | 号 | | | | | |
| 7 | 1 | | | 月初余额 | | | 贷 | 10 000 |
| | 8 | | ② | 购进材料 | | 10 000 | 贷 | 20 000 |
| | 20 | | ④ | 偿还货款 | 15 000 | | 贷 | 5 000 |
| | 31 | | | 本月发生额及余额 | 15 000 | 10 000 | 贷 | 5 000 |

明细科目:临水厂

| 02 年 | | 凭证 | | 摘　要 | 借方 | 贷方 | 借或贷 | 余额 |
|---|---|---|---|---|---|---|---|---|
| 月 | 日 | 字 | 号 | | | | | |
| 7 | 1 | | | 月初余额 | | | 贷 | 5 000 |
| | 14 | | ③ | 购进材料 | | 4 000 | 贷 | 9 000 |
| | 20 | | ④ | 偿还货款 | 5 000 | | 贷 | 4 000 |
| | 31 | | | 本月发生额及余额 | 5 000 | 4 000 | 贷 | 4 000 |

在根据平行登记的方法登记总分类账及其所属各明细分类账之后，为了检查账簿记录是否正确，应当对总分类账和明细分类账登记的结果进行相互核对。主要是核对总分类账与其所属明细分类账的发生额和余额是否相等，以便及时地发现和更正错账，保证账簿记录的正确性。

下面以前列“原材料”和“应付账款”总分类账及其所属明细分类账平行登记的结果，说明总分类账与明细分类账核对的方法。见表8-19、20。

**表 8-19　原材料总分类账**

| 原材料 | 月初余额 | | 本月发生额 | | 月末余额 | |
|---|---|---|---|---|---|---|
| | 借方 | 贷方 | 借方 | 贷方 | 借方 | 贷方 |
| 甲材料明细账 | 20 000 | | 10 000 | 15 000 | 15 000 | |
| 乙材料明细账 | 10 000 | | 4 000 | 5 000 | 9 000 | |
| 总分类账 | 30 000 | | 14 000 | 20 000 | 24 000 | |

**表 8-20　应付账款总分类账**

| 原材料 | 月初余额 | | 本月发生额 | | 月末余额 | |
|---|---|---|---|---|---|---|
| | 借方 | 贷方 | 借方 | 贷方 | 借方 | 贷方 |
| 临天厂明细账 | | 10 000 | 15 000 | 10 000 | | 5 000 |
| 临水厂明细账 | | 5 000 | 5 000 | 4 000 | | 4 000 |
| 总分类账 | | 15 000 | 20 000 | 14 000 | | 9 000 |

表中数据表明，总分类账与其所属明细账记录结果相等。如果有关数据不符，则说明记账出现差错。

## 第三节　登记账簿的规则

登记账簿是会计核算工作的一项重要内容，也是会计作为一种管理活动为有关方面提供经营决策的数据资料的主要手段之一。为了保证会计核算的质量，必须遵循记账规则，认真做好记账工作。

## 一、账簿启用的规则

账簿是储存会计资料的重要会计档案。为了确保账簿记录的合法性和完整性，明确记账责任，会计账簿应当由专人负责登记。每本账簿在启用时，应当在账簿封面上写明单位名称和账簿名称。在账簿扉页上应当附"账簿启用表"，其内容包括：启用日期、账簿页数、记账人员和会计机构负责人或会计主管人员姓名，并加盖人员名章和单位公章。具体格式见表8-1。记账人员或会计人员调动工作时，应当注明交接日期、接办人员和监交人员姓名，并由交接双方人员签名或盖章。

启用订本式账簿，对于未印制顺序号的账簿，应当从第一页到最后一页顺序编定页数，不得跳页、缺号。使用活页式账簿，应当按账页顺序编号，并须定期装订成册。装订后再按实际使用的账页顺序编定页数，另加目录，说明每个账户的名称和页次。

## 二、账簿登记的规则

账簿作为重要的会计档案资料和会计信息的主要储存工具，会计人员应当根据审核无误的会计凭证，按规定的方法登记账簿。

登记账簿的基本要求是：

(1)登记账簿时，应当将会计凭证日期、编号、业务内容摘要、金额和其他有关资料逐项记入账内，做到数字准确、摘要清楚、登记及时、字迹工整。

(2)为了防止重记和漏记，便于查阅，账簿登记完毕后，记账人员应在记账凭证上签名或者盖章，并注明已经登账的符号，表示已经记账。

(3)账簿中书写的文字和数字上面要留有适当空格，不要写满格，一般应占格距的1/2。

(4)为了使账簿记录清晰，防止涂改，登记账簿要用蓝黑墨水或者碳素墨水书写，不得使用圆珠笔(银行的复写账簿除外)或者铅笔书写。

(5)下列情况,可以用红色墨水记账:

①按照红字冲账的记账凭证,冲销错误记录;

②在不设借贷等栏的多栏式账页中,登记减少数;

③在三栏式账户的余额栏前,如未印明余额方向的,在余额栏内登记负数余额;

④根据国家统一会计制度的规定可以用红字登记的其他会计记录。

(6)各种账簿按页次顺序连续登记,不得跳行、隔页。如果发生跳行、隔页,应当将空行、空页划线注销,或者注明"此行空白"、"此页空白"字样,并由记账人员签名或者盖章。

(7)凡需要结出余额的账户,结出余额后,应当在"借或贷"等栏内写明"借"或者"贷"等字样。没有余额的账户,应当在"借或贷"等栏内写"平"字,并在余额栏内用"0"表示。现金日记账和银行存款日记账必须逐日结出余额。

(8)账页记满时,应办理转页手续。每一账页登记完毕结转下页时,应当结出本页合计数及余额,写在本页最后一行和下页第一行有关栏内,并在本页的摘要栏内注明"过次页"字样,在次页的摘要栏内注明"承前页"字样;也可以将本页合计数及金额只写在下页第一行有关栏内,并在摘要栏内注明"承前页"字样。

对需要结计本月发生额的账户,结计"过次页"的本页合计数应当为自本月初起至本页末止的发生额合计数;对需要结计本年累计发生额的账户,结计"过次页"的本页合计数应当为自年初起至本页末止的累计数;对既不需要结计本月发生额也不需要结计本年累计发生额的账户,可以只将每页末的余额结转次页。

(9)实行会计电算化的单位,总账和明细账应当定期打印。发生收款和付款业务的,在输入收款凭证和付款凭证的当天必须打印出现金日记账和银行存款日记账。

## 三、错账更正的规则

如果发现账簿记录有错误,不准涂改、挖补、刮擦或者用药水消除字迹，不准重新抄写，必须按照规定的方法进行更正。常见的错账更正方法有划线更正法、红字更正法和补充登记法三种。

（一）划线更正法

在结账以前，如果发现账簿记录有错误，而其所依据的记账凭证没有错误，即纯属记账时文字或数字的笔误，应采用划线更正法进行更正。更正的方法是：先将错误的文字或者数字划一条红色横线，表示注销，但必须使原有字迹仍可辨认，以备查考；然后，在划线上方用蓝字填写正确的文字或者数字，并由记账人员在更正处盖章，以明确责任。采用划线更正法进行错账更正时应注意：对于文字差错，可只划去错误的部分，不必将与错字相关联的其他文字划去；但对于数字差错，应当全部划红线更正，不得只更正其中的错误数字。例如把 3785 元误记为 3758 元，不能只划去其中“58”，改为“85”，而是要把“3758”全部用红线划去，并在其上方写上正确的“3785”。

（二）红字更正法

在会计上，以红字记录表明对原记录的冲减。红字更正法适用于以下两种情况：

(1)根据记账凭证所记录的内容记账以后，发现记账凭证中的应借、应贷会计科目或记账方向有错误，致使账簿记录错误，应采用红字更正法进行更正。更正的方法是：先用红字金额填制一张与原错误记账凭证内容完全相同的记账凭证，其中在“摘要”栏注明“更正第 X 号凭证的错误”，并据以用红字登记入账，以示冲销原有错误的账簿记录；然后，再用蓝字填制一张正确的记账凭证，并据以用蓝字登记入账。

**例 8-2**　用支票购办公用品共计 800 元。在填制记账凭证时，误将“银行存款”科目填为“库存现金”科目，并据以登记入账，其错误记账凭证所反映的会计分录为：

借：管理费用　　800

　贷：库存现金　　800

发现错误后，在更正时，应先用红字金额填制一张与原错误记账凭证相同的记账凭证，并据以用红字登记入账，冲销原来错误的记录，分录如下：(以下用□表示红字)

借：管理费用　　　　　　　　　　　　　　　　　　　　[800]

　　贷：库存现金　　　　　　　　　　　　　　　　　　　[800]

然后，再用蓝字填制一张正确的记账凭证，并据以登记入账，分录如下：

借：管理费用　　　　　　　　　　　　　　　　　　　　800

　　贷：银行存款　　　　　　　　　　　　　　　　　　　800

以上有关账簿的更正记录，如图 8-1 所示。

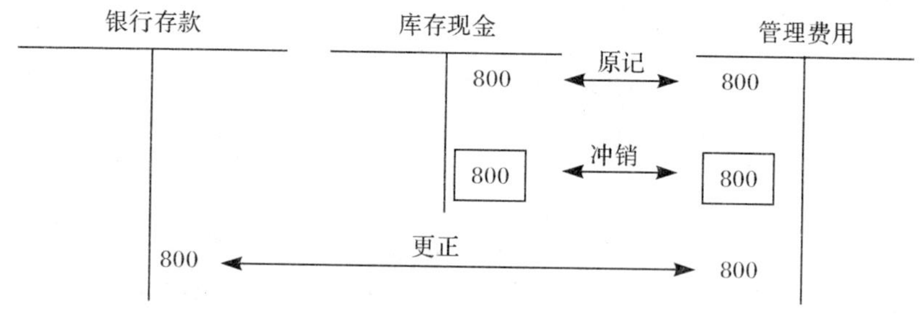


图 8-1　账簿更正记录

(2)根据记账凭证所记录的内容记账以后，发现记账凭证中应借、应贷会计科目和记账方向都没有错误，只是所记金额大于应记的正确金额，致使账簿记录错误，也应采用红字更正法进行更正。更正的方法是：将多记的金额用红字填制一张与原错误记账凭证所记载的借贷方向和应借、应贷会计科目相同的记账凭证，其中在“摘要”栏注明“更正第 X 号凭证的错误”，并据以用红字金额登记入账，以冲销多记的金额，求得正确金额。

**例 8-3**　收回 M 公司偿还的前欠款项 2 000 元，存入银行。在填制记账凭证时，误将 2 000 填为 20 000，并据以登记入账。但会计科目、借贷方向均无错误。其错误记账凭证所反映的会计分录为：

借：银行存款　　　　　　　　　　　　　　　　20 000

　贷：应收账款　　　　　　　　　　　　　　　　20 000

发现错误后，在更正时，应将多记金额18 000元用红字填制一张与原错误凭证相同的记账凭证，并据以用红字登记入账，冲销多记的金额，即可反映其正确金额为2 000元。分录如下：

借：银行存款　　　　　　　　　　　　　　　　[18 000]

　贷：应收账款　　　　　　　　　　　　　　　　[18 000]

以上有关账簿记录，如图8-2所示。

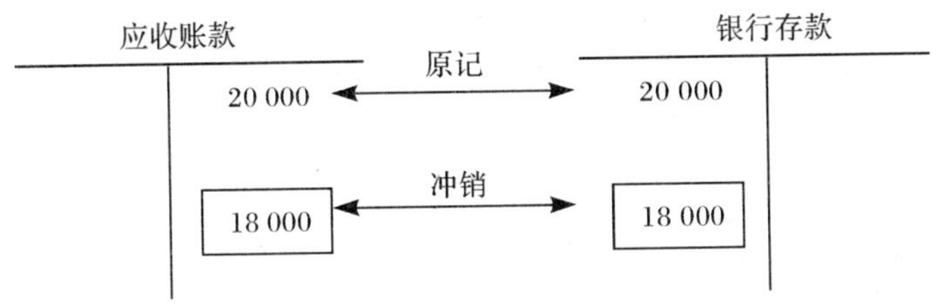


图8-2　账簿记录

采用红字更正法进行错账更正时应注意，不得以蓝字金额填制与原错误记账凭证记账方向相反的记账凭证去冲销原错误记录或冲销原错误金额，因为蓝字记账凭证反方向记载的会计分录反映某些特定的经济业务，而不是反映错账更正的内容。如例1的更正，若编制蓝字记账凭证，借记“库存现金”科目，贷记“管理费用”科目，反映的经济业务内容是已支付的费用款项又收回，尽管这样记录也能使记账的结余数额与实际情况相符，但这不能表明更正错误记录的内容，所以，很容易使人产生误解。

（三）补充登记法

根据记账凭证所记录的内容记账以后，发现记账凭证中应借、应贷会计科目和记账方向都没有错误，只是所记金额小于应记的正确金额，致使账簿记录错误，应采用补充登记法进行更正。更正的方法是：将少记的金额用蓝字填制一张与原错误记账凭证所记载的借贷方向和应借、应贷会计科目相同的记账凭证，并据以用蓝字登记入账，以补记少记的金额，求得正确金额。

**例 8-4** 接受外单位投入资金 100 000 元，存入银行。在填制记账凭证时，误将 100 000 填为 10 000，并据以登记入账。但会计科目、借贷方向均无错误。其错误记账凭证所反映的会计分录为：

借：银行存款　　10 000

　贷：实收资本　　10 000

发现错误后，在更正时，应将少记金额 90 000 元用蓝字填写一张与原错误记账凭证相同的记账凭证，并据以用蓝字登记入账，弥补少记的金额，即可反映其正确金额为 100 000 元。分录如下：

借：银行存款　　90 000

　贷；实收资本　　90 000

以上有关账簿记录，如图 8-3 所示。

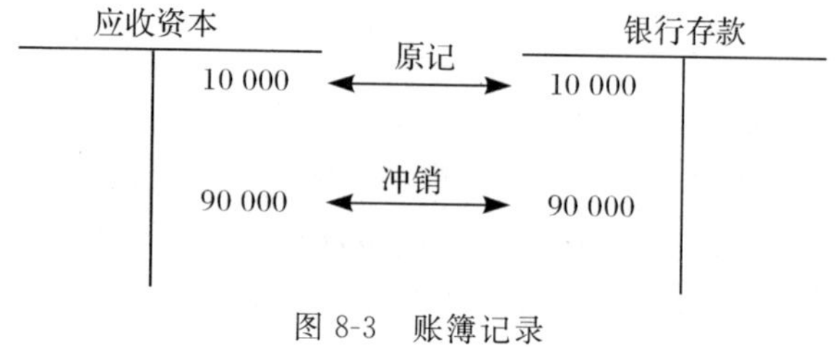


图 8-3　账簿记录

# 第四节　对账和结账

为了总结经济活动，考核经营成果，必须定期地对所记账目进行核对和结算，以便根据正确和完整的账簿记录来分析检查各单位的工作，并为编制会计报表提供依据。

## 一、对　账

对账就是指在有关经济业务入账以后，为了保证账簿记录的正确性，而进行的有关账簿记录的核对工作。

在实际工作中，由于种种原因，难免发生记账、计算等差错，也难免出现账实不符的现象。为了确保账簿记录的正确、完整、真实性，在有关经济业务入账之后，必须进行经常的或定期的对账工作，做到账证相符、账账相符和账实相符，以便提供真实可靠的会计核算资料。

### （一）对账的主要内容

**1. 账证核对**

账证核对是指各种账簿记录与有关的记账凭证及其所附原始凭证相核对。这是保证账账相符、账实相符的基础。

**2. 账账核对**

账账核对是指各种账簿与账簿之间的有关记录相核对。它包括：

(1)总分类账有关账户核对。主要核对总分类账各账户借方期末余额合计数与贷方期末余额合计数是否相等，借方本期发生额合计数与贷方本期发生额合计数是否相等。

(2)总分类账与明细分类账核对。主要核对总分类账各账户的期末余额与所属各明细分类账户的期末余额之和是否相等，总分类账各账户的本期发生额与所属各明细分类账户的本期发生额之和是否相等。

(3)总分类账与日记账核对。主要核对总分类账中“现金”和“银行存款”账户的期末余额与相对应的日记账的期末余额是否相等。

(4)会计部门的财产物资明细账与财产物资保管和使用部门的有关明细账核对。主要核对会计部门的各种财产物资明细账期末余额与财产物资保管和使用部门的有关财产物资明细账期末余额是否相等。

**3. 账实核对**

账实核对是指各种财产物资的账面余额与实存数额相核对。包括：

①现金日记账的账面余额与现金实际库存数相核对。

②银行存款日记账的账面余额与银行对账单相核对。

③各种财产物资明细账的账面余额与财产物资的实存数额相核对。

④各种应收、应付款明细账的账面余额与有关债务、债权单位或个人相核对。

### (二)对账的主要方法

(1)账证核对。应将原始凭证、记账凭证与账簿中的各项经济业务就其内容、数量、金额和会计科目进行核对,可以逐笔核对,也可以抽查。

(2)账账核对。可以进行三方面的工作:

①检查总分类账户记录是否正确,它一般是采用编制试算平衡表的方法进行;

②将总分类账户与所属明细分类账户进行核对,它一般是采用编制本期发生额及余额表等方法进行;

③将财产物资的明细分类账户和保管账(卡)进行核对,它可以将有关账户余额直接与保管账(卡)的余额核对。

(3)账实核对。一般要结合财产清查进行。有关财产清查的内容、方法等,将在第九章中专门介绍。

## 二、结账

结账就是在把一定时期内应记入账簿的经济业务全部登记入账的基础上,按照规定的方法,结算出账户的本期发生额和期末余额,并将余额结转下期或转入新账。结账实际上是指在会计期末对账簿记录进行的总结,即总结一定会计期间(如:月、季、年度)的财务状况和经营成果,为编制会计报表作准备。各单位必须在会计期末进行结账,不得为赶编会计报表而提前结账,更不得先编制会计报表而后结账。

### (一)结账的程序

(1)结账前,首先要检查本期内发生的所有经济业务是否已经填制会计凭证,并已记入有关账簿。如发现漏账,应及时补记。不得把将要发生的经济业务提前入账,也不得把已经在本期发生的经济业务延至下期(甚至以后期)入账。

(2)检查是否按照权责发生制的要求,将本期内所有的转账业务,编制记账凭证进行账项调整,并据以记入有关账簿。

(3)对于各种成本、收入账户的余额,应在有关账户之间进行结转,并据以计算确定本期的成本利润或亏损,反映经营成果。

(4)在本期全部经济业务都已入账的基础上,分别计算出日记账、明细分类账和总分类账的本期发生额和期末余额。

(5)根据各明细分类账的记录分别编制明细分类账户本期发生额及余额表,根据总分类账的记录编制总分类账户本期发生额及余额表,进行试算平衡。

### (二)结账的一般方法

根据结账的时间不同,结账可分为月结、季结、半年结和年结。结账工作,应在会计期末进行。年度结账日为公历年度每年12月31日,半年度、季度、月度结账日分别为公历年度每半年、每季、每月的最后一天。结账的标志,是划线。划线的目的,是为了突出有关数字,表示本期的会计记录已经截止或结束,并将本期与下期的记录明显分开。一般月结、季结划单红线,年结划双红线,划线应划通栏线。具体方法如下:

**1. 月结**

对于只需要结出余额,不需要按月结计本期发生额的账户,如各项应收应付款明细账和各项财产物资明细账等,每次记账以后,都要随时结出余额,每月最后一笔余额即为月末余额。也就是说,月末余额就是本月最后一笔经济业务记录的同一行内的余额。月末结账时,只需要在最后一笔经济业务记录之下划一通栏单红线,表示本月的账簿记录已经终止,而不需要再结计一次余额。

对于需要结出余额和本月发生额的账户,如现金、银行存款日记账以及需要按月结计发生额的收入、费用等明细账，每月月末结账时，要在最后一笔经济业务记录下面划一通栏单红线，表示本月的账簿记录已经终止，在下一行金额内结出本月发生额和余额，摘要栏内注明“本月合计”字样，在下面再划一通栏单红线。

对于需要结出本年累计发生额的某些明细账户，如主营业务收入、成本明细账等，每月月末结账时，应在“本月合计”行下结出自年初起至本月末止的累计发生额，登记在月份发生额下面，在摘要栏内注明“本年累计”字样，并在下面再划一通栏单红线。“本年累计”行不必再写余额。

需要结计本月发生额的某些账户，如果本月只发生一笔经济业务，由于这笔记录的金额就是本月发生额，结账时，只要在此行记录下划一通栏单红线，表示与下月的发生额分开就可以了，不需另结出“本月合计”数。

总账账户平时只需结计月末余额。

**2. 季结**

对于需要进行季末结账的账户，在本季最后一个月月结通栏单红线的下一行结出本季发生额和季末余额，在摘要栏内注明“本季合计”字样，然后在下面划一通栏单红线。

**3. 年结**

年终结账时，在12月月结或第四季度季结通栏单红线的下一行，结出全年发生额和年末余额，在摘要栏内注明“本年合计”字样，然后在下面划一通栏双红线，表示封账。上述需要结出本年累计发生额的账户，12月末的“本年累计”就是全年累计发生额，全年累计发生额下应当划通栏双红线。

年度终了结账时，有余额的账户，要将其余额结转到下一年度。年末余额结转的方法是：将余额移入封账线（即双红线）的下一行的余额栏内，并在摘要栏内注明“结转下年”字样；同时，在下一会计年度新建有关会计账簿的第一行余额栏内填写上年结转的余额，并在摘要栏内注明“上年结转”字样。

上述结账方法如表8-21所示。

**表8-21 总分类账**

会计科目:应收账款　　　　第X页

| 2002年 | | 凭证 | 摘要 | 借方 | 贷方 | 借或贷 | 余额 |
|---|---|---|---|---|---|---|---|
| 月 | 日 | 号数 | | | | | |
| 1 | 1 | | 上年结转 | | | 借 | 1 000 |
| | 10 | 汇1 | 1—10汇总 | 3 000 | 2 200 | 借 | 1 800 |
| | 20 | 汇2 | 11—20汇总 | 4 200 | 2 700 | 借 | 3 300 |
| | 31 | 汇3 | 21—31汇总 | 3 600 | 5 000 | 借 | 1 900 |
| | 31 | | 本月合计 | 10 800 | 9 900 | 借 | 1 900 |
| | | | | | | | |
| 2 | 28 | | 本月合计 | 9 000 | 7 000 | 借 | 3 900 |
| | | | | | | | |
| 3 | 31 | | 本月合计 | 20 000 | 17 600 | 借 | 6 300 |
| 3 | 31 | | 本季合计 | 39 800 | 34 500 | 借 | 6 300 |
| | | | | | | | |
| 12 | 31 | | 本月合计 | 14 000 | 13 000 | 借 | 1 500 |
| 12 | 31 | | 本季合计 | 38 000 | 37 500 | 借 | 1 500 |
| 12 | 31 | | 本年合计 | 120 500 | 120 000 | 借 | 1 500 |
| 12 | 31 | | 结转下年 | | | 借 | 15 000 |

对于新的会计年度建账问题,一般来说,总账、日记账和多数明细账需要更换新账,但有些财产物资明细账和债权债务明细账,由于品种、规格和往来单位较多,更换新账,重抄一遍工作量较大,因此,可以跨年度使用,不必每年更换一次。各种备查账簿也可以连续使用。

# 第九章　财产清查

## 第一节　财产清查的意义和种类

### 一、财产清查的意义

财产清查，是指通过对货币资金、实物资产和往来款项的盘点和核对，确定其实存数，查明其账实、账款是否相符的一种会计核算的专门方法。财产清查不仅是会计核算的一种重要方法，而且也是财产物资管理的一项重要制度。通过财产清查，可以发现账实、账款是否相符，明确账实不符的原因，通过对财产清查结果的处理，可以做到账实相符，明确经济责任，进一步建立健全财产物资的管理制度，确保单位财产的完整无损。

根据会计核算的要求，应做到账实相符。但由于主观和客观方面的原因，往往会出现某些财产物资实存数与账存数不符的现象。

（一）造成账实不符的主要原因

(1)在财产的收、发过程中，由于工作人员疏忽或计量不准确使品种或数量发生差错；

(2)在会计凭证的填制、账簿的记录中，发生错记或漏记的现象；

(3)在财产物资的保管过程中发生自然升溢或自然损耗。如：露天堆放的物资，由于风吹雨淋和日晒而造成数量的减少和质量的降低损坏；

(4)由于保管制度不健全、管理不善或工作人员失职而使财产物资

发生损耗、变质、散失或短缺。如:药品过期或受潮霉烂等;

(5)由于贪污、盗窃、舞弊等违纪行为而造成的财产物资损失;

(6)由于自然灾害和意外事故发生,如火灾、水灾、风灾和地震等造成财产物资的破坏或损失;

(7)未达账项引起的账账、账实不符等。

正是由于以上种种方面的原因,影响了账实的一致性,为了保证账实相符,确保会计资料的真实、完整,提高会计信息质量,就必须对各种财产物资进行定期或不定期清查。

### (二)财产清查的主要意义

(1)保证会计核算资料的真实性。通过财产清查,可以查明各项财产物资的实有数,确定账存数与实存数的差异,及时调整账面记录,使账实相符,从而保证会计核算资料的真实可靠。同时通过分析差异的原因,采取相应措施,进一步加强财产物资的管理。

(2)保护财产物资的安全与完整。通过财产清查,可以查明各项财产物资的实际保管情况,有无管理不善而造成的毁损、霉烂变质、短缺、盗窃等情况,以便及时采取相应措施,改善管理,加强经济责任制,保护财产物资的安全完整。

(3)挖掘财产物资潜力,加速资金周转。通过财产清查,可以查明财产物资的储备和利用情况,有无超储积压或储备不足,有无冷背呆滞等现象,充分挖掘物资潜力,加速资金周转,提高资金使用效率。

(4)加强法制观念,维护财经纪律。通过财产清查,可以查明企业在财经纪律和有关制度方面的遵守情况,有无贪污、挪用、损失、浪费情况,有无故意拖欠税款、偷税、漏税情况,有无不合理的债权债务,是否遵守结算制度等。如果发现问题,可及时采取措施予以纠正或进行相应处理,从而加强人们的法制观念,以维护财经纪律。

## 二、财产清查的种类

财产清查可按下列不同标准进行分类。

## (一)按清查的范围分类

财产清查按其清查的范围大小,可分为全面清查和局部清查。

**1. 全面清查**

全面清查是指对企业所有的财产物资进行的盘点和核对。全面清查的内容繁多,其清查内容主要包括:

①库存现金、银行存款等各种货币资产;

②存货、固定资产等各项实物资产;

③应收应付款、预收预付款等各种往来结算款项。

全面清查的内容多、范围广、工作量大,不宜经常进行,一般在年终决算前,为了保证年度会计报表资料的真实可靠或单位撤销、合并或改变隶属关系时,以明确经济责任,开展清产核资,或单位主要负责人调离工作等情况下进行。

**2. 局部清查**

局部清查是指根据需要只对部分财产进行的盘点和核对。其清查的对象主要是流动性较大的财产,如库存现金、原材料、在产品和库存商品等。

局部清查范围小,内容少,涉及的人少,但专业性较强。如对于库存现金,每日由出纳员清点核对一次。对于银行存款要按银行对账单每月至少核对一次。对于流动性较大的实物资产,如原材料、库存商品等,除了年度全面清查外,还应根据需要进行重点抽查和轮流盘点。对于各种贵重物资每月至少盘点一次。

## (二)按清查的时间分类

财产清查按其清查时间的不同,可分为定期清查和不定期清查。

**1. 定期清查**

定期清查是指根据管理制度的规定和预先计划安排的时间对财产所进行的清查。这种清查的对象不确定,可以是全面清查,如年终决算前的清查,也可以是局部清查,如月末、季末对货币资金和贵重物资等进行的清查。其清查的目的在于保证财务会计资料的真实准确，一般是在年末、季末或月末结账时进行。

**2. 不定期清查**

不定期清查是根据需要所进行的临时的清查，也称临时清查。不定期清查可以是全面清查，也可以是局部清查。一般是在更换出纳和实物资产的保管人员，单位发生撤销、合并、发生自然灾害和意外损失，发生贪污盗窃、营私舞弊等情况时所进行的清查。其目的在于分清责任，查明情况。

# 第二节　财产物资的盘存制度

财产清查的一个重要环节是盘点财产物资的实存数量，以解决账实是否相符的问题。为此，先得确定财产物资的账存数量。在会计上，确定财产物资账存数量的方法有两种，即"永续盘存制"和"实地盘存制"。

## 一、永续盘存制

永续盘存制，亦称"账面盘存制"，它是指在日常会计核算中，对各项财产物资的增加数和减少数，根据会计凭证在有关账簿记录中进行连续登记，并随时结出账面结存数的一种方法。即根据下面"顺算"方法随时计算财产物资的账面数：

期初结存数＋本期增加数－本期减少数＝期末结存数

**例 9-1**　ABC 企业甲材料的期初结存，本期购进和发出的资料如下：

6 月 1 日　期初结存 100 件，单价 10 元，金额 1 000 元

6 月 2 日　发出 50 件

6 月 10 日　购进 200 件，单价 10 元，金额 2 000 元

6 月 15 日　购进 300 件，单价 10 元，金额 3 000 元

6 月 25 日　发出 400 件

根据上述资料，采用永续盘存制，在材料明细账上的记录见表 9-1。

表 9-1　材料明细账

品名:甲　　　　　　　　　　　　　　　　　　　　计量单位:件

| 年 | | 凭证字号 | 摘要 | 收入 | | | 发出 | | | 结存 | | |
|---|---|---|---|---|---|---|---|---|---|---|---|---|
| 月 | 日 | | | 数量 | 单价 | 金额 | 数量 | 单价 | 金额 | 数量 | 单价 | 金额 |
| 6 | 1 | | 期初结存 | | | | | | | 100 | 10 | 1 000 |
| | 2 | | 发出 | | | | 50 | 10 | 500 | 50 | 10 | 500 |
| | 10 | | 购进 | 200 | 10 | 2 000 | | | | 250 | 10 | 2 500 |
| | 15 | | 购进 | 300 | 10 | 3 000 | | | | 550 | 10 | 5 500 |
| | 25 | | 发出 | | | | 400 | 10 | 4 000 | 150 | 10 | 1 500 |
| | 30 | | 本期发生额及余额 | 500 | 10 | 5 000 | 450 | 10 | 4 500 | 150 | 10 | 1 500 |

通过上例可看出,采用永续盘存制具有以下几个优点:

①可以在存货明细账上随时反映存货的收、发、存的动态情况,并以数量和金额两个方面进行管理控制;

②可以将账存数与实存数相核对,以查明账实是否相符,以及账实不符的原因,以便有效地对其进行管理。

因此,永续盘存制在企业实际工作中的应用较为普遍。其缺点是,存货明细分类核算的工作量较大。

值得注意的是,在永续盘存制下,得到的财产物资的结存数指标,是其账面结存数。而实际结存数为多少,有待于清查盘点来确定。因此,永续盘存制下也要进行实地清查盘点,其目的在于检查账实是否相符。

## 二、实地盘存制

实地盘存制又称"定期盘存制",是指会计人员对各项财产物资平时根据有关会计凭证只登记其增加数,不登记其减少数,期末根据实地盘点数倒挤出本期减少数的一种方法。其计算公式为:

本期减少数＝期初结存数＋本期增加数－期末结存数

因此,这种盘存制度也称"以存计耗(销)制"。在这种盘存制度下,以期末盘点的财产物资的实际结存数作为账面结存数。

**例 9-2**　延用前例，期末盘点甲材料的结存数量为 140 件。采用实地盘存制，登记材料明细账见表 9-2。

**表 9-2　材料明细账**

品名：甲　　　　　　　　　　　　　　　　　　　　　　　计量单位：件

| 年 | | 凭证字号 | 摘要 | 收入 | | | 发出 | | | 结存 | | |
|---|---|---|---|---|---|---|---|---|---|---|---|---|
| 月 | 日 | | | 数量 | 单价 | 金额 | 数量 | 单价 | 金额 | 数量 | 单价 | 金额 |
| 6 | 1 | | 期初结存 | | | | | | | 100 | 10 | 1 000 |
| | 10 | | 购进 | 200 | 10 | 2 000 | | | | | | |
| | 15 | | 购进 | 300 | 10 | 3 000 | | | | | | |
| | 30 | | 盘点 | | | | | | | 140 | 10 | 1 400 |
| | 30 | | 发出成本 | | | | 460 | 10 | 4 600 | | | |
| | 30 | | 本期发生额及余额 | 500 | 10 | 5 000 | 460 | 10 | 4 600 | 140 | 10 | 1 400 |

通过上例可看出，采用实地盘存制，由于平时只记录增加数，不记录减少数，因此，实地盘存制的优点主要是简化了财产物资的日常登记工作，工作量少，工作简单。但其缺点也是明显的，主要表现在：

①不能随时反映存货收入、发出和结存动态，不便于管理人员掌握情况；

②将非正常的人为损耗、贪污盗窃等倒挤入发货成本，不利于保护企业财产物资的安全与完整；

③采用这种方法只能到期末盘点时结转耗用或销货成本，而不能随时结转成本。

所以，实地盘存制的实用性较差，较适用于那些自然损耗大、数量不稳定的鲜活商品。

## 第三节　财产清查的方法

### 一、财产清查的准备工作

财产清查是一项非常复杂细致的工作，其牵涉面广，工作量大，为确保财产清查工作保质保量地完成，在财产清查前，必须有领导、有组织、有步骤地做好以下几项准备工作：

(1)制定财产清查计划，确定清查对象、范围，配备清查人员，明确清查任务。

(2)会计部门应把有关账目登记齐全，正确结账和对账，保证账证相符、账账相符、账表相符。

(3)实物保管部门应将备查的各项财产物资整理清楚，排放整齐，并悬挂标签注明实物的名称、规格和结存数，以便盘点、查对。

(4)准备好计量器具和清查用的各种登记表格。

(5)取得银行存款、银行借款和结算款项的对账单、合同等重要单据文件，以备清查核对。

## 二、财产清查的方法

由于财产物资种类繁多，存放地点、存放方式不同，具体的清查方法也有所不同。对货币资金、实物、结算款项等应采取不同的方式进行清查。

### (一)库存现金的清查

库存现金的清查方法是实地盘点法。也即对库存现金的盘点与核对，包括出纳人员每日终了前进行的现金账款核对和清查小组进行的定期或不定期的现金盘点核对。采用实地盘点法来确定库存现金的实存数，然后再与现金日记账的账面余额核对，以查明账实是否相符。

为了加强现金管理，平时出纳人员对现金的收、支、存应及时登记现金日记账，经常进行现金盘点与账存数相核对，做到日清月结。清查小组清查前，出纳员应将现金收、付款凭证全部登记入账，并结出账存数。盘点时，出纳员必须在场，并配合清查人员逐一清点现金实存数。清查时应注意有无白条顶库、挪用现金和超限额库存现金等违纪情况。盘点结束后，应填制“库存现金盘点报告表”，由盘点人员、出纳人员及有关负责人签字盖章。此表既是证明现金实有数额的原始凭证，也是查明账实不符原因和据以调整账簿记录的重要依据。其格式如表9-3所示：

**表9-3　库存现金盘点报告表**

单位名称：　　　　20××年×月×日　　　　单位：元

| 实存金额 | 账存金额 | 对比结果 | | 备　注 |
|---|---|---|---|---|
| | | 盘盈 | 盘亏 | |
| | | | | |

负责人：　　　　盘点人：　　　　出纳人员：

## （二）银行存款的清查

银行存款的清查方法与库存现金、实物的清查方法不同，它是采取与开户银行核对账目的方法进行的。具体步骤是：首先检查本单位银行存放日记账的正确性与完整性，然后将银行对账单与本单位登记的“银行存款日记账”逐笔核对。通过核对，往往发现双方账目不一致。其主要原因：一是一方或双方存在记账错误，如漏记、重记、错记等情况。二是正常的“未达账项”，即指单位和银行之间，由于结算凭证在传递和办理转账手续时间上的不一致而造成的一方已经入账，而另一方尚未入账的款项。

未达账项具体有以下4种类型：

(1)企收银未收。即企业存入的款项，企业已经作存款增加入账，但银行尚未办妥手续而未入账。

(2)企付银未付。即企业已开出支票或其他付款凭证，企业已经作存款减少入账，但银行尚未支付或未办理转账手续而未入账。

(3)银收企未收。即银行代企业收进的款项，银行已作企业存款的增加入账，但企业尚未收到收款通知而未入账。

(4)银付企未付。即银行代企业支付的款项，银行已作企业存款的减少入账，但企业尚未收到付款通知而未入账。

如果发现错账、漏账等情况，应及时查明原因，加以更正。对于未达账项，则应于查明后编制“银行存款余额调节表”以检查双方的账目是否相符。

银行存款余额调节表的编制方法一般是在企业银行存款日记账余额和银行对账单余额的基础上，各自分别补记对方已入账而本单位尚未入账的账项金额，然后验证经过调节后的双方余额是否相等。如果相等，表明企业与银行的账目没有差错。否则，说明记账有错误，应进一步查明原因，予以更正。

下面举例说明银行存款余额调节表的编制方法：

**例 9-3** 假设 ABC 企业 2012 年 6 月 30 日的银行存款日记账余额为 120 000元，银行对账单余额为 124 000 元，经逐笔核对，发现未达账项有：

①企业于月末将从某单位收到的一张转账支票 2 000 元存入银行，企业已入账，但银行尚未办理有关手续而未入账；

②企业于月末开出转账支票一张 1 000 元，持票人尚未向银行办理转账手续，企业已入账，但银行尚未收到支票而未入账；

③企业委托银行代收销货款 8 000 元，银行已收入账，但企业尚未接到银行的收款通知；

④企业委托银行代付水电费 3 000 元，银行已付入账，但企业尚未接到银行的付款通知。

根据以上资料，编制“银行存款余额调节表”如表 9-4 所示。

**表 9-4 银行存款余额调节表**

2012 年 6 月 30 日　　单位：元

| 项　目 | 金　额 | 项　目 | 金　额 |
|---|---|---|---|
| 企业银行存款日记账余额 | 120 000 | 银行对账单余额 | 124 000 |
| 加：银行已收入账 | 8 000 | 加：企业已收入账 | 2 000 |
| 　企业尚未入账 | | 　银行尚未入账 | |
| 减：银行已付入账 | 3 000 | 减：企业已付入账 | 1 000 |
| 　企业尚未入账 | | 　银行尚未入账 | |
| 调节后余额 | 125 000 | 调节后余额 | 125 000 |

表9-4所列双方余额经调节后是相等的,表明双方的账簿记录正确,调节前之所不相符,完全是未达账项所致。另外,经过调节后重新求得的余额既不等于本单位账面余额,也不等于银行账面余额,而是银行存款的真正实有数,即企业实际可动用的存款数额。同时,应当指出,"银行存款余额调节表"的编制只是为了检查账簿记录的正确性,并不是要更改账簿记录,所以不得按照调节表调整账面数额。各项未达账项要待到收取银行转来的有关收、付结算凭证时,才进行账务处理。

### (三)实物的清查

实物的清查主要包括对各种存货,以及固定资产等财产物资的清查。由于各种实物的形态、体积、重量和存放方式不同,而所采用的清查方法也不尽相同。通常,有以下两种方法。

**1. 实地盘点法**

实地盘点法是通过逐一清点或用计量器具来确定实物财产的实存数量。其适用范围较大,大多数财产物资的清查都可以采用这种方法。

**2. 技术推算法**

采用技术推算法,对于财产物资不是逐一清点计数,而是通过量方、计尺等技术来推算财产物资的实存数量。这种方法一般适用于大量成堆、无法逐一清点的财产物资的清查。如煤炭、沙石等。

另外,对实物财产的数量进行核实的同时,还要对实物的质量进行鉴定,可根据不同的情况采用不同的质量鉴定方法,如直接观察法、物理法、化学法等。

为了明确经济责任和便于查询,进行财产物资的盘点时,有关实物保管人员与盘点人员必须同时在场清查。清查盘点的结果,应及时登记在"盘存单"上,由盘点人和实物保管人同时签章。盘存单的格式见表9-5。

表 9-5 盘存单

单位名称： 编号：

财产类别： 盘点时间： 存放地点：

| 序号 | 名称 | 规格 | 计量单位 | 数量 | 单价 | 金额 | 备注 |
|---|---|---|---|---|---|---|---|
| | | | | | | | |

盘点人： 实物保管人：

盘存单既是记录实物盘点结果的书面文件，也是反映资产实有数的原始凭证。为了进一步查明账存实存是否相符，确定盘盈或盘亏情况，还应根据"盘存单"和有关账簿记录，编制"实存账存对比表"（又称"盘盈盘亏报告表"）。该表是一个非常重要的原始凭证，既是经批示后调整账簿记录的依据，也是分析差异原因，明确经济责任的依据。"实存账存对比表"格式如表 9-6。

表 9-6 实存账存对比表

单位名称： 年 月 日 编号：

| 序号 | 名称 | 规格 | 计量单位 | 单价 | 实存 | | 账存 | | 盘盈 | | 盘亏 | | 备注 |
|---|---|---|---|---|---|---|---|---|---|---|---|---|---|
| | | | | | 数量 | 金额 | 数量 | 金额 | 数量 | 金额 | 数量 | 金额 | |
| | | | | | | | | | | | | | |

主管人员： 会计： 制表：

### (四)往来款项的清查

往来款项是指各种债权债务结算款项,主要包括各种应收款项、应付款项和预收预付款项等。往来款项的清查一般是采用发函询证的方法进行核对。对方单位若核对相符,应在询证函上盖章后退回;若核对不符,应将不符项目在询证函上注明或者另抄对账单退回,作为进一步核对的依据。企业收到各有关单位退回的对账单后,应据以编制"往来账项清查表",注明核对相符或不相符的款项,对不相符的款项按有争议、未达账项、无法收回等情况归类合并,针对具体情况及时采取措施予以解决。"往来账项清查表"的格式如表 9-7。

**表 9-7 往来账项清查表**

总分类账户名称: 年 月 日

| 明细账户名称 | 账面结存余额 | 清查结果 | | 发生日期 | 核对不符原因分析 | | | | | 备注 |
|---|---|---|---|---|---|---|---|---|---|---|
| | | 核对相符金额 | 核对不符金额 | | 错误账项 | 未达账项 | 拒付账项 | 有争议账项 | 其他 | |
| | | | | | | | | | | |

清查人员: 会计: 主管:

## 第四节 财产清查结果的处理

对财产清查发现的财产管理和核算方面的问题,应当认真分析研究,按照国家有关政策、法令、准则和制度,严肃认真地作出相应处理。对于财产清查过程中所确定的实存数与账存数之间的差异,如盘盈、盘亏和各种损失等,应核准数字,彻底查明发生差异的性质,认真分析其原因,明确经济责任,据实提出处理意见,并按规定程序,报请有关领导审批处理;对于财产清查中发现的物资储备方面的问题,要及时进行调整处理。对于多余积压物资,除在本单位内部设法充分利用外,还应积极向外推销,以加速资金周转。对于储备不足的物资,要及时组织购进,以满足生产经营需要;对于长期拖欠的往来款项,则应指定专人负责,查明原因,通过有效途径解决,以减少坏账损失。总之,财产清查以后,针对发现的问题和缺点,应认真总结经验教训,制订出相应的改进工作的具体措施和制度,明确资产管理责任,以进一步加强财产管理。

## 一、财产清查结果账务处理的步骤及账户设置

### (一)财产清查结果的账务处理的步骤

为了做到账实相符,财会部门对于财产清查中所发现的差异以及对差异的处理,必须及时地进行账簿记录的调整。

具体处理分两步进行:

第一步,在审批前,先将已查明属实的盘盈、盘亏和损失等,根据有关原始凭证(如财产物资盘存单等)编制记账凭证,据以记入有关账户,达到账实一致。

第二步,在审批后,应根据批准后的处理意见,编制记账凭证,登记有关账簿。

### (二)账户设置

为了核算和监督在财产清查中查明的各项财产物资的盘盈、盘亏和毁损情况,应当设置和运用"待处理财产损溢"账户。

"待处理财产损溢"账户,用来核算在财产清查中所发现的各项财产物资的盘盈、盘亏及其处理情况。该账户的借方登记发生的各种财产物资的盘亏金额和批准转销的盘盈金额,贷方登记发生的各种财产物资的盘盈金额和批准转销的盘亏金额。处理前的借方余额为尚未处理的各种财产物资的净损失;处理前的贷方余额为尚未处理的各种财产物资的净溢余。该科目下设置"待处理流动资产损溢"和"待处理固定资产损溢"两个明细科目。

《企业会计制度》规定，企业的各项待处理财产损溢，应于期末前查明原因，并根据企业的管理权限，经股东大会或董事会，或经理(厂长)会议或类似机构批准后，在期末结账前处理完毕。如在期末结账前尚未经批准的，应在对外提供财务会计报告时先进行会计处理，并在会计报表附注中作出说明；如果其后批准处理的金额与已处理的金额不一致的，应按其差额调整会计报表相关项目的年初数。

## 二、财产清查结果账务处理举例

现以工业企业为例说明库存现金、存货、固定资产和往来款项清查结果的处理。

### (一)现金短缺或溢余的账务处理

企业每日终了结算现金收支或财产清查时发现的有待查明原因的现金短缺或溢余，在未查明原因前，应根据“库存现金盘点报告表”，先记入“待处理财产损溢”账户，待查明原因后，再根据不同情况分别处理。

**例 9-4**　ABC 企业在财产清查中，发现现金短缺 500 元；经查，属于应由出纳人员赔偿的为 300 元，应由保险公司赔偿的为 50 元，还有 150 元属于无法查明原因的，经领导批准，作为管理费用处理。

在查明原因前，编制会计分录如下：

借：待处理财产损溢——待处理流动资产损溢　　500
　贷：库存现金　　500

在查明原因后，经领导批准，编制会计分录如下：

借：其他应收款——应收现金短缺款(××个人)　　300
　　　　　　　——应收保险赔款　　50
　　管理费用　　150
　贷：待处理财产损溢——待处理流动资产损溢　　500

**例 9-5**　ABC 企业在财产清查中，发现现金溢余 300 元；经查，其中 200 元应支付给某客户，还有 100 元属无法查明原因，经领导批准，转为营业外收入处理。

在查明原因前，编制会计分录如下：

借：库存现金　　300

　贷：待处理财产损溢——待处理流动资产损溢　　300

在查明原因后，经领导批准，编制会计分录如下：

借：待处理财产损溢——待处理流动资产损溢　　300

　贷：其他应付款——应付现金溢余(××个人或单位)　　200

　　营业外收入　　100

### (二)存货盘盈、盘亏的账务处理

财产清查中发现的盘盈和盘亏的存货，未查明原因前，应根据"存货盘点报告表"先记入"待处理财产损溢"账户，查明原因后，经批准再根据不同情况分别进行以下处理：

(1)对于盘盈的存货，凡属收发计量或核算上的误差等原因造成的，经批准可冲减管理费用。

(2)对于盘亏的存货，应分别以下情况进行处理：

①属于自然损耗产生的定额内损耗，经批准后转作管理费用；

②属于计量收发差错和管理不善等原因造成的存货短缺或毁损，应先扣除残料价值、可以收回的保险赔偿和过失人的赔偿，然后将净损失记入管理费用；

③属于自然灾害或意外事故造成的存货毁损，应先扣除残料价值和可以收回的保险赔偿，然后将净损失转作营业外支出。

**例 9-6**　ABC 企业在财产清查中，盘盈账外甲材料 500 吨，价值 5 000 元。报经批准前，根据实存账存对比表的记录，编制会计分录如下：

借：原材料——甲材料　　5 000

　贷：待处理财产损溢——待处理流动资产损溢　　5 000

经查明，这项盘盈材料，是由于收发计量的差错造成的，所以经批准冲减本月份管理费用，编制会计分录如下：

借：待处理财产损溢——待处理流动资产损溢　　5 000

　　贷：管理费用　　　　　　　　　　　　　　　　　　　5 000

**例 9-7**　ABC 企业在财产清查中，发现乙材料实际库存较账面库存短缺 10 000 元；经查明，其中 2 00 元属于定额内合理损耗，其余 8 800 元是由保管人员的过失造成毁损，残值估计 100 元，经批准由保管人员赔偿 7 000 元。

批准前，编制会计分录如下：

借：待处理财产损溢——待处理流动资产损溢　　11 700
　　贷：原材料——乙材料　　　　　　　　　　　　10 000
　　　　应交税费—应交增值税(进项税额转出)　　　1 700

批准后，编制会计分录如下：

①定额内合理损耗，计入管理费用。

借：管理费用　　　　　　　　　　　　　　　　　200
　　贷：待处理财产损溢——待处理流动资产损溢　　200

②应由保管人员赔偿的计入其他应收款。

借：其他应收款——保管员　　　　　　　　　　7 000
　　贷：待处理财产损溢——待处理流动资产损溢　7 000

③残料作价入库。

借：原材料　　　　　　　　　　　　　　　　　　100
　　贷：待处理财产损溢——待处理流动资产损溢　　100

④扣除过失人赔偿和残值后，计入管理费用。

借：管理费用　　　　　　　　　　　　　　　　4 400
　　贷：待处理财产损溢——待处理流动资产损溢　4 400

**例 9-8**　ABC 企业盘亏丙材料 5 000 元，增值税 850 元。经查明，属于自然灾害造成。

批准前，编制会计分录如下：

借：待处理财产损溢——待处理流动资产损溢　　5 000
　　贷：原材料——丙材料　　　　　　　　　　　5 000
　　　　应交税费——应交增值税(进项税额转出)　　850

批准后，编制会计分录如下：

借:营业外支出　　　　　　　　　　　　　　　　5 850
　贷:待处理财产损溢——待处理流动资产损溢　　　　5 850

（三）固定资产盘盈、盘亏的账务处理

在固定资产清查过程中，如果发现有盘盈的固定资产，作为前期差错处理。管理权限报经批准处理前应先通过“以前年度损益调整”科目核算。盘盈的固定资产，应按重置成本确定其入账价值，借记“固定资产”科目，贷记“以前年度损益调整”科目。

**例 9-9**　ABC 企业在财产清查中，发现账外设备一台，该同类设备的重置成本为 100 000 元，假定与其计税基础不存在差异。根据《企业会计准则第 28 号一会计政策、会计估计变更和差错更正》规定，该盘盈固定资产作为前期差错进项处理。

编制会计分录如下；

借:固定资产　　　　　　　　　　　　　　　　100 000
　贷:以前年度损益调整　　　　　　　　　　　　　100 000

**例 9-10**　ABC 企业在财产清查中，发现盘亏设备一台，原值 80 000 元，已提折旧 30 000 元。

固定资产盘亏造成的损失，应当计入当期损益。企业在财产清查中盘亏的固定资产，按盘亏固定资产的账面价值借记“待处理财产损溢一待处理固定资产损溢”科目，按已计提的累计折旧，借记“累计折旧”科目，按固定资产原价，贷记“固定资产”科目。按管理权限报经批准后处理时，按可收回的保险赔偿或过失人赔偿，借记“其他应收款”科目，按应计入营业外支出的金额，借记“营业外支出”科目，贷记“待处理财产损溢”科目。

批准前，编制会计分录如下：

借:待处理财产损溢——待处理固定资产损溢　　　　50 000
　　累计折旧　　　　　　　　　　　　　　　　　30 000
　贷:固定资产　　　　　　　　　　　　　　　　　　80 000

批准后，编制会计分录如下：

借:营业外支出　　50 000
　贷:待处理财产损溢——待处理固定资产损溢　　50 000

### (四)往来款项清查结果的处理

企业在财产清查中,对于错误往来款项,应立即查明予以更正。对于确实无法收回的应收款项,应作为坏账损失处理。对于确实无法支付的应付款项,直接转入营业外收入。

**例 9-11** ABC 企业在财产清查中,查明有一笔应付账款 3 000 元,确实无法支付,经批准转入"营业外收入",编制会计分录如下:

借:应付账款　　3 000
　贷:营业外收入　　3 000

**例 9-12** ABC 企业在财产清查中,发现一笔应收账款 5 000 元因债务单位破产而无法收回,经批准作为坏账损失处理。

借:坏账准备　　5 000
　贷:应收账款　　5 000

该坏账损失的处理方法称为备抵法,更具体的内容可参考中级财务会计等教材,在此不再详述。值得注意的是,往来款项清查结果的账务处理,不需要通过"待处理财产损溢"账户核算。

# 第十章　财务会计报告

财务会计报告，是指企业对外提供的反映企业某一特定日期的财务状况和某一会计期间的经营成果、现金流量等会计信息的文件。财务会计报告的目标是向财务会计报告使用者提供与企业财务状况、经营成果和现金流量等有关的会计信息，反映企业管理层受托责任履行情况，有助于财务会计报告使用者作出经济决策。企业财务会计报告是会计信息的主要载体，是沟通会计主体和会计信息使用者的桥梁和纽带。

## 第一节　财务会计报告概述

### 一、编制财务会计报告的目的

通过日常的会计核算，企业发生的各项经济业务已经按照一般会计原则的要求，依照一定的程序和方法进行了确认、计量，并将确认和计量的结果在会计凭证和账簿中进行了记录。但每张会计凭证所反映的经济业务只是个别的、零星的、互不联系的。登记到账簿中的财务会计信息尽管比较详细、具体，能够提供分类的信息，但数量较大而且分散，难以集中、概括地反映企业的财务状况、经营成果和现金流量。为了向各方面的会计信息使用者提供更为简洁和综合的会计信息，就需要对日常核算资料作进一步的分类、加工、汇总，并以表格和文字的形式予以披露。因此，编制财务会计报告是会计信息系统的输出环节，财务会计报告是经济业务数据经过会计核算程序处理后的产物。财务会计报告使用者包括投资者、债权人、政府及其有关部门和社会公众等。

编制财务会计报告的目的与财务会计的目的相一致。

主要体现在以下三个方面：

### （一）为企业现在及潜在的投资者和债权人的投资决策和信贷决策提供信息

企业现在及潜在的投资者和债权人，可以通过财务会计报告了解企业报告期末的财务状况，企业的获利能力和偿债能力，以及企业的现金流量情况。以此作为作出对企业是否进行投资和提供信贷，是否继续投资和扩大投资规模决策的重要依据。

### （二）为政府及其有关部门宏观经济调控提供信息

财政、税务、统计、证券监管等国家有关部门都是财务会计报告的信息使用者，财政部门可以通过财务会计报告了解企业财经纪律和有关政策规定执行情况，税务部门可以通过财务会计报告判断企业有关税费的上缴情况，统计部门可以通过财务会计报告的主要数据统计有关行业数据，证券监管部门可以通过财务会计报告对信息披露的真实性等进行监管。

### （三）为社会公众提供有关信息

对于上市公司而言，社会公众可能是其潜在的股东，财务会计报告可以为他们提供投资决策有关信息。对于国有企业而言，社会公众是其终极所有者，财务会计报告可以为他们提供管理当局的履行责任情况。对于银行等涉及面广泛的企业，社会公众是其主要债权人或客户，财务会计报告可以为他们提供存贷款决策信息。另外，社会公众也需要通过财务会计报告获取企业履行社会责任的情况。

## 二、财务会计报告的构成

编制财务会计报告应当能够提供企业的经济资源、现存的义务和投资者的权利，以及引起资源、义务和投资者权利变动的各种交易、事项和情况的影响等。根据《企业财务会计报告条例》,财务会计报告主要由会计报表、会计报表附注和财务情况说明书三个部分组成。下面分别对财务会计报告的各组成部分进行说明。

(一)会计报表

《企业会计制度》[①]规定的会计报表有:资产负债表、利润表和现金流量表三张主表以及资产减值准备表、股东权益增减变动表、应交增值税明细表、利润分配表、分部报表(业务分部)和分部报表(地区分部)六张附表,详细见表10-1。

**表10-1　报表种类**

| 编号 | 会计报表名称 | 编报期 |
| --- | --- | --- |
| 会企01表 | 资产负债表 | 中期报告、年度报告 |
| 会企02表 | 利润表 | 中期报告、年度报告 |
| 会企03表 | 现金流量表 | (至少)年度报告 |
| 会企01表附表1 | 资产减值准备明细表 | 年度报告 |
| 会企01表附表2 | 股东权益增减变动表 | 年度报告 |
| 会企01表附表3 | 应交增值税明细表 | 中期报告、年度报告 |
| 会企02表附表1 | 利润分配表 | 年度报告 |
| 会企02表附表2 | 分部报表(业务分部) | 年度报告 |
| 会企02表附表3 | 分部报表(地区分部) | 年度报告 |

根据《企业会计准则》基本准则和财务报表列报具体准则,财务会计报告包括会计报表及其附注和其他应当在财务会计报告中披露的相关信息和资料。财务会计报告的核心是财务报表,财务报表是对企业

① 《企业会计制度》2001年1月1日起施行,目前主要是非上市公司执行。2007年1月1日期施行的《企业会计准则》主要上市公司范围内施行,鼓励其他企业执行。

财务状况、经营成果和现金流量的结构性表述。财务报表至少应当包括资产负债表、利润表、现金流量表、所有者权益(或股东权益)变动表和附注。

会计报表可以根据需要,按照不同的标准进行分类。

按照会计报表的报送对象分类,可以分为对外会计报表和对内会计报表;

按照会计报表反映的经济内容分类,可以分为静态会计报表和动态会计报表;

按照会计报表编报的时间分类,分为月报、季报、半年报(或称中期报表)和年报;

按照会计报表的编制单位分类,分为单位会计报表与汇总会计报表;

按照会计报表所包括会计主体的范围进行分类,可分为个别会计报表和合并会计报表。

### (二)会计报表附注

会计报表附注是为便于会计报表使用者理解会计报表的内容而对会计报表的编制基础、编制依据、编制原则和方法及主要项目等所作的解释。由于会计报表本身的局限性,使会计报表所提供的信息受到一定的限制。为了提供更详尽的财务信息,往往在会计报表附注中对会计报表的某些项目作进一步的补充说明。

### (三)财务情况说明书

财务情况说明书是在企业编制半年报和年报时,对半年或年度内财务情况以文字为主,结合相应的会计报表中的有关数字指标而作出的书面分析报告。财务情况说明书应对当期的财务情况作全面、详细地分析、总结和说明。

## 三、编制财务会计报告的要求

为了充分发挥财务会计报告的作用，让会计信息使用者清楚地了解企业的财务状况、经营成果和现金流量情况，企业应当按照国家统一会计制度规定的会计报表格式和内容，根据登记完整、核对无误的会计账簿记录和其他有关资料编制会计报表。会计报表之间、会计报表各项目之间，凡有对应关系的数字，应当相互一致。会计报表中本期与上期的有关数字应当相互衔接。会计报表附注和财务情况说明书应当按照有关法规和国家统一的会计制度的规定，对会计报表中需要说明的事项作出真实、完整、清楚的说明。为此，在编制财务会计报告时应遵循以下几项基本要求：

### （一）内容完整

内容完整就是要求财务会计报告必须全面地反映会计主体的财务状况、经营成果和现金流量情况。为了满足这一要求，企业必须按《企业财务会计报告条例》、《企业会计准则》等有关制度的规定的编报财务会计报告的全部内容，对规定编制的各种会计报表，不得漏编漏报。对于应当填列的报表指标，无论是表内项目还是补充资料，都必须填列完全。对于会计报表附注和财务情况说明书也必须按规定的内容详细地、全面地进行说明。报表的表首应当清晰明了，要清楚地标明企业的确切名称、报表的标题、及报表所属时点或时期。企业对外提供的财务会计报告应当依次编定页数，加具封面，装订成册，加盖公章。封面上应当注明：企业名称、企业统一代码、组织形式、地址、报表所属年度或者月份、报出日期，并由企业负责人和主管会计工作的负责人、会计机构负责人（会计主管人员）签名并盖章；设置总会计师的企业，还应当由总会计师签名并盖章。为会计信息使用者进行决策提供尽可能充分的有用的信息。

### （二）数字真实

数字真实就是要求会计主体在财务会计报告中提供的所有会计信息必须是真实和可靠的，能够客观地反映企业的财务状况、经营成果以及现金流量。不应以估计数代替实际数，更不得弄虚作假，伪造变造报表数字。为了满足这一要求，企业在日常会计核算中，会计凭证的编制和账簿的登记必须以实际发生的经济业务为依据，将企业发生的经济业务全部登记入账，企业应当依照有关法律、行政法规规定的结账日进行结账，不得提前或者延迟。并按规定核对账目、清查财产、调整账项，做到账证相符、账账相符、账实相符，并使在此基础上编制的会计报表做到账表相符。

### （三）计算准确

计算准确就是要求企业能够按照会计要素的确认和计量标准进行确认和计量，并按照国家统一的会计制度的规定进行相应的会计处理。根据登记完整、核对无误的会计账簿记录和其他有关资料编制会计报表，会计报表之间、会计报表各项目之间，凡有对应关系的数字，应当相互一致，会计报表中本期与上期的有关数字应当相互衔接。为满足这一要求，企业在日常会计核算中，应当保证账簿记录的准确。在编制会计报表时，会计报表中各项目的数字、小计、合计、总计等数字必须计算准确。

### （四）编报及时

编报及时就是要求企业按规定的期限和程序及时编制、报送财务会计报告。财务会计报告所提供的信息具有较强的时效性，特别是在市场经济条件下，每一个企业作为一个经营实体，要参与市场竞争。企业需要根据会计信息，掌握市场变动的趋势，及时做出反映。只有按规定及时编制和提供财务会计报告，才能满足信息使用者的需要，使信息使用者及时了解编报单位的财务信息，也便于主管部门和地方财政等部门及时汇总。

# 第二节　资产负债表

## 一、资产负债表的性质和作用

资产负债表是反映企业在某一特定日期财务状况的报表。资产负债表提供企业在特定日期所拥有或控制的经济资源、所承担的债务责任和企业所有者所拥有的权益等方面的会计信息。

通过资产负债表提供的信息，有助于报表使用者了解企业资产的构成及状况，了解企业债务结构与资本结构，从而分析判断企业偿还债务的能力、资金营运的能力等，为报表使用者进行科学有效的经济决策提供依据。

## 二、资产负债表的内容和格式

### （一）资产负债表的内容

资产负债表是以“资产＝负债＋所有者权益”这一会计恒等式为理论依据编制的。因此，资产负债表必须反映资产、负债和所有者权益三个要素的内容。

### （二）资产负债表的格式

资产负债表的格式有报告式和账户式两种。报告式资产负债表是将资产项目、负债项目和所有者权益项目采用垂直排列的方式，表的上部为资产项目，下面依次是负债和所有者权益项目，报表中三要素的关系为“资产－负债＝所有者权益”；而账户式资产负债表是将资产项目列示在表的左方，负债和所有者权益项目列示在表的右方，使资产负债表左右两方的资产总计金额和负债与所有者权益的总计金额相等，报表中三要素的关系为“资产＝负债＋所有者权益”。我国现行会计准则采用的是账户式，格式见表10-2。

表 10-2　资产负债表

会企 01 表

编制单位：　　　　年　月　日　　　　单位：元

| 资产 | 期末余额 | 年初余额 | 负债和所有者权益（或股东权益） | 期末余额 | 年初余额 |
|---|---|---|---|---|---|
| 流动资产： | | | 流动负债： | | |
| 货币资金 | | | 短期借款 | | |
| 交易性金融资产 | | | 交易性金融负债 | | |
| 应收票据 | | | 应付票据 | | |
| 应收账款 | | | 应付账款 | | |
| 预付款项 | | | 预收款项 | | |
| 应收利息 | | | 应付职工薪酬 | | |
| 应收股利 | | | 应交税费 | | |
| 其他应收款 | | | 应付利息 | | |
| 存货 | | | 应付股利 | | |
| 一年内到期的非流动资产 | | | 其他应付款 | | |
| 其他流动资产 | | | 一年内到期的非流动负债 | | |
| 流动资产合计 | | | 其他流动负债 | | |
| 非流动资产： | | | 流动负债合计 | | |
| 可供出售金融资产 | | | 非流动负债： | | |
| 持有至到期投资 | | | 长期借款 | | |
| 长期应收款 | | | 应付债券 | | |
| 长期股权投资 | | | 长期应付款 | | |
| 投资性房地产 | | | 专项应付款 | | |
| 固定资产 | | | 预计负债 | | |
| 在建工程 | | | 递延所得税负债 | | |
| 工程物资 | | | 其他非流动负债 | | |
| 固定资产清理 | | | 非流动负债合计 | | |
| 生产性生物资产 | | | 负债合计 | | |
| 油气资产 | | | 所有者权益(或股东权益)： | | |
| 无形资产 | | | 实收资本(或股本) | | |
| 开发支出 | | | 资本公积 | | |
| 商誉 | | | 减：库存股 | | |
| 长期待摊费用 | | | 盈余公积 | | |
| 递延所得税资产 | | | 未分配利润 | | |
| 其他非流动资产 | | | 所有者权益(或股东权益)合计 | | |
| 非流动资产合计 | | | | | |
| 资产总计 | | | 负债和所有者权益（或股东权益）总计 | | |

## 三、资产负债表的编制方法

### (一)资产负债表的基本编制方法

**1. 根据总账科目余额直接填列**

资产负债表各项目的数据来源,主要是根据总账科目的期末余额直接填列,如交易性金融资产项目,根据"交易性金融资产"总账科目的期末余额直接填列。

**2. 根据总账科目余额计算填列**

资产负债表某些项目需要根据若干个总账科目的期末余额计算填列,如"货币资金"项目,根据"库存现金"、"银行存款"、"其他货币资金"科目的期末余额的合计数填列;"存货"项目,根据"在途物资"、"原材料"、"库存商品"、"低值易耗品"、"包装物"、"生产成本"、"存货跌价准备"等科目的期末余额的合计数填列。

**3. 根据明细科目余额计算填列**

资产负债表某些项目不能根据总账科目的期末余额,或若干个总账科目的期末余额计算填列,需要根据有关科目所属的相关明细科目的期末余额计算填列,如:"应付账款"项目根据"应付账款"、"预付账款"科目的所属相关明细科目的期末贷方余额计算填列;"应收账款"项目根据"应收账款"、"预收账款"科目的所属相关明细科目借方余额计算填列,并要考虑"坏账准备"的影响。

**4. 根据总账科目和明细科目余额分析计算填列**

资产负债表上某些项目不能根据有关总账科目余额计算填列,也不能根据有关科目所属相关明细科目的期末余额计算填列,需要根据总账科目和明细科目金额分析计算填列,如"长期借款"项目,根据"长期借款"总账科目余额扣除"长期借款"科目所属的明细科目中反映的将于一年内到期的长期借款部分分析计算填列。一年内到期的长期借款需填列在流动负债项目"一年内到期的非流动负债"。

**5. 根据科目余额减去其备抵项目后的余额填列**

如"长期股权投资"项目，由"长期股权投资"科目的期末余额减去其"长期股权投资减值准备"备抵科目余额后的净额填列。又如，"无形资产"项目，按照"无形资产"科目的期末余额减去"无形资产减值准备"科目期末余额后的净额填列，以反映无形资产的期末可收回金额。

(二)资产负债表各主要项目的内容及填列方法

**1."年初数"的填列**

资产负债表的"年初数"栏各项目数字，应根据上年末资产负债表"期末数"栏内所列数字填列。如果本年度资产负债表规定的各个项目的名称和内容同上年度不相一致，应对上年末资产负债表各项目的名称和数字按照本年度的规定进行调整，填入报表中的"年初数"栏内。

**2."期末数"各主要项目的内容和填列方法**

(1)"货币资金"项目，反映企业库存现金、银行结算户存款、外埠存款、银行汇票存款、银行本票存款、信用卡存款、信用证保证金存款等的合计数。本项目应根据"库存现金"、"银行存款"、"其他货币资金"科目的期末余额合计填列。

(2)"交易性金融资产"项目，反映企业为交易目的所持有的债券投资、股票投资、基金投资等交易性金融资产的公允价值。本项目应根据"交易性金融资产"科目的期末余额填列。

(3)"应收票据"项目，反映企业收到的未到期收款的商业汇票，包括商业承兑汇票和银行承兑汇票。本项目应根据"应收票据"科目的期末余额填列。已向银行贴现但附带追索权的应收票据也包括在本项目内。

(4)"应收账款"项目，反映企业因销售商品、产品和提供劳务等而应向购买单位收取的各种款项，减去已计提的坏账准备后的净额。本项目应根据"应收账款"科目所属各明细科目的期末借方余额合计，减去"坏账准备"科目中有关应收账款计提的坏账准备期末余额后的金额填列。如"应收账款"科目所属明细科目期末有贷方余额，应在本表"预收账款”项目内填列。

（5）“预付账款”项目，反映企业预付给供应单位的款项。本项目应根据“预付账款”科目所属各明细科目的期末借方余额合计填列。如“预付账款”科目所属有关明细科目期末有贷方余额的，应在本表“应付账款”项目内填列。如“应付账款”科目所属明细科目有借方余额的，也应包括在本项目内。

（6）“应收利息”项目，反映企业因债权投资而应收取的利息。企业购入到期还本付息债券应收的利息，不包括在本项目内。本项目应根据“应收利息”科目的期末余额填列。

（7）“应收股利”项目，反映企业因股权投资而应收取的现金股利，企业应收其他单位的利润，也包括在本项目内。本项目应根据“应收股利”科目的期末余额填列。

（8）“其他应收款”项目，反映企业对其他单位和个人的应收和暂付的款项，减去已计提的坏账准备后的净额。本项目应根据“其他应收款”科目的期末余额，减去“坏账准备”科目中有关其他应收款计提的坏账准备期末余额后的金额填列。

（9）“存货”项目，反映企业期末在库、在途和在加工中的各项存货的历史成本或可变现净值，包括各种材料、商品、在产品、半成品、包装物、低值易耗品、发出商品等。本项目应根据“材料采购”、“原材料”、“低值易耗品”、“库存商品”、“包装物”、“发出商品”、“委托加工物资”、“生产成本”等科目的期末余额合计，减去“代销商品款”、“存货跌价准备”科目期末余额后的金额填列。材料采用计划成本核算，以及库存商品采用计划成本或售价核算的企业，还应按加或减材料成本差异、商品进销差价后的金额填列。

（10）“一年内到期的非流动资产”项目，反映企业持有的一年内到的债权性投资，如一年内到期的持有者到期投资。本项目可以根据“持有者到期投资”科目余额分析填列。

（11）“其他流动资产”项目，反映企业除以上流动资产项目外的其他流动资产，本项目应根据有关科目的期末余额填列。

(12)“可供出售金融资产”项目，反映企业持有的可供出售金融资产的公允价值，包括划分为可供出售的股票投资、债券投资等金融资产。本项目根据“可供出售金融资产”科目余额填列。

(13)“持有至到期投资”项目，反映企业不准备在短期变现并将持有至到期日的各种债权性质的投资的成本或预计可收回金额。持有至到期投资中，将于1年内到期的持有至到期投资，应在流动资产类下“1年内到期的非流动资产”项目单独反映。本项目应根据“持有至到期投资”科目的期末余额，减去“持有至到期投资减值准备”科目期末余额和1年内到期的持有至到期投资后的金额填列。

(14)“长期应收款”项目。反映企业融资租赁产生的应收款项、采用递延方式具有融资性质的销售商品和提供劳务等产生的应收款项等。实质上构成对被投资单位净投资的长期权益，也包括在本项目内。本项目根据“长期应收款”科目期末余额填列。

(15)“长期股权投资”项目，反映企业准备长期持有的各种股权性质的投资的成本或预计可收回金额。本项目应根据“长期股权投资”科目的期末余额，减去“长期股权投资减值准备”科目期末余额后的金额填列。

(16)“固定资产”项目，反映企业的各种固定资产账面净值。融资租入的固定资产，其原价及已提折旧也包括在内。融资租入固定资产原价应在会计报表附注中另行反映。本项目应根据“固定资产”、“累计折旧”和“固定资产减值准备”科目的期末余额计算填列。

(17)“工程物资”项目，反映企业各项工程尚未使用的工程物资的实际成本。本项目应根据“工程物资”科目的期末余额填列。

(18)“在建工程”项目，反映企业期末各项未完工程的实际支出，包括交付安装的设备价值，未完建筑安装工程已经耗用的材料、工资和费用支出、预付出包工程的价款、已经建筑安装完毕但尚未交付使用的工程等的可收回金额。本项目应根据“在建工程”科目的期末余额，减去“在建工程减值准备”科目期末余额后的金额填列。

(19)“固定资产清理”项目，反映企业因出售、毁损、报废等原因转入清理但尚未清理完毕的固定资产的账面价值，以及固定资产清理过程中所发生的清理费用和变价收入等各项金额的差额。本项目应根据“固定资产清理”科目的期末借方余额填列；如“固定资产清理”科目期末为贷方余额，以“－”号填列。

(20)“无形资产”项目，反映企业各项无形资产的期末可收回金额，需要注意的是商誉需要单独反映。本项目应根据“无形资产”科目的期末余额，减去“无形资产减值准备”科目期末余额后的金额填列。

(21)“长期待摊费用”项目，反映企业尚未摊销的摊销期限在1年以上(不含1年)的各种费用，如租入固定资产改良支出、大修理支出以及摊销期限在1年以上(不含1年)的其他待摊费用。本项目应根据“长期待摊费用”科目的期末余额填列。

(22)“递延所得税资产”项目，反映企业期末尚未转销的递延税款的借方余额。本项目应根据“递延所得税资产”科目的期末借方余额填列。

(23)“其他长期资产”项目，反映企业除以上资产以外的其他长期资产。本项目应根据有关科目的期末余额填列。如其他长期资产价值较大的，应在会计报表附注中披露其内容和金额。

(24)“短期借款”项目，反映企业借入尚未归还的1年期以下(含1年)的借款。本项目应根据“短期借款”科目的期末余额填列。

(25)“应付票据”项目，反映企业为了抵付货款等而开出、承兑的尚未到期付款的应付票据，包括银行承兑汇票和商业承兑汇票。本项目应根据“应付票据”科目的期末余额填列。

(26)“应付账款”项目，反映企业购买原材料、商品和接受劳务供应等而应付给供应单位的款项。本项目应根据“应付账款”科目所属各有关明细科目的期末贷方余额合计填列；如“应付账款”科目所属各明细科目期末有借方余额，应在本表“预付账款”项目内填列。

(27)“预收账款”项目，反映企业预收购买单位的账款。本项目应根据“预收账款”科目所属各有关明细科目的期末贷方余额合计填列。如“预收账款”科目所属有关明细科目有借方余额的，应在本表“应收账款”项目内填列；如“应收账款”科目所属明细科目有贷方余额的，也应包括在本项目内。

(28)“应付职工薪酬”项目，反映企业应付未付的各类职工薪酬，包括职工工资、福利费、工会经费，以及各类保险等。本项目应根据“应付职工薪酬”科目期末贷方余额填列。如“应付职工薪酬”科目期末为借方余额，以“一”号填列。

(29)“应交税费”项目，反映企业期末未交、多交或未抵扣的各种税金及教育费附加费等。本项目应根据“应交税费”科目的期末贷方余额填列；如“应交税费”科目期末为借方余额，以“一”号填列。

(30)“应付利息”项目，反映企业尚未支付的利息。本项目应根据“应付利息”科目的期末余额填列。

(31) “应付股利”项目，反映企业尚未支付的现金股利。本项目应根据“应付股利”科目的期末余额填列。

(32)“其他应付款”项目，反映企业所有应付和暂收其他单位和个人的款项。本项目应根据“其他应付款”科目的期末余额填列。

(33)“一年内到期的非流动负债”项目，反映企业即将在一年内到的长期借款、应付债券等。本项目应根据“长期借款”、“应付债券”等科目的期末余额分析填列。

(34)“其他流动负债”项目，反映企业除以上流动负债以外的其他流动负债。本项目应根据有关科目的期末余额填列。

(35)“长期借款”项目，反映企业借入尚未归还的 1 年期以上(不含 1 年)的借款本息。本项目应根据“长期借款”科目的期末余额填列。

(36)“应付债券”项目，反映企业发行的尚未偿还的各种长期债券的本息。本项目应根据“应付债券”科目的期末余额填列。

(37)“长期应付款”项目，反映企业除长期借款和应付债券以外的其他各种长期应付款。本项目应根据“长期应付款”科目的期末余额，减去“未确认融资费用”科目期末余额后的金额填列。

(38)“专项应付款”项目，反映企业各种专项应付款的期末余额。本项目应根据“专项应付款”科目的期末余额填列。

(39)“其他长期负债”项目,反映企业除以上长期负债项目以外的其他长期负债。本项目应根据有关科目的期末余额填列。

(40)“递延所得税负债”项目,反映企业期末尚未转销的递延所得税负债。本项目应根据“递延所得税负债”科目的期末贷方余额填列。

(41)“实收资本(或股本)”项目,反映企业各投资者实际投入的资本(或股本)总额。本项目应根据“实收资本”(或“股本”)科目的期末余额填列。

(42)“资本公积”项目,反映企业资本公积的期末余额。本项目应根据“资本公积”科目的期末余额填列。

(43)“盈余公积”项目,反映企业盈余公积的期末余额。本项目应根据“盈余公积”科目的期末余额填列。

(44)“未分配利润”项目,反映企业尚未分配的利润。本项目应根据“本年利润”科目和“利润分配”科目的余额计算填列。未弥补的亏损,在本项目内以“—”号填列。

## 第三节　利润表

### 一、利润表的作用

利润表是反映企业在一定会计期间经营成果的报表。它通过把一定期间的收入与其相关的成本、费用进行配比,以计算企业一定期间的净利润(或净亏损)。

通过利润表所提供的信息,有助于报表使用者了解企业生产经营的收益和成本耗费情况,了解企业的获利能力和经营业绩,分析企业利润增减变化的原因,预测企业未来的获利趋势,判断对企业投资的报酬和风险。

## 二、利润表的内容和格式

### (一)利润表的内容

利润表是以“收入－费用＝利润”这一会计等式为理论依据编制的。但是对于利润表应如何计列当期利润，却有两种不同的观点。一种是“本期经营成果观念”，这种观点主张利润表只应限于反映报告期正常经营业务的经营成果，调整以前年度损益的事项和非常项目，应列入利润分配表作调整期初未分配利润处理，如果将它们计入报告期损益，不利于了解企业正常经营的成果，也不利于不同会计期间损益的比较；另一种是“总括观念”，这种观点主张，除股利和企业与股东间其他经济业务外，利润表应全面反映报告期一切影响所有者权益变化的项目，使报表使用者能够对各个项目的重要性及其对经营成果的影响作出更好的评价。我国以“总括观念”在利润表中反映净利润的构成情况，并按照各项收入、费用以及构成利润的各个项目分类分项列示。

### (二)利润表的格式

利润表的格式主要有单步式利润表和多步式利润表两种，单步式利润表是将本期所有收入加计在一起，然后再把所有费用加计在一起，两者相减，通过一次计算求得本期损益；多步式利润表是按收入与相关费用的配比关系，通过多个步骤计算求得当期损益。

计算步骤：

(1)营业收入为基础，减去营业成本、营业税金及附加、销售费用、管理费用、财务费用、资产减值损失，加公允价值变动损益、投资收益，计算出营业利润；

(2)以营业利润为基础，加上营业外收入、减去营业外支出，计算出利润总额；

(3)以利润总额为基础，减去所得税费用，计算出净利润(或净亏损)。

我国企业的利润表采用多步式，格式见表10-3。

表 10-3　利润表

会企 02 表

编制单位：　　　　　　　　年　月　　　　　　　单位：元

| 项目 | 本期金额 | 上期金额 |
|---|---|---|
| 一、营业收入 | | |
| 减：营业成本 | | |
| 营业税金及附加 | | |
| 销售费用 | | |
| 管理费用 | | |
| 财务费用 | | |
| 资产减值损失 | | |
| 加：公允价值变动收益（损失以“－”号填列） | | |
| 投资收益（损失以“－”号填列） | | |
| 其中：对联营企业和合营企业的投资收益 | | |
| 二、营业利润（亏损以“－”号填列） | | |
| 加：营业外收入 | | |
| 减：营业外支出 | | |
| 其中：非流动资产处置损失 | | |
| 三、利润总额（亏损总额以“－”号填列） | | |
| 减：所得税费用 | | |
| 四、净利润（净亏损以“－”号填列） | | |
| 五、每股收益： | | |
| （一）基本每股收益 | | |
| （二）稀释每股收益 | | |

## （三）利润表的编制方法

利润表的编制方法如下：

(1)利润表反映企业在一定期间内利润(亏损)的实际情况。

(2)表中“本期金额”栏反映各项目的本月实际发生数或本年实际发生数；在编报中期财务会计报告时，填列上年同期累计实际发生数；在编报年度财务会计报告时，填列上年全年累计实际发生数。如果上年度利润表与本年度利润表的项目名称和内容不相一致，应对上年度利润表项目的名称和数字按本年度的规定进行调整，填入本表“上期金额”栏。

(3)利润表各项目的内容和“本期金额”的具体填列方法：

①“营业收入”项目，反映企业日常经营所取得的收入总额。本项目应根据“主营业务收入”、“其他业务收入”科目的发生额合计数填列。

②“营业成本”项目，反映企业日常经营发生的实际成本。本项目应根据“主营业务成本”、“其他业务成本”科目的发生额合计数填列。

③“营业税金及附加”项目，反映企业经营应负担的营业税、消费税、城市维护建设税、资源税、土地增值税和教育费附加等。本项目应根据“营业税金及附加”科目的发生额填列。

④“销售费用”项目，反映企业在销售商品过程中发生的费用。本项目应根据“销售费用”科目的发生额填列。

⑤“管理费用”项目，反映企业发生的管理费用。本项目应根据“管理费用”科目的发生额分析填列。

⑥“财务费用”项目，反映企业发生的财务费用。本项目应根据“财务费用”科目的发生额分析填列。

⑦“公允价值变动损益”项目，反映企业按照公允价值计量的相关项目由于公允价值变动对损益的影响。本项目根据“公允价值变动损益”科目发生额填列。

⑧“投资收益”项目，反映企业以各种方式对外投资所取得的收益。本项目应根据“投资收益”科目的发生额分析填列；如为投资损失，以

“—”号填列。

⑨“营业外收入”项目和“营业外支出”项目，反映企业发生的与其生产经营无直接关系的各项收入和支出。这两个项目应分别根据“营业外收入”科目和“营业外支出”科目的发生额分析填列。

⑩“利润总额”项目，反映企业实现的利润总额。如为亏损总额，以“—”号填列。

⑪“所得税费用”项目，反映企业按规定从本期损益中减去的所得税费用。本项目应根据“所得税费用”科目的发生额分析填列。

⑫“净利润”项目，反映企业实现的净利润。如为净亏损，以“—”号填列。

# 第四节　现金流量表

## 一、现金流量表的概念和作用

现金流量表是反映企业在一定会计期间内现金和现金等价物流入和流出情况的报表。其作用为：

### （一）为政府有关部门宏观经济调控提供依据

现金流量信息是政府综合经济管理部门，尤其是证券市场监督部门对企业进行监督的重要依据。由于现金流量表能够以收付实现制原则为基础，提供反映一定期间企业现金流入和流出的渠道和数量的信息。因此，将现金流量信息与资产负债表和利润表提供的反映企业某一时点财务状况和某一时期经营成果的信息综合起来考虑，就可以综合评价企业获得现金的途径和运用现金的去向；揭示企业经营成果与现金流量之间的内在联系，以及经营成果的质量。从而了解企业真实的财务状况、短期偿债能力和支付能力。披露企业是否潜伏着重大的风险，等等。通过掌握和分析现金流量信息，监督部门可以将事后监督转为事前监督，提高市场信息的有效性，防范和化解潜在的风险。

### (二)为投资者和债权人进行有效决策提供信息

对企业的投资者和债权人来说,企业可以随时使用的货币资金的多少以及即时变现或偿付债务的能力强弱,即企业未来现金资源多少是他们最为关心的。其中,投资者所关心的是投资利润的获取与原始投资额能否通过转让得到收回;债权人所关心的是利息的取得与本金的按时偿还,而这些均取决于被投资企业的现金流量情况。企业只有产生有利的现金流量,才有能力还本付息,支付股利。一个企业通过经营、投资、筹资等活动引起的现金流量情况集中反映在现金流量表中。通过现金流量表提供的信息,企业的投资者和债权人可以了解企业如何使用现金以及将来生成现金的能力。现金流量表提供的信息恰好能够满足企业投资者和债权人的这些需求,使投资者和债权人面对企业的财务状况和经营成果,再通过现金流量的变化做出正确的决策。

### (三)为加强企业经营管理提高效益提供信息

在市场经济条件下,企业现金流量在很大程度上决定着企业的生存和发展。虽有可观的净收益,但因偿付能力不足受到清算破产威胁的企业屡见不鲜。这主要是由于净收益是按权责发生制原则,在实现原则、配比原则、历史成本原则和币值不变假设的基础上确认的,净收益的多少并不一定真正代表企业实际的资产变现能力和支付能力。因此,即使企业有盈利能力,但若在现金流转和调度上存在问题,将严重影响企业的发展,甚至影响企业的生存。

通过编制现金流量表,企业经营管理人员可以掌握现金流动的有效信息,包括企业现金流入和流出的数量、流入的渠道和流出的去向,以及各种现金流入量和流出量发生的时间。从而合理调度企业的现金资源,最大限度地提高资金的使用效率,并对企业短期偿债能力作出科学和正确的评价。这样不仅能够避免支付能力不足给企业带来的威胁,而且为科学、合理地利用资金奠定基础,达到提高经济效益的目的。

## 二、现金流量表的编制基础

### （一）现金的概念

现金流量表是以现金为基础编制的，这里的现金是广义的现金，指企业库存现金、银行存款、其他货币资金以及现金等价物。具体包括以下内容：

**1. 库存现金**

库存现金是指企业持有可随时用于支付的现金限额，即与会计核算中“现金”科目所包括的内容一致。

**2. 银行存款**

银行存款是指企业存在金融机构随时可以用于支付的存款，即与会计核算中“银行存款”科目所包括的内容基本一致。

**3. 其他货币资金**

其他货币资金是指企业存在金融机构有特定用途的资金，如外埠存款银行本票存款、银行汇票存款、信用证保证金存款、信用卡存款、存出投资款等。

**4. 现金等价物**

现金等价物是指企业持有的期限短、流动性强、易于转换为已知金额的现金、价值变动风险很小的投资。现金等价物虽然不是现金，但其支付能力与现金的差别不大，可视为现金。一项投资是否能够作为现金等价物的主要标志是其购入日至到期日在3个月或更短时间内转换为已知金额的现金。

### （二）现金流量的概念

现金流量是指企业在一定期间现金流入与现金流出的数量，现金流量表以“现金流入－现金流出量＝现金流量净额”为理论依据。但是并不是把企业所有的现金流入量与所有的现金流出量直接对比计算出现金流量净额，而是应当按照经营活动、投资活动和筹资活动的现金流量分类分项列示。其中，经营活动、投资活动和筹资活动的定义及列示应当遵循下列规定：

**1. 经营活动**

经营活动是指企业投资活动和筹资活动以外的所有交易和事项。在现金流量表上，经营活动的现金流量应当按照其经营活动的现金流入和流出的性质分项列示；银行、保险公司和非银行金融机构的经营活动按照其经营活动特点分项列示。

**2. 投资活动**

投资活动是指企业长期资产的购建和不包括在现金等价物范围内的投资及其处置活动。在现金流量表上，投资活动的现金流量应当按照其投资活动的现金流入和流出的性质分项列示。

**3. 筹资活动**

筹资活动是指导致企业资本及债务规模和构成发生变化的活动。在现金流量表上，筹资活动的现金流量应当按照其筹资活动的现金流入和流出的性质分项列示。

企业应根据具体情况，确定现金等价物的范围，并且一贯性地保持其划分标准，如改变划分标准，应视为会计政策的变更。企业确定现金等价物的原则及其变更，应在会计报表附注中披露。

现金流量表应按照经营活动产生的现金流量、投资活动产生的现金流量和筹资活动产生的现金流量分别反映。现金流量，是指现金的流入和流出。

现金流量表一般应按现金流入和流出总额反映。但代客户收取或支付的现金以及周转快、金额大、期限短的项目的现金收入和现金支出，可以净额反映。

## 三、现金流量表的结构与格式

现金流量表分为正表和补充资料两个组成部分，正表按现金流量的性质分别以现金流入量和现金流出量的差额来反映各种活动产生的现金流量净额。补充资料除了按间接法把净利润调整为经营活动的现金流量净额外，还提供对分析未来现金流量有用的不影响当期现金流量的有关信息，两部分之间存在相互勾稽关系，以检验现金流量表编制的正确性。详见表 10-5。

**表 10-5　现金流量表**

会企 03 表

编制单位：　　　　年　月　　　　单位：元

| 项　　目 | 本期金额 | 上期金额 |
|---|---|---|
| 一、经营活动产生的现金流量： | | |
| 销售商品、提供劳务收到的现金 | | |
| 收到的税费返还 | | |
| 收到其他与经营活动有关的现金 | | |
| 经营活动现金流入小计 | | |
| 购买商品、接受劳务支付的现金 | | |
| 支付给职工以及为职工支付的现金 | | |
| 支付的各项税费 | | |
| 支付其他与经营活动有关的现金 | | |
| 经营活动现金流出小计 | | |
| 经营活动产生的现金流量净额 | | |
| 二、投资活动产生的现金流量： | | |
| 收回投资收到的现金 | | |
| 取得投资收益收到的现金 | | |
| 处置固定资产、无形资产和其他长期资产收回的现金净额 | | |
| 处置子公司及其他营业单位收到的现金净额 | | |
| 收到其他与投资活动有关的现金 | | |
| 投资活动现金流入小计 | | |
| 购建固定资产、无形资产和其他长期资产支付的现金 | | |
| 投资支付的现金 | | |
| 取得子公司及其他营业单位支付的现金净额 | | |
| 支付其他与投资活动有关的现金 | | |
| 投资活动现金流出小计 | | |

续表

| 项　　目 | 本期金额 | 上期金额 |
|---|---|---|
| 投资活动产生的现金流量净额 | | |
| 三、筹资活动产生的现金流量： | | |
| 吸收投资收到的现金 | | |
| 取得借款收到的现金 | | |
| 收到其他与筹资活动有关的现金 | | |
| 筹资活动现金流入小计 | | |
| 偿还债务支付的现金 | | |
| 分配股利、利润或偿付利息支付的现金 | | |
| 支付其他与筹资活动有关的现金 | | |
| 筹资活动现金流出小计 | | |
| 筹资活动产生的现金流量净额 | | |
| 四、汇率变动对现金及现金等价物的影响 | | |
| 五、现金及现金等价物净增加额 | | |
| 加：期初现金及现金等价物余额 | | |
| 六、期末现金及现金等价物余额 | | |

现金流量表补充资料。企业应当采用间接法在现金流量表附注中披露将净利润调节为经营活动现金流量的信息。

**表 10-6　现金流量补充资料**

| 补充资料 | 本期金额 | 上期金额 |
|---|---|---|
| 1. 将净利润调节为经营活动现金流量 | | |
| 　净利润 | | |
| 　加：资产减值准备 | | |
| 　固定资产折旧、油气资产折耗、生产性生物资产折旧 | | |
| 　无形资产摊销 | | |
| 　长期待摊费用摊销 | | |

续表

| 补充资料 | 本期金额 | 上期金额 |
| --- | --- | --- |
| 处置固定资产、无形资产和其他长期资产的损失(收益以"－"号填列) | | |
| 固定资产报废损失(收益以"－"号填列) | | |
| 公允价值变动损失(收益以"－"号填列) | | |
| 财务费用(收益以"－"号填列) | | |
| 投资损失(收益以"－"号填列) | | |
| 递延所得税资产减少(增加以"－"号填列) | | |
| 递延所得税负债增加(减少以"－"号填列) | | |
| 存货的减少(增加以"－"号填列) | | |
| 经营性应收项目的减少(增加以"－"号填列) | | |
| 经营性应付项目的增加(减少以"－"号填列) | | |
| 其他 | | |
| 经营活动产生的现金流量净额 | | |
| 2.不涉及现金收支的重大投资和筹资活动 | | |
| 债务转为资本 | | |
| 一年内到期的可转换公司债券 | | |
| 融资租入固定资产 | | |
| 3.现金及现金等价物净变动情况 | | |
| 现金的期末余额 | | |
| 减:现金的期初余额 | | |
| 加:现金等价物的期末余额 | | |
| 减:现金等价物的期初余额 | | |
| 现金及现金等价物净增加额 | | |

## 四、现金流量表的编制说明

企业应采用直接法报告企业经营活动的现金流量。采用直接法报告经营活动的现金流量时,企业有关现金流量的信息可从会计记录中直接获得，也可以在利润表营业收入、营业成本等数据的基础上，通过调整存货和经营性应收应付项目的变动，以及固定资产折旧、无形资产摊销等项目后获得。

第一种方法，根据企业会计记录直接填列法。这种方法需要设置多栏式现金流量账簿，通过分析有关非现金账户引起现金账户的增减变化来填列现金流量表。它是编制现金流量表的基本方法。采用这种方法，要求按现金流量表的具体项目设置一张多栏式现金流量账簿，平时发生现金流入和流出业务，在登记现金和银行存款日记账的同时，及时登记现金流量账簿，积累有关现金流量的资料，这样不仅可以随时向企业管理人员提供有关现金流量资料，而且也为编制现金流量表奠定了基础。对于没有实现会计电算化仅拥有计算机的企业，借助电子表格，可以很方便地设置多栏式现金流量账簿，逐笔输入有关数据后，便可以自动生成现金流量表。

第二类方法：根据资产负债表、利润表和有关资料分析填列

这种方法是在不改变权责发生制原则下企业账户体系的基础上，以资产负债表、利润表和有关资料为依据，通过一定的手段，把权责发生制下的数据转换成收付实现制下现金流量的方法。在《企业会计准则-现金流量表》中列举的工作底稿法和T形账户法，以及综合分析法就属于此类方法，现把这三种方法的主要程序分述如下：

### （一）工作底稿法

采用工作底稿法编制现金流量表，就是以工作底稿为手段，以利润表和资产负债表数据为基础，对每一项目进行分析并编制调整分录，从而编制出现金流量表。

运用工作底稿法编制现金流量表的步骤如下：

第一步，将资产负债表的期初数和期末数过入工作底稿的期初数栏和期末数栏。

第二步，对当期业务进行分析并编制调整分录。编制调整分录时，要以利润表项目为基础，从“主营业务收入”开始，结合资产负债表项目

逐一进行分析。

第三步,将调整分录过入工作底稿的相应部分。

第四步,核对调整分录,借方、贷方合计数均已经相等,资产负债表项目期初数加减调整分录中的借贷金额以后,也已等于期末数。

第五步,根据工作底稿中现金流量表项目部分编制正式的现金流量表。

### (二)丁形账户法

采用丁形账户法,就是以丁形账户为手段,以利润表和资产负债表数据为基础,对每一项目进行分析并编制调整分录,从而编制出现金流量表。运用丁形账户法编制现金流量表的步骤如下:

第一步,为所有的非现金项目(包括资产负债表项目和利润表项目)分别开设丁形账户,并将各自的期末期初变动数过入各该账户。如果项目的期末数大于期初数,则将差额过入和项目余额相同的方向;反之,过入相反的方向。

第二步,开设一个大的"现金及现金等价物"丁形账户,每边分为经营活动、投资活动和筹资活动三个部分,左边记现金流入,右边记现金流出。与其他账户一样,过入期末期初变动数。

第三步,以利润表项目为基础,结合资产负债表分析每一非现金项目的增减变动,并据此编制调整分录。在实际工作中,若采用丁形账户法,企业可省去一些不涉及现金的调整分录,以简化编制现金流量表的工作量。

第四步,将调整分录过入各丁形账户,并进行核对,该账户借贷相抵后的余额与原先过入的期末期动变动数应当一致。

第五步,根据大的"现金及现金等价物"丁形账户编制正式的现金流量表。

### (三)综合分析法

这种方法就是直接从利润表出发,将利润表中以权责发生制为基础的收入和费用,转换为收付实现制为基础的现金流入和现金流出,并列示各项现金流入的来源和现金流出的去向。通常是从利润表中各项收入、费用的数据出发，调整资产负债表中与收入、费用有关的资产负债表项目的增减变化，据以分析推算出各项现金流入和现金流出的数额编制现金流量表。一般来说，采用这种方法编制现金流量表的效率比较高，工作量相对较少，平时不用增加额外的准备工作。然而，这种方法下某些项目数据的分析计算比较复杂，对编表人员的业务水平要求比较高，而且也不能及时为企业加强经营管理提供现金流量的信息。

不论采用直接根据会计记录填列法，还是报表基础填列法，关键是要熟悉现金流量的分类及其在报表中的具体归属。现金流量表每个项目及补充资料具体内容及填列方法如下（以综合分析法为基础）：

**1. 经营活动产生的现金流量**

(1)"销售商品、提供劳务收到的现金"项目，反映企业销售商品、提供劳务实际收到的现金（含销售收入和应向购买者收取的增值税销项税额），包括本期销售商品、提供劳务收到的现金，以及前期销售和前期提供劳务本期收到的现金和本期预收的账款，减去本期退回本期销售的商品和前期销售本期退回的商品支付的现金。企业销售材料和代购代销业务收到的现金，也在本项目反映。本项目可以根据利润表项目"营业收入"本期数与资产负债表项目"应收账款"、"应收票据"、"预收账款"等变化额，以及本期增值税销项税额分析填列。

(2)"收到的税费返还"项目，反映企业收到返还的各种税费，如收到的增值税、消费税、营业税、所得税、教育费附加返还等。本项目可以根据 利润表项目"营业税金及附加"本期数与资产负债表项目"其他应收款"的变化额等分析填列。

(3)"收到的其他与经营活动有关的现金"项目，反映企业除了上述各项目外，收到的其他与经营活动有关的现金流入，如罚款收入、流动资产损失中由个人赔偿的现金收入等。其他现金流入如价值较大的，应单列项目反映。本项目可以根据"营业外收入"等项目及有关记录分析填列。

(4)"购买商品、接受劳务支付的现金"项目，反映企业购买材料、商品、接受劳务实际支付的现金,包括本期购入材料、商品、接受劳务支付的现金(包括向供应商支付的增值税进项税额),以及本期支付前期购入商品、接受劳务的未付款项和本期预付款项。本期发生的购货退回收到的现金应从本项目内减去。本项目可以根据利润表项目"营业成本"本期数与资产负债表项目"应付账款"、"应付票据"、"预付账款"、"存货"等变化额,以及本期增值税进项税额分析填列。对于生产制造型企业需要注意调整人工工资、制造费用等计入存货成本的但归属"支付给职工以及为职工支付"项目的金额。

(5)"支付给职工以及为职工支付的现金"项目,反映企业实际支付给职工,以及为职工支付的现金,包括本期实际支付给职工的工资、奖金、各种津贴和补贴等,以及为职工支付的其他费用。不包括支付的离退休人员的各项费用和支付给在建工程人员的工资等。企业支付给离退休人员的各项费用,包括支付的统筹退休金以及未参加统筹的退休人员的费用,在"支付的其他与经营活动有关的现金"项目中反映;支付的在建工程人员的工资,在"购建固定资产、无形资产和其他长期资产所支付的现金"项目反映。本项目可以根据"应付职工薪酬" 项目及有关记录分析填列。

企业为职工支付的养老、失业等社会保险基金、补充养老保险、住房公积金、支付给职工的住房困难补助,以及企业支付给职工或为职工支付的其他福利费用等,应按职工的工作性质和服务对象,分别在本项目和在"购建固定资产、无形资产和其他长期资产所支付的现金"项目反映。

(6)"支付的各项税费"项目,反映企业按规定支付的各种税费,包括本期发生并支付的税费,以及本期支付以前各期发生的税费和预交的税金,如支付的教育费附加、矿产资源补偿费、印花税、房产税、土地增值税、车船使用税、预交的营业税等。不包括计入固定资产价值、实际支付的耕地占用税等。也不包括本期退回的增值税、所得税,本期退回的增值税、所得税在"收到的税费返还"项目反映。本项目可以根据"营业税金及附加"项目本期数、"应交税费"项目变化额及有关记录分析填列。

(7)“支付的其他与经营活动有关的现金”项目，反映企业除上述各项目外，支付的其他与经营活动有关的现金流出，如罚款支出、支付的差旅费、业务招待费现金支出、支付的保险费等，其他现金流出如价值较大的，应单列项目反映。本项目可以根据有关记录分析填列。

**2. 投资活动产生的现金流量**

(1)“收回投资所收到的现金”项目，反映企业出售、转让或到期收回除现金等价物以外的对外投资而收到的现金，包括股权投资和债权投资。对于到期收回持有至到期投资，收到的本金属于本项目，但不包括持有至到期投资收回的利息。本项目可以根据“交易性金融资产”、“可供出售金融资产”、“长期股权投资”、“持有者到期投资”等项目及有关记录分析填列。

(2)“取得投资收益所收到的现金”项目，反映企业因股权性投资和债权性投资而取得的现金股利、利息，以及从子公司、联营企业和合营企业分回利润收到的现金。不包括股票股利。本项目可以根据“投资收益”项目本期数“应收股利”、“应收利息”等项目的变化额及有关记录分析填列。

(3)“处置固定资产、无形资产和其他长期资产所收回的现金净额”项目，反映企业处置固定资产、无形资产和其他长期资产所取得的现金，减去为处置这些资产而支付的有关费用后的净额。由于自然灾害所造成的固定资产等长期资产损失而收到的保险赔偿收入，也在本项目反映。本项目可以根据“营业外支出”项目，以及“固定资产清理”、“无形资产”等项目及有关记录分析填列。

(4)“收到的其他与投资活动有关的现金”项目，反映企业除了上述各项以外，收到的其他与投资活动有关的现金流入。其他现金流入如价值较大的，应单列项目反映。本项目可以根据有关记录分析填列。

(5)“购建固定资产、无形资产和其他长期资产所支付的现金”项目，反映企业购买、建造固定资产，取得无形资产和其他长期资产所支付的现金，不包括为购建固定资产而发生的借款利息资本化的部分，以及融资租入固定资产支付的租赁费，借款利息和融资租入固定资产支付的租赁费,在筹资活动产生的现金流量中反映。本项目可以根据"固定资产"、"在建工程"、"无形资产"等项目及有关记录分析填列。

(6)"投资所支付的现金"项目,反映企业进行权益性投资和债权性投资支付的现金,包括企业取得的除现金等价物以外的短期股票投资、短期债券投资、长期股权投资、持有至到期投资支付的现金、及支付的佣金、手续费等附加费用。本项目可以根据"长期股权投资"、"持有至到期投资"、"交易性金融资产"、"可供出售金融资产"等项目及有关记录分析填列。

企业购买股票和债券时,实际支付的价款中包含的已宣告但尚未领取的现金股利或已到付息期但尚未领取的债券的利息,应在投资活动的"支付的其他与投资活动有关的现金"项目反映;收回购买股票和债券时支付的已宣告但尚未领取的现金股利或已到付息期但尚未领取的债券的利息,在投资活动的"收到的其他与投资活动有关的现金"项目反映。

(7)"支付的其他与投资活动有关的现金"项目,反映企业除了上述各项以外,支付的其他与投资活动有关的现金流出。其他现金流出如价值较大的,应单列项目反映。本项目可以根据有关记录分析填列。

**3. 筹资活动产生的现金流量**

(1)"吸收投资所收到的现金"项目,反映企业收到的投资者投入的现金,包括以发行股票、债券等方式筹集的资金实际收到款项净额(发行收入减去支付的佣金等发行费用后的净额)。以发行股票、债券等方式筹集资金而由企业直接支付的审计、咨询等费用,在"支付的其他与筹资活动有关的现金"项目反映,不从本项目内减去。本项目可以根据"实收资本(或股本)"、"资本公积"、"应付债券"等项目的变化额及记录分析填列。

(2)"借款所收到的现金"项目,反映企业举借各种短期、长期借款所收到的现金。本项目可以根据"短期借款"、"长期借款"等项目的变化额及有关记录分析填列。

(3)"收到的其他与筹资活动有关的现金"项目,反映企业除上述各项目外,收到的其他与筹资活动有关的现金流入,如接受现金捐赠等。

其他现金流入如价值较大的，应单列项目反映。本项目可以根据有记录分析填列。

(4)"偿还债务所支付的现金"项目，反映企业以现金偿还债务的本金，包括偿还金融企业的借款本金、偿还债券本金等。企业偿还的借款利息、债券利息，在"分配股利、利润或偿付利息所支付的现金"项目反映，不包括在本项目内。本项目可以根据"短期借款"、"长期借款"、等项目及有关记录分析填列。

(5)"分配股利、利润或偿付利息所支付的现金"项目，反映企业实际支付的现金股利，支付给其他投资单位的利润以及支付的借款利息、债券利息等。本项目可以根据"应付股利"、"财务费用"等项目及有关记录分析填列。

(6)"支付的其他与筹资活动有关的现金"项目，反映企业除了上述各项外，支付的其他与筹资活动有关的现金流出，如捐赠现金支出、融资租入固定资产支付的租赁费等。其他现金流出如价值较大的，应单列项目反映。本项目可以根据有关记录分析填列。

(7)"汇率变动对现金的影响"项目，反映企业外币现金流量及境外子公司的现金流量折算为人民币时，所采用的现金流量发生日的汇率或平均汇率折算的人民币金额与"现金及现金等价物净增加额"中外币现金净增加额按期末汇率折算的人民币金额之间的差额。

### (四)补充资料项目的内容及填列

#### 1. 将净利润调节为经营活动的现金流量

各项目的填列方法如下：

(1)"资产减值准备"项目，反映企业计提的各项资产的减值准备。减值准备计提导致本期利润减少，但是不影响现金流量，因此应进行调整。本项目可以根据"资产减值损失"项目及有关长期资产的减值准备的记录分析填列。

(2)"固定资产折旧、油气资产折耗、生产性生物资产折旧"项目，反映企业本期累计提取的折旧、折耗等。同资产减值准备，折旧、折耗带来了费用增加，而减少了净利润，但不影响本期现金流量。本项目可以根据“累计折旧”、“累计折耗”等科目的贷方发生额分析填列。

(3)“无形资产摊销”和“长期待摊费用摊销”两个项目，分别反映企业本期累计摊入成本费用的无形资产的价值及长期待摊费用。这两个项目可以根据“累计摊销”、“长期待摊费用”科目的贷方发生额分析填列。

(4)“处置固定资产、无形资产和其他长期资产的损失”，反映企业本期由于处置固定资产、无形资产和其他长期资产而发生的净损失。本项目可以根据“营业外收入”、“营业外支出”科目所属有关明细科目的记录分析填列；如为净收益，以“－”号填列。

(5)“固定资产报废损失”项目，反映企业本期固定资产盘亏(减盘盈)、毁损、报废后的净损失。本项目可以根据“营业外支出”、“营业外收入”科目所属有关明细科目分析填列。

(6)“公允价值变动损失”项目，反映企业在采用公允价值计量时，期末由于公允价值变动对净利润影响数。本项目可以根据“公允价值变动损益”科目有关金额分析填列。

(7)“财务费用”项目，反映企业本期发生的应属于投资活动或筹资活动的财务费用。本项目可以根据“财务费用”科目的本期借方发生额分析填列；如为收益，以“－”号填列。

(8)“投资损失”项目，反映企业本期投资所发生的损失减去收益后的净损失。本项目可以根据利润表“投资收益”项目的数字填列；如为投资收益，以“－”号填列。

(9)“递延所得税资产减少”项目，反映企业本期递延所得税资产的净增加或净减少。本项目可以根据资产负债表“递延所得税资产”项目的期初、期末余额的差额填列。“递延所得税资产”增加以“－”号填列。

(10)“递延所得税负债增加”项目，反映企业本期递延所得税负债的净增加或净减少。本项目可以根据资产负债表“递延所得税负债”项目的期初、期末余额的差额填列。“递延所得税负债”减少以“－”号填列。

“存货的减少”项目，反映企业本期存货的减少。本项目可以根据资产负债表“存货”项目的期初、期末余额的差额填列；期末数大于期初数的差额，以"－"号填列。

"经营性应收项目的减少"项目，反映企业本期经营性应收项目（包括应收账款、应收票据、预付账款和其他应收款中与经营活动有关的部分及应收的增值税销项税额等）的减少，增加填"－"号。

"经营性应付项目的增加"项目，反映企业本期经营性应付项目（包括应付账款、应付票据、应付职工薪酬、应交税费、预收账款、其他应付款中与经营活动有关的部分以及应付的增值税进项税额等）的增加，减少填"－"号。

补充资料中的"现金及现金等价物净增加额"与现金流量表中的"五、现金及现金等价物净增加额"的金额相等。

**2. 不涉及现金收支的投资和筹资活动**

这类投资和筹资活动反映企业一定期间内影响资产或负债但不形成该期现金收支的所有投资和筹资活动的信息。不涉及现金收支的投资和筹资活动各项目的填列方法如下：

（1）"债务转为资本"项目，反映企业本期转为资本的债务金额。

（2）"一年内到期的可转换公司债券"项目，反映企业一年内到期的可转换公司债券的本息。

（3）"融资租入固定资产"项目，反映企业本期融资租入固定资产计入"长期应付款"科目的金额。

## 第五节　所有者权益变动表

### 一、所有者权益变动表概念

所有者权益变动表[①]是反映构成所有者权益的各组成部分当期的增减变动情况的会计报表。企业所有者权益变动主要由两类情况，一类企业经营形成净利润及其分配对所有者权益的影响，如提取盈余公

① 所有者权益变动表内容涵盖了《企业财务会计报告条例》中"利润分配表"的内容。

积、分配股利或利润、未分配利润等；一类是投资人投资变化对所有者权益的影响，如接受投资、股票增发、股票回购等等。

## 二、所有者权益变动编制

根据《企业会计准则》规定，当期损益、直接计入所有者权益的利得和损失、以及与所有者的资本交易导致的所有者权益的变动，应当分别列示。所有者权益变动表至少应当单独列示反映下列信息的项目：

①净利润；

②直接计入所有者权益的利得和损失项目及其总额；

③会计政策变更和差错更正的累积影响金额；

④所有者投入资本和向所有者分配利润等；

⑤按照规定提取的盈余公积；

⑥实收资本(或股本)、资本公积、盈余公积、未分配利润的期初和期末余额及其调节情况。

具体格式及编制方法略。

# 第六节 会计报表附注与财务情况说明书

会计报表附注和财务情况说明书是企业财务会计报告的重要组成部分，会计报表附注是会计报表的必要说明，主要是对会计报表不能包括的内容，或者披露不详尽的内容作出进一步的解释说明。财务情况说明书是在企业编制半年报和年报时，对半年或年度内财务情况以文字为主，结合相应的会计报表中的有关数字指标而作出的书面分析报告。

## 一、会计报表附注

### (一)会计报表附注的作用

会计报表中所规定的内容具有一定的固定性和稳定性，只能提供定量的财务信息，其所能反映的财务信息受到一定的限制。会计报表附注是企业财务会计报告的重要组成部分，是会计报表的补充，主要是对会计报表不能包括的内容，或者披露不详尽的内容作进一步的解释说明。

企业编制会计报表附注，可以提高会计信息的可比性，增进会计信息的可理解性，促进会计信息充分披露，从而提高会计信息的质量，使会计报表使用者对企业的财务状况、经营成果和现金流量情况获得更充分地了解，并有助于会计报表使用者作出正确的决策。

### （二）会计报表附注的内容

按照《企业财务会计报告条例》和《企业会计制度》的规定，企业的年度会计报表附注至少应当披露如下内容：

**1. 不符合会计核算前提的说明**

**2. 重要会计政策和会计估计及变更情况、变更原因、对财务状况和经营成果的影响**

（1）会计政策是指企业在会计核算时所遵循的具体原则以及企业所采纳的具体会计处理方法。

（2）会计估计，指企业对其结果不确定的交易或事项以最近可利用的信息为基础所作的判断。

（3）重要会计政策和会计估计变更的说明主要包括以下事项：重要会计政策变更的内容和理由；重要会计政策变更的影响；累计影响数不能合理确定的理由；会计估计变更的内容和理由；会计估计变更的影响数；会计估计变更的影响数不能合理确定的理由；重大会计差错的内容；重大会计差错的更正金额。

**3. 或有事项、资产负债表日后事项的说明**

（1）或有事项是指企业由于过去的交易或事项形成的目前存在的一种状况，其结果须通过未来不确定事项的发生或不发生予以证实。对于企业存在的或有事项，除了按《企业会计准则——或有事项》的规定对很可能发生，且金额能够可靠计量的潜在义务确认为负债，或者在确认负债的同时，对基本确定能够从第三方或其他方得到的补偿确认为资产外，还应当在报表附注中披露如下内容：或有事项形成的原因；或有事项预计产生的财务影响（如无法预计，应说明理由）；获得补偿的可能性。

（2）按照会计分期的要求，企业应当分期编制会计报表，提供企业在某一期间或某一特定日期财务状况、经营成果和现金流量的情况。企业期末编制的会计报表一般是按照某些事项结账时存在的状况编制的。但是，由于编制的会计报表从结账日到对外提供有一定的时间间隔，在这一期间内，会产生某些与按照结账时存在状况编制的会计报表有关的事项，如果这些事项能够为资产负债表日存在状况提供进一步的说明，或产生新的重大事项。在会计上有必要对会计报表进行适当的调整或作出必要的说明，以使广大会计报表使用者了解企业真实的财务状况和经营成果。《企业会计准则-资产负债表日后事项》将资产负债表日后事项定义为："自年度资产负债表日至财务报告批准报出日之间发生的需要调整或说明的事项。"

（3）对于调整事项，除法律、法规以及其他会计准则另有规定外，不需要在会计报表附注中进行披露。根据《企业会计准则-资产负债表日后事项》的要求，应该对资产负债表日后事项进行说明的主要有：股票和债券的发行；对一个企业的巨额投资；自然灾害导致的资产损失；外汇汇率发生较大变动。

**4. 关联方关系及其交易的披露**

关联方关系及其交易是会计报表附注中要披露的重要内容。企业对外提供的财务报告一般认为是建立在公平交易基础上的，但在存在关联方关系时，关联方之间的交易可能不是建立在公平交易基础上。在某些情况下，关联方之间通过虚假交易可以达到提高经营业绩的假象。即便关联方交易是在公平交易基础上进行的，重要关联方交易的披露也是有用的，因此它提供了未来可能再发生，而且很可能以不同形式的交易类型的信息。

**5. 重要资产转让及出售情况的说明**

**6. 企业合并、分立的说明**

**7. 重大投资、融资活动**

**8. 会计报表中重要项目的明细资料**

会计报表中主要项目的说明，是对会计报表主要项目的进一步注释，如应收款项计提坏账准备的方法、存货核算方法、长期股权投资各明细项目的增减变动、固定资产计价和折旧方法、长期待摊费用的性质及摊销额、所有者权益（或股东权益）变动情况等。

**9. 有助于理解和分析会计报表需要说明的其他事项**

根据《企业会计准则第30号——财务报表列报》，附注应当披露财务报表的编制基础，相关信息应当与资产负债表、利润表、现金流量表和所有者权益变动表等报表中列示的项目相互参照。

附注一般应当按照下列顺序披露：

①财务报表的编制基础。

②遵循企业会计准则的声明。

③重要会计政策的说明，包括财务报表项目的计量基础和会计政策的确定依据等。

④重要会计估计的说明，包括下一会计期间内很可能导致资产、负债账面价值重大调整的会计估计的确定依据等。

⑤会计政策和会计估计变更以及差错更正的说明。

⑥对已在资产负债表、利润表、现金流量表和所有者权益变动表中列示的重要项目的进一步说明，包括终止经营税后利润的金额及其构成情况等。

⑦或有和承诺事项、资产负债表日后非调整事项、关联方关系及其交易等需要说明的事项。

## 二、财务情况说明书

根据《企业财务会计报告条例》，企业年度、半年度财务会计报告除了应包括会计报表、会计报表附注外，还应包括财务情况说明书。

《企业财务会计报告条例》同时明确财务情况说明书至少应当对下列情况作出说明：

①企业生产经营的基本情况；

②利润实现和分配情况；

③资金增减和周转情况；

④对企业财务状况、经营成果和现金流量有重大影响的其他事项。

# 第十一章　会计核算组织程序

## 第一节　会计核算组织程序概述

对于已经发生的经济业务，企业需要通过设置会计科目和账户、填制复式记账凭证、登记账簿，并定期对账簿中的核算资料进行归类、汇总后以报表的形式进行反映。

为了实现这一目的，企业通常根据经济业务内容和登计账簿的需要设计出各种格式的原始凭证及收款、付款和转账凭证等记账凭证，对经济业务进行记录，为了连续系统地反映对凭证所记录的业务内容进而设置不同种类和格式的账簿，如序时账簿、总分类账簿和细分类账簿，而每一类账簿又有不同格式，如明细账又有三栏式、多栏式、数量金额式；会计期末根据账簿记录加工后编制不同种类、格式和内容的财务报表，如资产负债表、利润表、现金流量表等。由此可见，编制财务报表的内容主要来自于账簿，因此，报表的种类、格式和内容制约着账簿的种类、格式和内容；而账簿的内容来自于凭证，则账簿的种类、格式和内容制约着凭证的种类、格式和内容，三者之间相互联系、相互制约。因此，各单位都应结合实际情况，设计适合本企业的会计凭证、账簿、财务报表及编制程序，即会计核算组织程序。

所谓会计核算组织程序是指规定凭证、账簿、报表的种类、格式和登记方法以及各种凭证之间、账簿之间、报表之间、凭证与账簿之间、账簿与报表之间的相互联系与编制的程序。

选用适当的会计核算组织程序，对于科学的组织本单位的会计核算工作具有重要意义，首先，它可以保证会计数据的整个处理过程有条不紊地进行，保证会计记录正确、及时、完整；其次，可以减少不必要的核算环节和手续，避免重复，迅速编制报表，提高会计核算的效率；再次，可以保证迅速形成财务信息，提高会计核算资料的质量，为企业的经营管理提供准确的财务资料。

企业在选用会计核算组织程序时，主要考虑以下几方面因素：

①本单位经济活动的特点、规模大小和业务繁简等实际情况。

②正确、及时、全面系统地提供本单位经济活动和财务状况的核算资料，满足本单位经营管理和提高经济效益及有关部门宏观管理需要。

③在保证核算资料正确、完整前提下，力求简化核算手续，节约人力、物力。

我国会计核算工作在长期实践中，根据会计凭证、账簿、财务报表的种类、格式、内容和编制程序不同，尤其是登记总分类账簿的程序不同，形成了六种核算组织程序：记账凭证核算组织程序、多栏式日记账核算组织程序、科目汇总表核算组织程序、汇总记账凭证核算组织程序、日记总账核算组织程序、分录日记账核算组织程序。

## 第二节　记账凭证核算组织程序

记账凭证核算组织程序是直接根据各种记账凭证逐笔登记总分类账的程序，它是会计核算中最基本的一种核算组织程序，也是其他核算组织程序的基础，其基本程序可通过图 11-1 表示：

说明：

①根据原始凭证编制记账凭证。记账凭证通常采用收款凭证、付款凭证和转账凭证，也可采用通用格式。

②根据收、付款凭证逐日逐笔登记现金日记账和银行存款日记账，日记账一般采用借、贷、余三栏式。

③根据原始凭证和记账凭证登记多种明细账，明细账的格式分别采用三栏式、多栏式和数量金额式。

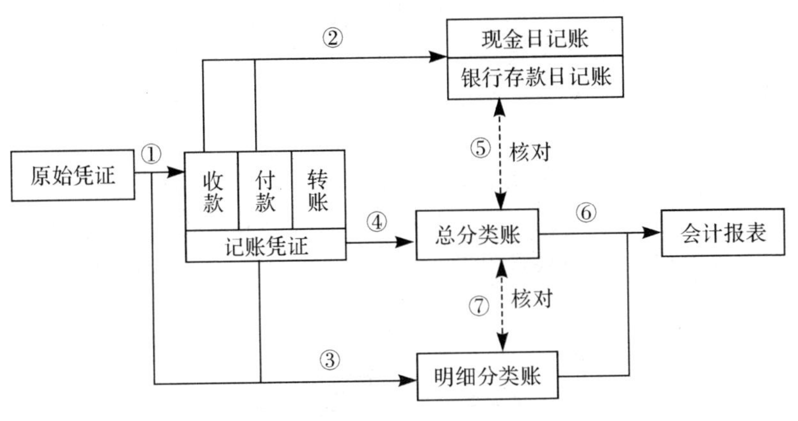


图 11-1 记账凭证核算组织程序

④根据各种记账凭证逐笔登记总分类账,总分类账采用借贷余三栏式。

⑤月末,将日记账、明细账的余额与总分类账的有关账户余额核对。

⑥月末,根据总分类账和明细分类账编制财务报表。

记账凭证核算组织程序的特点是根据记账凭证逐笔地登记总分类账。因而容易理解,便于掌握,但是,当单位的业务量较大时,根据记账凭证逐笔登记总分类账的工作量较大。因此这种程序适合于一些规模小、业务量少、凭证不多的单位。

## 第三节 多栏式日记账核算组织程序

多栏式日记账核算组织程序是指根据多栏式日记账登记总分类账的程序。这种核算组织程序是在记账凭证核算组织程序的基础上,为了减少登记总分类账的工作量,简化核算手续形成的。

企业将现金日记账和银行存款日记账的收入和支出栏分别按照对应科目设置多栏,格式见表 11-1,登记全部收、付款凭证所记录的经济业务，月末，再根据多栏式现金日记账和银行存款日记账登记有关总分类账。对于转账凭证所记录的经济业务，如果业务量较少的企业，可直接根据转账凭证登记总分类账，而对于转账凭证所记录的经济业务较多的企业，可设置多栏式材料采购日记账、多栏式生产成本日记账、多栏式销售日记账等多栏式日记账来进行登记，格式见表 11-2，对于剩下少量无法记入多栏式日记账的转账凭证所记录的业务直接登记总分类账，月末，根据多栏式日记账各对应科目汇总后登记总分类账。基本程序可通过图 11-2 表示：

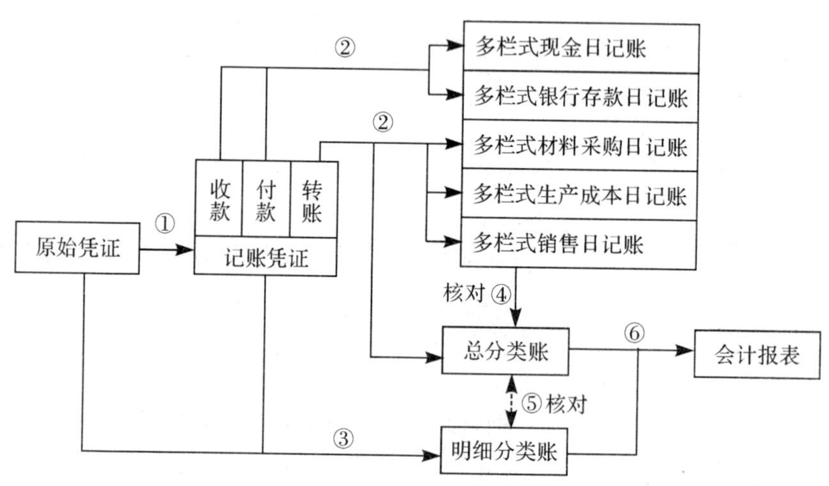


图 11-2　多栏式日记账核算组织程序

程序说明：

①根据原始凭证填制记账凭证

②根据收、付款凭证登记多栏式现金日记账和多栏式银行存款日记账，根据转账凭证登记多栏式物资采购日记账、多栏式生产成本日记账、多栏式销售日记账等多栏式日记账，多栏式日记账都设有对应科目，平日逐笔登记，月末结出各科目金额作为登记总账的依据，少量无法记入多栏式日记账的业务直接登记总分类账。

③根据原始凭证和记账凭证登记明细分类账。

④月末根据各多栏式日记账各对应科目结出金额一次登入总账。

⑤月末将明细账同总分类账进行核对。

⑥根据总分类账和明细账编制财务报表。

**表 11-1　现金日记账**

| 年 | | 凭证 | | 摘要 | 收　　入 | | | | 支　　出 | | | | 结余 |
|---|---|---|---|---|---|---|---|---|---|---|---|---|---|
| 月 | 日 | 字 | 号 | | 应贷科目 | | | 合计 | 应借科目 | | | 合计 | |
| | | | | | 银行存款 | 其他应收款 | …… | | 材料采购 | 应付职工薪酬 | …… | | |
| | | | | | | | | | | | | | |

**表 11-2　材料采购日记账**

| 年 | | 凭证 | | 摘要 | 收　　入 | | | | 支　　出 | | | | 结余 |
|---|---|---|---|---|---|---|---|---|---|---|---|---|---|
| 月 | 日 | 字 | 号 | | 应贷科目 | | | 合计 | 应借科目 | | | 合计 | |
| | | | | | 银行存款 | 其他应收款 | …… | | 材料采购 | 应付职工薪酬 | …… | | |
| | | | | | | | | | | | | | |

这种程序的特点是根据多栏式日记账登记总分类账，它适合于收付款业务较多的中小规模企业。

## 第四节　科目汇总表核算组织程序

科目汇总表核算组织程序是定期将所有记账凭证汇总编制成科目汇总表，再根据科目汇总表登记总分类账的核算组织程序。其基本程序可通过图 11-3 表示：

程序说明：

①根据原始凭证填制记账凭证。

②根据收、付款凭证登记现金日记账和银行存款日记账。

③根据原始凭证和各种记账凭证登记各种明细分类账。明细分类账分别采用三栏式、多栏式和数量金额式。

④根据各种记账凭证定期汇总编制科目汇总表，格式见表 11-3，

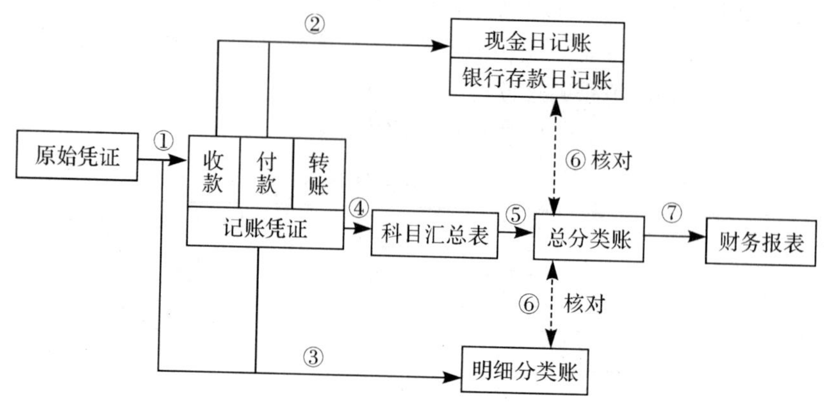


图 11-3 科目总分类账核算程序

科目汇总表的编制时间应根据企业经济业务量的多少来确定，业务量越多时间间隔应越短，可以每 1 天、3 天、5 天、10 天、半个月编制汇总一次，将一定期间全部记账凭证按相同科目在丁字形账户内将借方发生额和贷方发生额进行汇总，然后将借方发生额合计和贷方发生额合计填入科目汇总表的相应科目的借方栏和贷方栏。最后，将科目汇总表的所有科目借方金额相加，贷方金额相加，看所有科目借方合计是否等于贷方合计。

**表 11-3 科目汇总表**

| 会计科目 | 1 日～10 日 | | 11 日～20 日 | | 21 日～30 日 | | 本月合计 | |
|---|---|---|---|---|---|---|---|---|
| | 借方 | 贷方 | 借方 | 贷方 | 借方 | 贷方 | 借方 | 贷方 |
| | | | | | | | | |
| 合　计 | | | | | | | | |

⑤根据科目汇总表登记总分类账。总分类账一般利用借贷余三栏式。登记时间依科目表的编制时间而定，一般编一次科目汇总表登记一次总账，也可于月末时根据本月合计一次登记总分类账。

⑥月末，将现金日记账，银行存款日记账和各明细分类账的余额与

总分类账的有关余额进行核对。

⑦月末，根据总分类账和明细分类账编制财务报表，现根据第五章ABC公司的经济业务说明科目汇总表核算组织程序如下：

## 一、根据公司的经济业务填制记账凭证

下面根据第五章ABC公司的经济业务填制各种记账凭证。

**例 11-1**

收　款　凭　证

借方科目：银行存款　　×年×月1日　　收字第1号

| 摘　　要 | 贷方科目 | | 金　　额 |
|---|---|---|---|
| | 一级科目 | 明细科目 | |
| 国家投入资本 | 实收资本 | 国家资本金 | 200 000 |
| | | | |
| 合　　计 | | | 200 000 |

**例 11-2**

转　账　凭　证

×年×月1日　　转字第1号

| 摘　　要 | 会计科目 | | 借方金额 | 贷方金额 |
|---|---|---|---|---|
| | 一级科目 | 明细科目 | | |
| 某单位投入全新 | 固定资产 | | 250 000 | |
| 运输汽车一辆 | 实收资本 | A单位 | | 250 000 |
| 合　　计 | | | 250 000 | 250 000 |

**例 11-3**

**收 款 凭 证**

借方科目:银行存款　　　　×年×月1日　　　　收字第2号

| 摘　　要 | 贷方科目 | | 金　　额 |
|---|---|---|---|
| | 一级科目 | 明细科目 | |
| | | | |
| 临时借款 | 短期借款 | | 40 000 |
| | | | |
| 合　　计 | | | 40 000 |

**例 11-4**

**付 款 凭 证**

贷方科目:银行存款　　　　×年×月1日　　　　付字第1号

| 摘　　要 | 借方科目 | | 金　　额 |
|---|---|---|---|
| | 一级科目 | 明细科目 | |
| 向乙公司购进子材料 | 材料采购 | 子材料 | 10 000 |
| | 应交税费 | 应交增值税 | 1 700 |
| 合　　计 | | | 11 700 |

**例 11-5**

**转 账 凭 证**

×年×月2日　　　　转字第2号

| 摘　　要 | 会计科目 | | 借方金额 | 贷方金额 |
|---|---|---|---|---|
| | 一级科目 | 明细科目 | | |
| 将资本公积 | 资本公积 | | 20 000 | |
| 转增资本 | 实收资本 | | | 20 000 |
| 合　　计 | | | 20 000 | 20 000 |

**例 11-6**

转　账　凭　证

×年×月 3 日　　　　转字第 3 号

| 摘　　要 | 会计科目 | | 借方金额 | 贷方金额 |
|---|---|---|---|---|
| | 一级科目 | 明细科目 | | |
| 购进材料 | 材料采购 | 子材料 | 20 000 | |
| | | 丑材料 | 20 000 | |
| | 应交税费 | 应交增值税 | 6 800 | |
| | 应付账款 | 乙公司 | | 23 400 |
| | | 丙公司 | | 23 400 |
| 合　　计 | | | 46 800 | 46 800 |

**例 11-7**

转　账　凭　证

×年×月 4 日　　　　转字第 4 号

| 摘　　要 | 会计科目 | | 借方金额 | 贷方金额 |
|---|---|---|---|---|
| | 一级科目 | 明细科目 | | |
| 购进材料 | 材料采购 | 子材料 | 30 000 | |
| | 应交税费 | 应交增值税 | 5 100 | |
| | 应付账款 | 乙公司 | | 35 100 |
| 合　　计 | | | 35 100 | 35 100 |

付　款　凭　证

贷方科目：银行存款　　　　×年×月 7 日　　　　付字第 2 号

| 摘　　要 | 借方科目 | | 金　　额 |
|---|---|---|---|
| | 一级科目 | 明细科目 | |
| 购进材料 | 材料采购 | 丑材料 | 30 000 |
| | 应交税费 | 应交增值税 | 5 100 |
| 合　　计 | | | 35 100 |

**例 11-8**

付　款　凭　证

贷方科目:银行存款　　×年×月 11 日　　付字第 3 号

| 摘　要 | 借方科目 | | 金　额 |
|---|---|---|---|
| | 一级科目 | 明细科目 | |
| 预付购料款 | 预付账款 | 丁公司 | 25 000 |
| 合　计 | | | 25 000 |

**例 11-9**

付　款　凭　证

贷方科目:银行存款　　×年×月 12 日　　付字第 4 号

| 摘　要 | 借方科目 | | 金　额 |
|---|---|---|---|
| | 一级科目 | 明细科目 | |
| 提现以备发放工资 | 库存现金 | | 28000 |
| | | | |
| 合　计 | | | 28 000 |

**例 11-10**

付　款　凭　证

贷方科目:库存现金　　×年×月 12 日　　付字第 5 号

| 摘　要 | 借方科目 | | 金　额 |
|---|---|---|---|
| | 一级科目 | 明细科目 | |
| 发放工资 | 应付职工薪酬 | 工资 | 28 000 |
| 合　计 | | | 28 000 |

**例 11-11**

付　款　凭　证

贷方科目:库存现金　　×年×月 1 日　　付字第 6 号

| 摘　要 | 借方科目 | | 金　额 |
|---|---|---|---|
| | 一级科目 | 明细科目 | |
| 预支差旅费 | 其他应收款 | 王刚 | 1 000 |
| 合　计 | | | 1 000 |

## 例 11-12

### 转　账　凭　证

×年×月 16 日　　　　转字第 5 号

| 摘　　要 | 会计科目 | | 借方金额 | 贷方金额 |
|---|---|---|---|---|
| | 一级科目 | 明细科目 | | |
| 报销差旅费 | 管理费用 | 公司经费 | 600 | |
| | 其他应收款 | 王刚 | | 600 |
| 合　　计 | | | 600 | 600 |

### 收　款　凭　证

借方科目:库存现金　　　　×年×月 16 日　　　　收字第 3 号

| 摘　　要 | 贷方科目 | | 金　　额 |
|---|---|---|---|
| | 一级科目 | 明细科目 | |
| 报销差旅费 | 其他应收款 | 王刚 | 400 |
| 合　　计 | | | 400 |

## 例 11-13

### 付　款　凭　证

贷方科目:银行存款　　　　×年×月 17 日　　　　收字第 7 号

| 摘　　要 | 借方科目 | | 金　　额 |
|---|---|---|---|
| | 一级科目 | 明细科目 | |
| 支付办公费、水电费 | 管理费用 | 公司经费 | 1 200 |
| | | | |
| 合　　计 | | | 1 200 |

## 例 11-14

### 付　款　凭　证

贷方科目:银行存款　　　　×年×月 20 日　　　　付字第 8 号

| 摘　　要 | 借方科目 | | 金　　额 |
|---|---|---|---|
| | 一级科目 | 明细科目 | |
| 支付购料款 | 预付账款 | 丁公司 | 1 208 |
| 合　　计 | | | 1 208 |

**转 账 凭 证**

×年×月 20 日　　　　转字第 6 号

| 摘　　要 | 会计科目 | | 借方金额 | 贷方金额 |
|---|---|---|---|---|
| | 一级科目 | 明细科目 | | |
| 收到预付货款材料 | 材料采购 | 丑材料 | 22 400 | |
| | 应交税费 | 应交增值税 | 3 808 | |
| | 预付账款 | 丁 | | 26 208 |
| 合　　计 | | | 26 208 | 26 208 |

**例 11-15**

**收 款 凭 证**

借方科目:银行存款　　　　×年×月 20 日　　　　收字第 4 号

| 摘　　要 | 贷方科目 | | 金　　额 |
|---|---|---|---|
| | 一级科目 | 明细科目 | |
| 销售 A 产品 | 主营业务收入 | A 产品 | 90 000 |
| | 应交税费 | 应交增值税 | 15 300 |
| 合　　计 | | | 105 300 |

**例 11-16**

**付 款 凭 证**

贷方科目:银行存款　　　　×年×月 21 日　　　　付字第 9 号

| 摘　　要 | 借方科目 | | 金　　额 |
|---|---|---|---|
| | 一级科目 | 明细科目 | |
| 支付广告费 | 销售费用 | 广告费 | 1 320 |
| 合　　计 | | | 1 320 |

**例 11-17**

**收 款 凭 证**

借方科目:银行存款　　　　×年×月 22 日　　　　收字第 5 号

| 摘　　要 | 贷方科目 | | 金　　额 |
|---|---|---|---|
| | 一级科目 | 明细科目 | |
| 预收货款 | 预收账款 | 戊商业公司 | 60 000 |
| 合　　计 | | | 60 000 |

**例 11-18**

**转　账　凭　证**

×年×月 25 日　　　　收字第 7 号

| 摘　　要 | 会计科目 | | 借方金额 | 贷方金额 |
|---|---|---|---|---|
| | 一级科目 | 明细科目 | | |
| 销售货物 | 应收账款 | 丁公司 | 46 800 | |
| | 主营业务收入 | B 产品 | | 40 000 |
| | 应交税费 | 应交增值税 | | 6 800 |
| 合　　计 | | | 46 800 | 46 800 |

**例 11-19**

**收　款　凭　证**

借方科目:银行存款　　　　×年×月 28 日　　　　收字第 6 号

| 摘　　要 | 贷方科目 | | 金　　额 |
|---|---|---|---|
| | 一级科目 | 明细科目 | |
| 罚款收入 | 营业外收入 | | 800 |
| 合　　计 | | | 800 |

**例 11-20**

**收　款　凭　证**

借方科目:银行存款　　　　×年×月 30 日　　　　收字第 7 号

| 摘　　要 | 贷方科目 | | 金　　额 |
|---|---|---|---|
| | 一级科目 | 明细科目 | |
| 销售产品收入 | 预收账款 | 戊商业公司 | 31 260 |
| 合　　计 | | | 31 260 |

**转　账　凭　证**

×年×月 30 日　　　　转字第 8 号

| 摘　　要 | 会计科目 | | 借方金额 | 贷方金额 |
|---|---|---|---|---|
| | 一级科目 | 明细科目 | | |
| 销售产品收入 | 预收账款 | 戊商业公司 | 91 260 | |
| | 主营业务收入 | A 产品 | | 30 000 |
| | | B 产品 | | 48 000 |
| | 应交税费 | 应交增值税 | | 13 260 |
| 合　　计 | | | 91 260 | 91 260 |

**例 11-21**

**付　款　凭　证**

贷方科目:银行存款　　　　×年×月 30 日　　　　付字第 10 号

| 摘　　要 | 贷方科目 | | 金　　额 |
|---|---|---|---|
| | 一级科目 | 明细科目 | |
| 捐赠支出 | 营业外支出 | | 1 000 |
| 合　　计 | | | 1 000 |

**例 11-22**

**付　款　凭　证**

贷方科目:银行存款　　　　×年×月 31 日　　　　付字第 11 号

| 摘　　要 | 借方科目 | | 金　　额 |
|---|---|---|---|
| | 一级科目 | 明细科目 | |
| 支付利息 | 财务费用 | 利息支出 | 240 |
| 合　　计 | | | 240 |

## 例 11-23

付 款 凭 证

贷方科目:银行存款　　　　×年×月 31 日　　　　付字第 12 号

| 摘　要 | 贷方科目 | | 金　额 |
|---|---|---|---|
| | 一级科目 | 明细科目 | |
| 偿还借款 | 短期借款 | | 40 000 |
| 合　计 | | | 40 000 |

## 例 11-24

付 款 凭 证

贷方科目:银行存款　　　　×年×月 31 日　　　　付字第 13 号

| 摘　要 | 借方科目 | | 金　额 |
|---|---|---|---|
| | 一级科目 | 明细科目 | |
| 支付运费及采购经费 | 材料采购 | 子材料 | 1 500 |
| | | 丑材料 | 1 900.50 |
| 合　计 | | | 3 400.50 |

## 例 11-25

转 账 凭 证

×年×月 31 日　　　　转字第 9 号

| 摘　要 | 会计科目 | | 借方金额 | 贷方金额 |
|---|---|---|---|---|
| | 一级科目 | 明细科目 | | |
| 结转采购成本 | 原材料 | 子材料 | 61 500 | |
| | | 丑材料 | 74 300.50 | |
| | 材料采购 | 子材料 | | 61 500 |
| | | 丑材料 | | 74 300.50 |
| 合　计 | | | 135 800.50 | 135 800.50 |

## 例 11-26

**转　账　凭　证**

×年×月31日　　　　转字第10号

| 摘　要 | 会计科目 | | 借方金额 | 贷方金额 |
|---|---|---|---|---|
| | 一级科目 | 明细科目 | | |
| 领用材料 | 生产成本 | A产品 | 96 000 | |
| | | B产品 | 58 000 | |
| | 制造费用 | | 11 000 | |
| | 管理费用 | | 2 400 | |
| | 原材料 | 子材料 | | 101 000 |
| | | 丑材料 | | 66 400 |
| 合　计 | | | 167 400 | 167 400 |

## 例 11-27

**转　账　凭　证**

×年×月31日　　　　转字第11号

| 摘　要 | 会计科目 | | 借方金额 | 贷方金额 |
|---|---|---|---|---|
| | 一级科目 | 明细科目 | | |
| 结算工资 | 生产成本 | A产品 | 12 000 | |
| | | B产品 | 6 000 | |
| | 制造费用 | | 4 000 | |
| | 管理费用 | | 6 000 | |
| | 应付职工薪酬 | 工资 | | 28 000 |
| 合　计 | | | 28 000 | 28 000 |

**例 11-28**

转 账 凭 证

×年×月 31 日　　　　转字第 12 号

| 摘　　要 | 会计科目 | | 借方金额 | 贷方金额 |
|---|---|---|---|---|
| | 一级科目 | 明细科目 | | |
| 计提福利费 | 生产成本 | A 产品 | 1 680 | |
| | | B 产品 | 840 | |
| | 制造费用 | | 560 | |
| | 管理费用 | | 840 | |
| | 应付职工薪酬 | 职工福利 | | 3 920 |
| 合　　计 | | | 3 920 | 3 920 |

**例 11-29**

转 账 凭 证

×年×月 31 日　　　　转字第 13 号

| 摘　　要 | 会计科目 | | 借方金额 | 贷方金额 |
|---|---|---|---|---|
| | 一级科目 | 明细科目 | | |
| 预提借款利息 | 财务费用 | | 1 060 | |
| | 应付利息 | | | 1 060 |
| 合　　计 | | | 1 060 | 1 060 |

**例 11-30**

转 账 凭 证

×年×月 31 日　　　　转字第 14 号

| 摘　　要 | 会计科目 | | 借方金额 | 贷方金额 |
|---|---|---|---|---|
| | 一级科目 | 明细科目 | | |
| 计提折旧 | 制造费用 | | 4 200 | |
| | 管理费用 | | 2 000 | |
| | 累计折旧 | | | 6 200 |
| 合　　计 | | | 6 200 | 6 200 |

**例 11-31**

转 账 凭 证

×年×月 31 日　　　　转字第 15 号

| 摘要 | 会计科目 | | 借方金额 | 贷方金额 |
|---|---|---|---|---|
| | 一级科目 | 明细科目 | | |
| 结转制造费用 | 生产成本 | A 产品 | 13 200 | |
| | | B 产品 | 6 560 | |
| | 制造费用 | | | 19 760 |
| 合计 | | | 19 760 | 19 760 |

**例 11-32**

转 账 凭 证

×年×月 31 日　　　　转字第 16 号

| 摘要 | 会计科目 | | 借方金额 | 贷方金额 |
|---|---|---|---|---|
| | 一级科目 | 明细科目 | | |
| 结转生产成本 | 库存商品 | A 产品 | 122 880 | |
| | | B 产品 | 71 400 | |
| | 生产成本 | A 产品 | | 122 880 |
| | | B 产品 | | 71 400 |
| 合计 | | | 194 280 | 194 280 |

**例 11-33**

转 账 凭 证

×年×月 31 日　　　　转字第 17 号

| 摘要 | 会计科目 | | 借方金额 | 贷方金额 |
|---|---|---|---|---|
| | 一级科目 | 明细科目 | | |
| 计算城市维护建设税 | 营业税金及附加 | | 1 040 | |
| | 应交税费 | 应交城建税 | | 1 040 |
| 合计 | | | 1 040 | 1 040 |

## 例 11-34

转　账　凭　证

×年×月 31 日　　　　转字第 18 号

| 摘　　要 | 会计科目 | | 借方金额 | 贷方金额 |
|---|---|---|---|---|
| | 一级科目 | 明细科目 | | |
| 结转已销产品成本 | 主营业务成本 | A 产品 | 80 000 | |
| | | B 产品 | 40 000 | |
| | 库存商品 | A 产品 | | 80 000 |
| | | B 产品 | | 44 000 |
| 合　　计 | | | 124 000 | 124 000 |

## 例 11-35

转　账　凭　证

×年×月 31 日　　　　转字第 19 号

| 摘　　要 | 会计科目 | | 借方金额 | 贷方金额 |
|---|---|---|---|---|
| | 一级科目 | 明细科目 | | |
| 结转收入 | 主营业务收入 | | 208 000 | |
| | 营业外收入 | | 800 | |
| | 本年利润 | | | 208 800 |
| 合　　计 | | | 208 800 | 208 800 |

## 例 11-36

转　账　凭　证

×年×月 31 日　　　　转字第 20 号

| 摘　　要 | 会计科目 | | 借方金额 | 贷方金额 |
|---|---|---|---|---|
| | 一级科目 | 明细科目 | | |
| 结转成本、费用 | 本年利润 | | 141 700 | |
| | 主营业务成本 | A 产品 | | 80 000 |
| | | B 产品 | | 44 000 |
| | 销售费用 | | | 1 320 |
| | 营业税金及附加 | | | 1 040 |
| | 管理费用 | | | 18 140 |
| | 财务费用 | | | 1 300 |
| | 营业外支出 | | | 1 000 |
| 合　　计 | | | 141 700 | 141 700 |

**例 11-37**

转 账 凭 证

×年×月 31 日　　　　转字第 21 1/2 号

| 摘 要 | 会计科目 | | 借方金额 | 贷方金额 |
|---|---|---|---|---|
| | 一级科目 | 明细科目 | | |
| 计算所得税 | 所得税费用 | | 16 775 | |
| | 应交税费 | 应交所得税 | | 16 775 |
| 合 计 | | | 16 775 | 16 775 |

×年×月 31 日　　　　转字第 21 2/2 号

| 摘 要 | 会计科目 | | 借方金额 | 贷方金额 |
|---|---|---|---|---|
| | 一级科目 | 明细科目 | | |
| 结转所得税 | 本年利润 | | 16 775 | |
| | 所得税费用 | | | 16 775 |
| 合 计 | | | 16 775 | 16 775 |

**例 11-38**

转 账 凭 证

×年×月 31 日　　　　转字第 22 号

| 摘 要 | 会计科目 | | 借方金额 | 贷方金额 |
|---|---|---|---|---|
| | 一级科目 | 明细科目 | | |
| 计提盈余公积 | 利润分配 | 提取法定盈余公积 | 5 032.50 | |
| | 盈余公积 | | | 5 032.50 |
| 合 计 | | | 5 032.50 | 5 032.50 |

例 11-39

转　账　凭　证

×年×月 31 日　　　　转字第 23 号

| 摘　　要 | 会计科目 | | 借方金额 | 贷方金额 |
|---|---|---|---|---|
| | 一级科目 | 明细科目 | | |
| 分配利润 | 利润分配 | 应付股利 | 10 000 | |
| | 应付股利 | | | 10 000 |
| 合　　计 | | | 10 000 | 10 000 |

## 二、根据收、付款凭证登记现金日记账和银行存款日记账

现金日记账

| 年 | | 凭证 | | 摘要 | 对方科目 | 借方 | 贷方 | 余额 |
|---|---|---|---|---|---|---|---|---|
| 月 | 日 | 字 | 号 | | | | | |
| | 1 | | | 期初余额 | | | | 2 500 |
| | 12 | 付 | 4 | 提现 | 银行存款 | 28 000 | | 30 500 |
| | 12 | 付 | 5 | 发放工资 | 应付职工薪酬 | | 28 000 | 2 500 |
| | 13 | 付 | 6 | 预支差旅费 | 其他应收款 | | 1 000 | 1 500 |
| | 16 | 收 | 3 | 报差旅费 | 其他应收款 | 400 | | 1 900 |
| | 31 | | | 本月合计 | | 28 400 | 29 000 | 1 900 |

银行存款日记账

| 年 | | 凭证 | | 摘要 | 对方科目 | 借方 | 贷方 | 余额 |
|---|---|---|---|---|---|---|---|---|
| 月 | 日 | 字 | 号 | | | | | |
| | 1 | | | 期初余额 | | | | 30 000 |
| | 1 | 收 | 1 | 国家投入资本 | 实收资本 | 200 000 | | 230 000 |
| | 1 | 收 | 2 | 临时借款 | 短期借款 | 40 000 | | 270 000 |
| | 1 | 付 | 1 | 购料 | 材料采购<br>应交税费 | | 11 700 | 258 300 |
| | 7 | 付 | 2 | 购料 | 材料采购<br>应交税费 | | 35 100 | 223 200 |
| | 11 | 付 | 3 | 预付购料款 | 预付账款 | | 25 000 | 198 200 |
| | 12 | 付 | 4 | 提现 | 库存现金 | | 28 000 | 170 200 |
| | 17 | 付 | 7 | 支付办公费<br>水电费 | 管理费用 | | 1 200 | 169 000 |
| | 20 | 付 | 9 | 支付购料款 | 预付账款 | | 1 208 | 167 192 |
| | 20 | 收 | 4 | 销售收入 | 主营业务收入<br>应交税费 | 105 300 | | 272 492 |
| | 21 | 付 | 10 | 支付广告费 | 销售费用 | | 1 320 | 271 172 |
| | 22 | 收 | 5 | 预收货款 | 预收账款 | 60 000 | | 331 172 |
| | 28 | 收 | 6 | 罚款收入 | 营业外收入 | 800 | | 331 472 |
| | 30 | 收 | 7 | 销售收入 | 主营业务收入<br>应交税费 | 31 260 | | 362 732 |
| | 30 | 付 | 12 | 捐赠支出 | 营业外支出 | | 1 000 | 361 732 |
| | 31 | 付 | 13 | 支付利息 | 财务费用 | | 240 | 361 492 |
| | 31 | 付 | 14 | 偿还借款 | 短期借款 | | 40 000 | 321 492 |
| | 31 | 付 | 15 | 支付运费 | 材料采购 | | 3 400.5 | 318 091.5 |
| | 31 | | | 本月合计 | | 437 360 | 138 168.5 | 329 191.5 |

## 三、根据记账凭证登记明细账(仅列举应付账款)

### 应付账款明细账

明细科目:乙公司

| 年 | | 凭证 | | 摘 要 | 借方 | 贷方 | 借或贷 | 余额 |
|---|---|---|---|---|---|---|---|---|
| 月 | 日 | 字 | 号 | | | | | |
| | 1 | | | 期初余额 | | | 贷 | 12 000 |
| | 3 | 转 | 3 | 购进材料 | | 23 400 | 贷 | 35 400 |
| | 7 | 转 | 4 | 购进材料 | | 35 100 | 贷 | 70 500 |
| | 31 | | | 本月合计 | | 58 500 | 贷 | 70 500 |

### 应付账款明细账

明细科目:丙公司

| 年 | | 凭证 | | 摘 要 | 借方 | 贷方 | 借或贷 | 余额 |
|---|---|---|---|---|---|---|---|---|
| 月 | 日 | 字 | 号 | | | | | |
| | 1 | | | 期初余额 | | | 贷 | 41 000 |
| | 3 | 转 | 3 | 购进材料 | | 23 400 | 贷 | 64 400 |
| | 31 | | | 本月合计 | | 23 400 | 贷 | 64 400 |

## 四、根据记账凭证按半月编制科目汇总表

### 科目汇总表

科汇 1 号

| 会计科目 | 1—15 日 | | 16—31 日 | | 本月合计 | |
|---|---|---|---|---|---|---|
| | 贷方 | 借方 | 贷方 | 借方 | 贷方 | 借方 |
| 库存现金 | 28 000 | 29 000 | 400 | | 28 400 | 29 000 |
| 银行存款 | 240 000 | 99 800 | 197 360 | 48 368.5 | 437 360 | 148 168.5 |
| 应收账款 | | | 46 800 | | 46 800 | |

续表

| 会计科目 | 1—15日 | | 16—31日 | | 本月合计 | |
|---|---|---|---|---|---|---|
| | 贷方 | 借方 | 贷方 | 借方 | 贷方 | 借方 |
| 其他应收款 | 1 000 | | | 1 000 | 1 000 | 1 000 |
| 材料采购 | 110 000 | | 25 800.5 | 135 800.5 | 135 800.5 | 135 800.5 |
| 原材料 | | | 135 800.5 | 167 400 | 135 800.5 | 167 400 |
| 预付账款 | 25 000 | | 1 208 | 26 208 | 26 208 | 26 208 |
| 库存商品 | | | 194 280 | 124 000 | 194 280 | 124 000 |
| 固定资产 | 250 000 | | | | 250 000 | |
| 累计折旧 | | | | 6 200 | | 6 200 |
| 应付账款 | | 81 900 | | | | 81 900 |
| 短期借款 | | 40 000 | 40 000 | | 40 000 | 40 000 |
| 应付职工薪酬 | 28 000 | | | 31 920 | 28 000 | 31 920 |
| 应交税费 | 18 700 | | 3 808 | 53 175 | 22 508 | 53 175 |
| 应付股利 | | | | 10 000 | | 10 000 |
| 预收账款 | | | 91 260 | 91 260 | 91 620 | 91 620 |
| 应付利息 | | | | 1 060 | | 1 060 |
| 实收资本 | | 470 000 | | | | 470 000 |
| 盈余公积 | | | | 5 032.5 | | 5 032.5 |
| 资本公积 | 20 000 | | | | 20 000 | |
| 本年利润 | | | 158 475 | 208 800 | 158 475 | 208 800 |
| 利润分配 | | | 15 032.5 | | 15 032.5 | |
| 生产成本 | | | 194 280 | 194 280 | 194 280 | 194 280 |
| 制造费用 | | | 19 760 | 19 760 | 19 760 | 19 760 |
| 主营业务收入 | | | 208 000 | 208 000 | 208 000 | 208 000 |
| 主营业务成本 | | | 124 000 | 124 000 | 124 000 | 124 000 |
| 营业税金及附加 | | | 1 040 | 1 040 | 1 040 | 1 040 |

续表

| 会计科目 | 1—15 日 | | 16—31 日 | | 本月合计 | |
|---|---|---|---|---|---|---|
| | 贷方 | 借方 | 贷方 | 借方 | 贷方 | 借方 |
| 销售费用 | | | 1 320 | 1 320 | 1 320 | 1 320 |
| 管理费用 | | | 13 040 | 13 040 | 13 040 | 13 040 |
| 财务费用 | | | 13 00 | 1 300 | 1 300 | 1 300 |
| 营业外收入 | | | 800 | 800 | 800 | 800 |
| 营业外支出 | | | 1 000 | 1 000 | 1 000 | 1 000 |
| 所得税费用 | | | 16 775 | 16 775 | 16 775 | 16 775 |
| 合　计 | 720 700 | 720 700 | 1 491 539.5 | 1 491 539.5 | 2 212 599.5 | 2 212 599.5 |

## 五、根据科目汇总表登记总分类账：

### 总分类账

会计科目：库存现金

| 年 | | 凭证 | | 摘　要 | 借方 | 贷方 | 借或贷 | 余额 |
|---|---|---|---|---|---|---|---|---|
| 月 | 日 | 字 | 号 | | | | | |
| | 1 | | | 期初余额 | | | 借 | 2500 |
| | 15 | 科汇 | 1 | 1—15 日发生额 | 28 000 | 29 000 | 借 | 1 500 |
| | 31 | 科汇 | 2 | 16—31 日发生额 | 400 | | 借 | 1 900 |
| | | | | 本期发生额及余额 | 28 400 | 29 000 | 借 | 1 900 |

会计科目：银行存款

| 年 | | 凭证 | | 摘　要 | 借方 | 贷方 | 借或贷 | 余额 |
|---|---|---|---|---|---|---|---|---|
| 月 | 日 | 字 | 号 | | | | | |
| | 1 | | | 期初余额 | | | 借 | 30 000 |
| | 15 | 科汇 | 1 | 1—15 日发生额 | 240 000 | 99 800 | 借 | 170 200 |
| | 31 | 科汇 | 2 | 16—31 日发生额 | 197 360 | 48 368.5 | 借 | 318 091.5 |
| | | | | 本期发生额及余额 | 437 360 | 148 168.5 | 借 | 318 091.5 |

会计科目:应收账款

| 年 | | 凭证 | | 摘　要 | 借方 | 贷方 | 借或贷 | 余额 |
|---|---|---|---|---|---|---|---|---|
| 月 | 日 | 字 | 号 | | | | | |
| | 1 | | | 期初余额 | | | 借 | 42 000 |
| | 31 | 科汇 | 2 | 16—31 日发生额 | 46 800 | | 借 | 88 800 |
| | | | | 本期发生额及余额 | 46 800 | | 借 | 88 800 |

会计科目:其他应收款

| 年 | | 凭证 | | 摘　要 | 借方 | 贷方 | 借或贷 | 余额 |
|---|---|---|---|---|---|---|---|---|
| 月 | 日 | 字 | 号 | | | | | |
| | 1 | | | 期初余额 | | | 借 | 1 300 |
| | 15 | 科汇 | 1 | 1—15 日发生额 | 1 000 | | 借 | 2 300 |
| | 31 | 科汇 | 2 | 16—31 日发生额 | | 1 000 | 借 | 1 300 |
| | | | | 本期发生额及余额 | 1 000 | 1 000 | 借 | 1 300 |

会计科目:材料采购

| 年 | | 凭证 | | 摘　要 | 借方 | 贷方 | 借或贷 | 余额 |
|---|---|---|---|---|---|---|---|---|
| 月 | 日 | 字 | 号 | | | | | |
| | 15 | 科汇 | 1 | 1—15 日发生额 | 110 000 | | 借 | 110 000 |
| | 31 | 科汇 | 2 | 16—31 日发生额 | 25 800.5 | 135 800.5 | 平 | 0 |
| | | | | 本期发生额及余额 | 135 800.5 | 135 800.5 | 平 | 0 |

会计科目:原材料

| 年 | | 凭证 | | 摘　要 | 借方 | 贷方 | 借或贷 | 余额 |
|---|---|---|---|---|---|---|---|---|
| 月 | 日 | 字 | 号 | | | | | |
| | 1 | | | 期初余额 | | | 借 | 130 000 |
| | 31 | 科汇 | 2 | 16—31 日发生额 | 135 800.5 | 167 400 | 借 | 98 400.5 |
| | | | | 本期发生额及余额 | 135 800.5 | 167 400 | 借 | 98 400.5 |

会计科目:预付账款

| 年 | | 凭证 | | 摘　要 | 借方 | 贷方 | 借或贷 | 余额 |
|---|---|---|---|---|---|---|---|---|
| 月 | 日 | 字 | 号 | | | | | |
| | 15 | 科汇 | 1 | 1—15 日发生额 | 25 000 | | 借 | 25 000 |
| | 31 | 科汇 | 2 | 16—31 日发生额 | 1 208 | 26 208 | 平 | 0 |
| | | | | 本期发生额及余额 | 26 208 | 26 208 | 平 | 0 |

会计科目:库存商品

| 年 | | 凭证 | | 摘　要 | 借方 | 贷方 | 借或贷 | 余额 |
|---|---|---|---|---|---|---|---|---|
| 月 | 日 | 字 | 号 | | | | | |
| | 1 | | | 期初余额 | | | 借 | 137 000 |
| | 31 | 科汇 | 2 | 16—31 日发生额 | 194 280 | 124 000 | 借 | 207 280 |
| | | | | 本期发生额及余额 | 194 280 | 124 000 | 借 | 207 280 |

会计科目:固定资产

| 年 | | 凭证 | | 摘　要 | 借方 | 贷方 | 借或贷 | 余额 |
|---|---|---|---|---|---|---|---|---|
| 月 | 日 | 字 | 号 | | | | | |
| | 1 | | | 期初余额 | | | 借 | 110 000 |
| | 15 | 科汇 | 1 | 1—15 日发生额 | 250 000 | | 借 | 1 350 000 |
| | 31 | | | 本期发生额及余额 | 250 000 | | 借 | 1 350 000 |

会计科目:累计折旧

| 年 | | 凭证 | | 摘　要 | 借方 | 贷方 | 借或贷 | 余额 |
|---|---|---|---|---|---|---|---|---|
| 月 | 日 | 字 | 号 | | | | | |
| | 1 | | | 期初余额 | | | 贷 | 300 000 |
| | 31 | 科汇 | 2 | 16—31 日发生额 | | 6 200 | 贷 | 306 200 |
| | | | | 本期发生额及余额 | | 6 400 | 贷 | 306 200 |

会计科目:应付账款

| 年 | | 凭证 | | 摘要 | 借方 | 贷方 | 借或贷 | 余额 |
|---|---|---|---|---|---|---|---|---|
| 月 | 日 | 字 | 号 | | | | | |
| | 1 | | | 期初余额 | | | 贷 | 53 000 |
| | 15 | 科汇 | 1 | 1—15 日发生额 | | 81 900 | 贷 | 134 900 |
| | 31 | | | 本期发生额及余额 | | 81 900 | 贷 | 134 900 |

会计科目:短期借款

| 年 | | 凭证 | | 摘要 | 借方 | 贷方 | 借或贷 | 余额 |
|---|---|---|---|---|---|---|---|---|
| 月 | 日 | 字 | 号 | | | | | |
| | 1 | | | 期初余额 | | | 贷 | 92 100 |
| | 15 | 科汇 | 1 | 1—15 日发生额 | | 40 000 | 贷 | 132 100 |
| | 31 | 科汇 | 2 | 16—31 日发生额 | 40 000 | | 贷 | 92 100 |
| | | | | 本期发生额及余额 | 40 000 | 40 000 | 贷 | 92 100 |

会计科目:应付职工薪酬

| 年 | | 凭证 | | 摘要 | 借方 | 贷方 | 借或贷 | 余额 |
|---|---|---|---|---|---|---|---|---|
| 月 | 日 | 字 | 号 | | | | | |
| | 15 | 科汇 | 1 | 1—15 日发生额 | 28 000 | | 借 | 28 000 |
| | 31 | 科汇 | 2 | 16—31 日发生额 | | 31 920 | 贷 | 3 920 |
| | | | | 本期发生额及余额 | 28 000 | 31 920 | 贷 | 3 920 |

会计科目:应交税费

| 年 | | 凭证 | | 摘要 | 借方 | 贷方 | 借或贷 | 余额 |
|---|---|---|---|---|---|---|---|---|
| 月 | 日 | 字 | 号 | | | | | |
| | 1 | | | 期初余额 | | | 贷 | 42 000 |
| | 15 | 科汇 | 1 | 1—15 日发生额 | 18 700 | | 贷 | 23 300 |
| | 31 | 科汇 | 2 | 16—31 日发生额 | 3 808 | 53 175 | 贷 | 72 667 |
| | | | | 本期发生额及余额 | 22 508 | 53 175 | 贷 | 72 667 |

会计科目:应付股利

| 年 | | 凭证 | | 摘　要 | 借方 | 贷方 | 借或贷 | 余额 |
|---|---|---|---|---|---|---|---|---|
| 月 | 日 | 字 | 号 | | | | | |
| | 1 | | | 期初余额 | | | 贷 | 20 000 |
| | 31 | 科汇 | 2 | 16—31日发生额 | | 10 000 | 贷 | 30 000 |
| | | | | 本期发生额及余额 | | 10 000 | 贷 | 30 000 |

会计科目:应付利息

| 年 | | 凭证 | | 摘　要 | 借方 | 贷方 | 借或贷 | 余额 |
|---|---|---|---|---|---|---|---|---|
| 月 | 日 | 字 | 号 | | | | | |
| | 31 | 科汇 | 2 | 16—31日发生额 | | 1 060 | 贷 | 1 060 |
| | | | | 本期发生额及余额 | | 1 060 | 贷 | 1 060 |

会计科目:预收账款

| 年 | | 凭证 | | 摘　要 | 借方 | 贷方 | 借或贷 | 余额 |
|---|---|---|---|---|---|---|---|---|
| 月 | 日 | 字 | 号 | | | | | |
| | 31 | 科汇 | 2 | 16—31日发生额 | 91 260 | 91 260 | 平 | 0 |
| | | | | 本期发生额及余额 | 91 260 | 91 260 | 平 | 0 |

会计科目:实收资本

| 年 | | 凭证 | | 摘　要 | 借方 | 贷方 | 借或贷 | 余额 |
|---|---|---|---|---|---|---|---|---|
| 月 | 日 | 字 | 号 | | | | | |
| | 1 | | | 期初余额 | | | 贷 | 1 000 000 |
| | 15 | 科汇 | 1 | 1—15日发生额 | | 470 000 | 贷 | 1 470 000 |
| | 31 | | | 本期发生额及余额 | | 470 000 | 贷 | 1 470 000 |

会计科目:资本公积

| 年 | | 凭证 | | 摘　要 | 借方 | 贷方 | 借或贷 | 余额 |
|---|---|---|---|---|---|---|---|---|
| 月 | 日 | 字 | 号 | | | | | |
| | 1 | | | 期初余额 | | | | 30 000 |
| | 2 | 科汇 | 1 | 1—15 日发生额 | 20 000 | | 贷 | 10 000 |
| | | | | 本期发生额及余额 | 20 000 | | 贷 | 10 000 |

会计科目:盈余公积

| 年 | | 凭证 | | 摘　要 | 借方 | 贷方 | 借或贷 | 余额 |
|---|---|---|---|---|---|---|---|---|
| 月 | 日 | 字 | 号 | | | | | |
| | 1 | | | 期初余额 | | | 贷 | 54 000 |
| | 31 | 科汇 | 2 | 16—31 日发生额 | | 5 032.5 | 贷 | 59 032.5 |

会计科目:本年利润

| 年 | | 凭证 | | 摘　要 | 借方 | 贷方 | 借或贷 | 余额 |
|---|---|---|---|---|---|---|---|---|
| 月 | 日 | 字 | 号 | | | | | |
| | 1 | | | 期初余额 | | | 贷 | 110 000 |
| | 31 | 科汇 | 2 | 16—31 日发生额 | 158 475 | 208 800 | 贷 | 160 325 |
| | | | | 本期发生额及余额 | 167 260 | 208 800 | 贷 | 160 325 |

会计科目:利润分配

| 年 | | 凭证 | | 摘　要 | 借方 | 贷方 | 借或贷 | 余额 |
|---|---|---|---|---|---|---|---|---|
| 月 | 日 | 字 | 号 | | | | | |
| | 1 | | | 期初余额 | | | 借 | 90 000 |
| | 31 | 科汇 | 2 | 16—31 日发生额 | 15 032.5 | | 借 | 105 032.5 |
| | | | | 本期发生额及余额 | 15 032.5 | | 借 | 105 032.5 |

会计科目:生产成本

| 年 | | 凭证 | | 摘　要 | 借方 | 贷方 | 借或贷 | 余额 |
|---|---|---|---|---|---|---|---|---|
| 月 | 日 | 字 | 号 | | | | | |
| | 1 | | | 期初余额 | | | 借 | 120 000 |
| | 31 | 科汇 | 2 | 16—31日发生额 | 194 280 | 194 280 | 借 | 120 000 |
| | | | | 本期发生额及余额 | 194 280 | 194 280 | 借 | 120 000 |

会计科目:制造费用

| 年 | | 凭证 | | 摘　要 | 借方 | 贷方 | 借或贷 | 余额 |
|---|---|---|---|---|---|---|---|---|
| 月 | 日 | 字 | 号 | | | | | |
| | 31 | 科汇 | 2 | 16—31日发生额 | 19 760 | 19 760 | 平 | 0 |
| | | | | 本期发生额及余额 | 19 760 | 19 760 | 平 | 0 |

会计科目:主营业务收入

| 年 | | 凭证 | | 摘　要 | 借方 | 贷方 | 借或贷 | 余额 |
|---|---|---|---|---|---|---|---|---|
| 月 | 日 | 字 | 号 | | | | | |
| | 31 | 科汇 | 2 | 16—31日发生额 | 208 000 | 208 000 | 平 | 0 |
| | | | | 本期发生额及余额 | 208 000 | 208 000 | 平 | 0 |

会计科目:主营业务成本

| 年 | | 凭证 | | 摘　要 | 借方 | 贷方 | 借或贷 | 余额 |
|---|---|---|---|---|---|---|---|---|
| 月 | 日 | 字 | 号 | | | | | |
| | 31 | 科汇 | 2 | 16—31日发生额 | 124 000 | 124 000 | 平 | 0 |
| | | | | 本期发生额及余额 | 124 000 | 124 000 | 平 | 0 |

会计科目:营业税金及附加

| 年 | | 凭证 | | 摘　要 | 借方 | 贷方 | 借或贷 | 余额 |
|---|---|---|---|---|---|---|---|---|
| 月 | 日 | 字 | 号 | | | | | |
| | 31 | 科汇 | 2 | 16—31日发生额 | 1 040 | 1 040 | 平 | 0 |
| | | | | 本期发生额及余额 | 1 040 | 1 040 | 平 | 0 |

会计科目:销售费用

| 年 | | 凭证 | | 摘　要 | 借方 | 贷方 | 借或贷 | 余额 |
|---|---|---|---|---|---|---|---|---|
| 月 | 日 | 字 | 号 | | | | | |
| | 31 | 科汇 | 2 | 16—31 日发生额 | 1 320 | 1 320 | 平 | 0 |
| | | | | 本期发生额及余额 | 1 320 | 1 320 | 平 | 0 |

会计科目:管理费用

| 年 | | 凭证 | | 摘　要 | 借方 | 贷方 | 借或贷 | 余额 |
|---|---|---|---|---|---|---|---|---|
| 月 | 日 | 字 | 号 | | | | | |
| | 31 | 科汇 | 2 | 16—31 日发生额 | 13 040 | 13 040 | 平 | 0 |
| | | | | 本期发生额及余额 | 13 040 | 13 040 | 平 | 0 |

会计科目:财务费用

| 年 | | 凭证 | | 摘　要 | 借方 | 贷方 | 借或贷 | 余额 |
|---|---|---|---|---|---|---|---|---|
| 月 | 日 | 字 | 号 | | | | | |
| | 31 | 科汇 | 2 | 16—31 日发生额 | 1 300 | 1 300 | 平 | 0 |
| | | | | 本期发生额及余额 | 1 300 | 1 300 | 平 | 0 |

会计科目:营业外收入

| 年 | | 凭证 | | 摘　要 | 借方 | 贷方 | 借或贷 | 余额 |
|---|---|---|---|---|---|---|---|---|
| 月 | 日 | 字 | 号 | | | | | |
| | 31 | 科汇 | 2 | 16—31 日发生额 | 800 | 800 | 平 | 0 |
| | | | | 本期发生额及余额 | 800 | 800 | 平 | 0 |

会计科目:营业外支出

| 年 | | 凭证 | | 摘　要 | 借方 | 贷方 | 借或贷 | 余额 |
|---|---|---|---|---|---|---|---|---|
| 月 | 日 | 字 | 号 | | | | | |
| | 31 | 科汇 | 2 | 16—31 日发生额 | 1 000 | 1 000 | 平 | 0 |
| | | | | 本期发生额及余额 | 1 000 | 1 000 | 平 | 0 |

会计科目：所得税费用

| 年 | | 凭证 | | 摘　要 | 借方 | 贷方 | 借或贷 | 余额 |
|---|---|---|---|---|---|---|---|---|
| 月 | 日 | 字 | 号 | | | | | |
| | 31 | 科汇 | 2 | 16—31 日发生额 | 16 775 | 16 775 | 平 | 0 |
| | | | | 本期发生额及余额 | 20 460 | 16 775 | 平 | 0 |

### 六、将总分类账与所属明细账和日记账进行核对

月末，将现金日记账、银行存款日记账和各明细分类账的余额与总分类的作额进行核对，以确保账簿记录正确。

### 七、根据总分类账和明细分类账编制会计报表

详见第十章。

科目汇总表核算组织程序的特点是根据记账凭证汇总编制科目汇总表，根据科目汇总表登记总分类账，这种程序可减少登记总分类账的工作，而且科目汇总表也起着试算平衡的作用。这种程序适用于业务量较大，记账凭证较多的单位。

## 第五节　汇总记账凭证核算组织程序

汇总记账凭证核算组织程序是定期将所有的记账凭证汇总编制成汇总记账凭证，然后再根据汇总记账凭证登记总分类账的核算组织程序。其基本程序可通过图 11-4 表示：

程序说明：

①根据原始凭证填制记账凭证，为便于编制汇总记账凭证，要求收款凭证按一借多贷填制，付款和转账凭证按一贷多借填制。

②根据收付款凭证登记现金日记账和银行存款日记账、现金和银行存款日记账一般采用三栏式。

③根据原始凭证和记账凭证登记各种明细账，明细账分别采用三

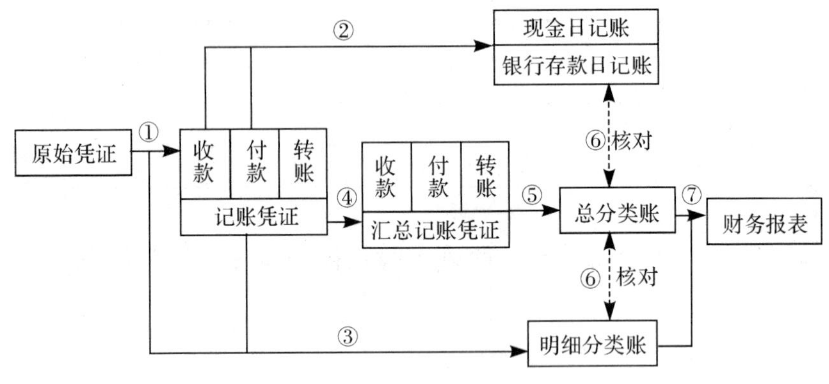


图 11-4　总分类账核算基本程序

栏式、多栏式和数量金额式。

④根据记账凭证编制汇总记账凭证，汇总记账凭证分为汇总收款凭证，汇总付款凭证和汇总转账凭证，由于收款凭证是按借方科目设置为现金收款凭证和银行存款收款凭证，所以汇总收款凭证也按借方科目设置为汇总现金收款凭证和汇总银行存款收款凭证，按其对应的贷方科目加以归类汇总，见表 11-4，定期结出各贷方科目合计数作为登记总分类账的依据，从而汇总付款凭证按其贷方科目设置为汇总现金付款凭证和汇总银行存款付款凭证，并定期按其借方科目汇总作为登记总分类账的依据，见表 11-5。

转账凭证借、贷方无规律性，为避免混乱，规定汇总转账凭证按贷方科目分别设置，按对应的借方科目归类汇总后作为登记总分类账的依据，见表 11-6。

表 11-4　汇总收款凭证

借方科目：现金/银行存款　　　　年　月　　　　汇收第　号

| 贷方科目 | 金　　额 | | | | 总账页数 | |
|---|---|---|---|---|---|---|
| | 1—10 日<br>收款凭证<br>第 号至第 号 | 11—20 日<br>收款凭证<br>第 号至第 号 | 21—30 日<br>收款凭证<br>第 号至第 号 | 合计 | 借方 | 贷方 |
| | | | | | | |
| 合　　计 | | | | | | |

表 11-5　汇总付款凭证

贷方科目：现金/银行存款　　　　年　月　　　　汇付第　号

| 借方科目 | 金　　额 | | | | 总账页数 | |
|---|---|---|---|---|---|---|
| | 1—10 日<br>付款凭证<br>第 号至第 号 | 11—20 日<br>付款凭证<br>第 号至第 号 | 21—30 日<br>付款凭证<br>第 号至第 号 | 合计 | 借方 | 贷方 |
| | | | | | | |
| 合　　计 | | | | | | |

表 11-6　汇总转账凭证

贷方科目：　　　　年　月　　　　汇转第　号

| 借方科目 | 金　　额 | | | | 总账页数 | |
|---|---|---|---|---|---|---|
| | 1—10 日<br>转款凭证<br>第 号至第 号 | 11—20 日<br>转款凭证<br>第 号至第 号 | 21—30 日<br>转款凭证<br>第 号至第 号 | 合计 | 借方 | 贷方 |
| | | | | | | |
| 合　　计 | | | | | | |

⑤根据汇总记账凭证登记总分类账，为使总分类账的内容与各种汇总记账凭证一致，总分类账的借、贷两栏应设有“对方科目”专栏，见表 11-7，月末，根据汇总收款凭证的合计数，登记在“现金”、“银行存

款”等总分类账户的借方，以及有关总账账户的贷方，根据汇总付款凭证的合计数，登记在“现金”“银行存款”等总分类账户的贷方，以及有关总账账户的借方，根据汇总转账凭证的合计数，汇入有关总分类账的贷方及对方总账科目的借方。

**表 11-7 总分类账**

会计科目：

| 年 | | 凭证 | | 摘要 | 借方 | | 贷方 | | 借或贷 | 余额 |
|---|---|---|---|---|---|---|---|---|---|---|
| 月 | 日 | 字 | 号 | | 金额 | 对方科目 | 金额 | 对方科目 | | |
| | | | | | | | | | | |

⑥月末，将现金日记账，银行存款日记账，各明细分类账的余额与有关总分类账的余额进行核对。

⑦月末，根据总分类账和明细分类账编制财务报表，以第五章经济业务为例，说明汇总记账凭证核算组织程序，由于编制记账凭证、日记账和明细账的登记以及报表的编制与其他程序基本相同，故不再说明，这里仅以现金及银行存款汇总记账凭证的编制和总分类账的登记方法举例说明。

## 一、根据收付款凭证编制汇总记账凭证

汇总收款凭证

借方科目：库存现金　　　　×年×月　　　　汇收 1 号

| 贷方科目 | 金额 | | | 总账页数 | |
|---|---|---|---|---|---|
| | 1—15 日收款凭证<br>第 号至第 号 | 16—31 日收款凭证<br>第 号至第 号 | 合计 | 借方 | 贷方 |
| 其他应收款 | | 400 | 400 | | |
| 合　计 | | 400 | 400 | | |

汇总收款凭证

借方科目:银行存款　　　　×年×月　　　　汇收2号

| 贷方科目 | 金　　额 | | | 总账页数 | |
|---|---|---|---|---|---|
| | 1—15日收款凭证<br>第 号至第 号 | 16—31日收款凭证<br>第 号至第 号 | 合计 | 借方 | 贷方 |
| 实收资本 | 200 000 | | 200 000 | | |
| 短期借款 | 40 000 | | 40 000 | | |
| 主营业务收入 | | 116 717.95 | 116 717.95 | | |
| 应交税费 | | 19 842.05 | 19 842.05 | | |
| 预收账款 | | 60 000 | 60 000 | | |
| 营业外收入 | | 800 | 800 | | |
| 合　计 | 240 000 | 197 360 | 437 360 | | |

汇总付款凭证

贷方科目:库存现金　　　　×年×月　　　　汇付1号

| 借方科目 | 金　　额 | | | 总账页数 | |
|---|---|---|---|---|---|
| | 1—15日收款凭证<br>第 号至第 号 | 16—31日收款凭证<br>第 号至第 号 | 合计 | 借方 | 贷方 |
| 应付职工薪酬 | 28 000 | | 28 000 | | |
| 其他应收款 | 1 000 | | 1 000 | | |
| 合　计 | 29 000 | | 29 000 | | |

汇总付款凭证

贷方科目:银行存款　　　　×年×月　　　　汇付2号

| 借方科目 | 金　　额 | | | 总账页数 | |
|---|---|---|---|---|---|
| | 1—15日收款凭证<br>第 号至第 号 | 16—31日收款凭证<br>第 号至第 号 | 合计 | 借方 | 贷方 |
| 材料采购 | 40 000 | 3 400.5 | 43 400.5 | | |
| 应交税费 | 6 800 | | 6 800 | | |
| 预付账款 | 25 000 | 1 208 | 26 208 | | |
| 库存现金 | 28 000 | | 28 000 | | |

续表

| 借方科目 | 金额 | | | 总账页数 | |
|---|---|---|---|---|---|
| | 1—15日收款凭证<br>第 号至第 号 | 16—31日收款凭证<br>第 号至第 号 | 合计 | 借方 | 贷方 |
| 管理费用 | | 1 200 | 1 200 | | |
| 销售费用 | | 1 320 | 1 320 | | |
| 营业外支出 | | 1 000 | 1 000 | | |
| 财务费用 | | 240 | 240 | | |
| 短期借款 | | 40 000 | 40 000 | | |
| 合　计 | 99 800 | 48 368.50 | 148 168.5 | | |

## 二、根据汇总收、付款凭证登记现金及银行存款总分类账

**总　分　类　账**

会计科目:库存现金

| 年 | | 凭证 | | 摘要 | 借方 | | 贷方 | | 借或贷 | 余额 |
|---|---|---|---|---|---|---|---|---|---|---|
| 月 | 日 | 字 | 号 | | 金额 | 对方科目 | 金额 | 对方科目 | | |
| | 1 | | | 期初余额 | | | | | 借 | 2 500 |
| | 31 | 汇收 | 1 | | 400 | 其他应收款 | | | | |
| | 31 | 汇付 | 2 | | 28 000 | 银行存款 | | | | |
| | 31 | 汇付 | 1 | | | | 28 000 | 应付职工薪酬 | | |
| | | | | | | | 1 000 | 其他应收款 | | |
| | 31 | | | 发生额及余额 | 28 400 | | 29 000 | | 借 | 1 900 |

**总　分　类　账**

会计科目：银行存款

| 年 | | 凭证 | | 摘要 | 借方 | | 贷方 | | 借或贷 | 余额 |
|---|---|---|---|---|---|---|---|---|---|---|
| 月 | 日 | 字 | 号 | | 金额 | 对方科目 | 金额 | 对方科目 | | |
| | 1 | | | 期初余额 | | | | | 借 | 30 000 |
| | 31 | 汇收 | 2 | | 200 000 | 实收资本 | | | | |
| | | | | | 40 000 | 短期借款 | | | | |
| | | | | | 90 000 | 主营业务收入 | | | | |
| | | | | | 15 300 | 应交税费 | | | | |
| | | | | | 91 260 | 预收账款 | | | | |
| | | | | | 800 | 营业外收入 | | | | |
| | 31 | 汇付 | 2 | | | | 43 400.5 | 材料采购 | | |
| | | | | | | | 6 800 | 应交税费 | | |
| | | | | | | | 26 208 | 预付账款 | | |
| | | | | | | | 28 000 | 库存现金 | | |
| | | | | | | | 1 200 | 管理费用 | | |
| | | | | | | | 1 320 | 销售费用 | | |
| | | | | | | | 1 000 | 营业外支出 | | |
| | | | | | | | 240 | 财务费用 | | |
| | | | | | | | 40 000 | 短期借款 | | |
| | 31 | | | 发生额及余额 | 437 360 | | 148 168.5 | | 借 | 318 091.5 |

汇总记账凭证核算组织程序的主要特点是根据记账凭证编制汇总记账凭证，并以汇总记账凭证登记总分类账，这种程序将日常发生的大量记账凭证分散在平时整理，通过汇总、归类，月末一次登入总分类账，减轻了登记总账的工作量，汇总记账凭证按照科目对应关系归类、汇总编制，能明确反映账户间的对应关系，这种核算组织程序适用于规模较大，业务量较多的企业。

## 第六节 日记总账核算组织程序

日记总账核算组织程序是设置日记总账，并以所有经济业务编制的记账凭证为依据直接登记日记总账的核算组织程序。其基本程序可通过图 11-5 表示：

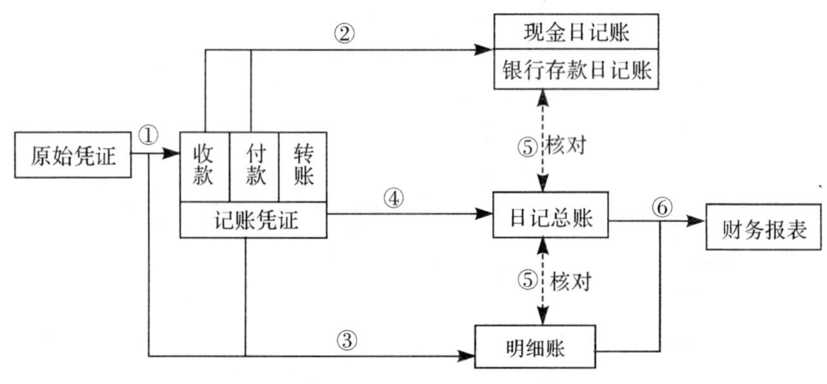


图 11-5 日记总账核算基本程序

程序说明：

①根据原始凭证填制各种记账凭证，记账凭证一般采用收、付、转格式，也可采用通用格式。

②根据收、付账凭证登记现金日记账和银行存款日记账。日记账可采用三栏式，也可采用收、付栏设有对方科目的多栏式。

③根据原始凭证和各种记账凭证登记各种明细账，明细账分别采用三栏式、数量金额式和多栏式。

④现金日记账和银行存款日记账采用三栏式的情况下，根据各种记账凭证逐日逐笔登记日记总账，格式见表 11-8，在现金日记账和银行存款日记账采用多栏式情况下，平时根据收、付款凭证只登记多栏式日记账，根据转账凭证逐笔登记日记总账，月末，将多栏式现金日记账和多栏式银行存款日记账各科目汇总数一次登入日记总账。

表 11-8　日记总账

| 年 | | 凭证 | | 摘　要 | 发生额 | 现金 | | 银行存款 | | 应收账款 | | 其他应收款 | | 原材料 | | …… |
|---|---|---|---|---|---|---|---|---|---|---|---|---|---|---|---|---|
| 月 | 日 | 字 | 号 | | | 借方 | 贷方 | 借方 | 贷方 | 借方 | 贷方 | 借方 | 贷方 | 借方 | 贷方 | …… |
| | | | | | | | | | | | | | | | | |
| | | | | | | | | | | | | | | | | |
| | | | | | | | | | | | | | | | | |
| | | | | 发生额合计及月末余额 | | | | | | | | | | | | |

⑤月末，将现金日记账、银行存款日记账和各明细账与日记总账进行核对。

⑥根据日记总账和明细账编制财务报表。

日记总账核算组织程序的特点是根据记账凭证直接登记日记总账。这种程序把日记账和总分类账结合在一起，使记账手续简化，日记总账把全部会计科目都集中在一张账页上，可以反映每项业务的账户对应关系，但是，如果单位业务量较大，运用的会计科目较多时，账页就会太长，记账容易串行，也不利于会计人员分工，所以这种核算组织程序适用于规模小、业务简单，使用会计科目较少的单位。

## 第七节　分录日记账核算组织程序

分录日记账核算组织程序是将所有经济业务按所涉及的科目，以分录的形式记入日记账，再根据日记账的记录过入总分类账户的核算组织程序，基本程序如图 11-6 所示：

程序说明：

①根据原始凭证填制分录日记账，格式见表 11-9，填制时将有关业务涉及的科目以分录形式填在摘要栏内，并在分录下一行对业务简要说明：

②根据原始凭证和分录日记账登记现金和银行存款日记账。

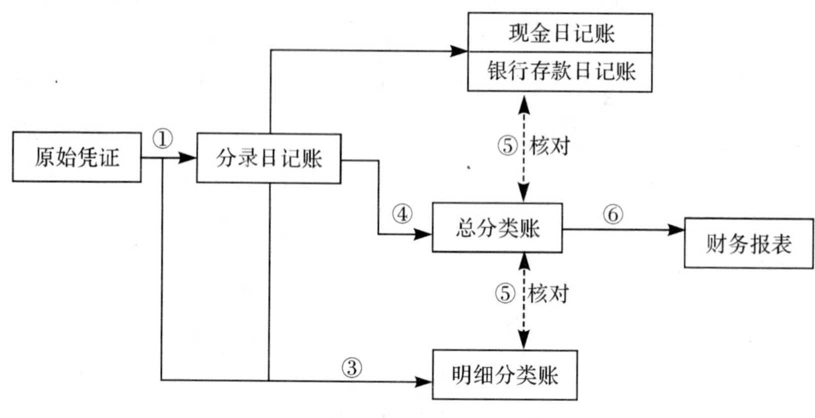


图 11-6　分类日记账核算基本程序

**表 11-9**

| 年 | | 分录和摘要 | 过账符号 | 借方金额 | 贷方金额 |
|---|---|---|---|---|---|
| 月 | 日 | | | | |
| | | | | | |
| | | | | | |
| | | | | | |
| | | | | | |

③根据原始凭证或分录日记账登记各种明细账，明细账的格式分别采用三栏式、数量金额式和多栏式。

④根据分录日记账过入总分类账。

⑤月末，将总分类账的余额与明细分类账的余额核对。

⑥根据总分类账和明细分类账编制财务报表。

分录日记账核算组织程序的特点是将经济业务直接登记分录日记账，依据分录日记账登记总分类账，这种程序通过一本日记账反映一定期间的全部经济业务，便于采用计算机操作的单位。

表 11-10

| 年 | | 摘要 | 过账符号 | 借方 | 贷方 |
|---|---|---|---|---|---|
| 月 | 日 | | | | |
| | 1 | 银行存款 | | 200 000 | |
| | | 实收资本 | | | 200 000 |
| | | 国家投入资本 | | | |
| | 1 | 固定资产 | | 250 000 | |
| | | 实收资本 | | | 250 000 |
| | | 某单位投入全新运输车一辆 | | | |
| | 1 | 银行存款 | | 40 000 | |
| | | 短期借款 | | | 40 000 |
| | | 临时借款 | | | |
| | 1 | 材料采购 | | 10 000 | |
| | | 应交税费 | | 1 700 | |
| | | 银行存款 | | | 11 700 |
| | | 购进材料 | | | |
| | 2 | 资本公积 | | 20 000 | |
| | | 实收资本 | | | 20 000 |
| | | 将资本公积转增资本 | | | |
| | 3 | 材料采购 | | 40 000 | |
| | | 应交税费 | | 6 800 | |
| | | 应付账款 | | | 46 800 |
| | | 购进材料 | | | |
| | 7 | 材料采购 | | 30 000 | |
| | | 应交税费 | | 5 100 | |
| | | 应付账款 | | | 35 100 |
| | | 购进材料 | | | |

续表

| 年 | | 摘　　要 | 过账符号 | 借方 | 贷方 |
|---|---|---|---|---|---|
| 月 | 日 | | | | |
| | 7 | 材料采购 | | 30 000 | |
| | | 应交税费 | | 5 100 | |
| | | 银行存款 | | | 35 100 |
| | | 购进材料 | | | |
| | 11 | 预付账款 | | 25 000 | |
| | | 银行存款 | | | 25 000 |
| | | 预付购料款 | | | |
| | 12 | 库存现金 | | 28 000 | |
| | | 银行存款 | | | 28 000 |
| | | 现备发工资 | | | |
| | 12 | 应付职工薪酬 | | 28 000 | |
| | | 库存现金 | | | 28 000 |
| | | 发放工资 | | | |
| | 13 | 其他应收款 | | 1 000 | |
| | | 库存现金 | | | 1 000 |
| | | 预支差旅费 | | | |
| | 16 | 管理费用 | | 600 | |
| | | 库存现金 | | 400 | |
| | | 其他应收款 | | | 1 000 |
| | | 报销差旅费 | | | |
| | 17 | 管理费用 | | 1 200 | |
| | | 银行存款 | | | 1 200 |
| | | 支付办公费、水电费 | | | |

续表

| 年 | | 摘　　要 | 过账符号 | 借方 | 贷方 |
|---|---|---|---|---|---|
| 月 | 日 | | | | |
| | 20 | 预付账款 | | 1 208 | |
| | | 银行存款 | | | 1 208 |
| | | 支付购料款 | | | |
| | 20 | 材料采购 | | 22 400 | |
| | | 应交税费 | | 3 808 | |
| | | 预付账款 | | | 26 208 |
| | | 收到预付款材料 | | | |
| | 20 | 银行存款 | | 105 300 | |
| | | 主营业务收入 | | | 90 000 |
| | | 应交税费 | | | 15 300 |
| | | 销售产品收入 | | | |
| | 21 | 销售费用 | | 1 320 | |
| | | 银行存款 | | | 1 320 |
| | | 支付广告费 | | | |
| | 22 | 银行存款 | | 60 000 | |
| | | 预收账款 | | | 60 000 |
| | | 预收货款 | | | |
| | 25 | 应收账款 | | 46 800 | |
| | | 主营业务收入 | | | 40 000 |
| | | 应交税费 | | | 6 800 |
| | | 销售收入 | | | |
| | 28 | 银行存款 | | 800 | |

续表

| 年 | | 摘　　要 | 过账符号 | 借方 | 贷方 |
|---|---|---|---|---|---|
| 月 | 日 | | | | |
| | | 营业外收入 | | | 800 |
| | | 罚款收入 | | | |
| | 30 | 预收账款 | | 91 260 | |
| | | 主营业务收入 | | | 78 000 |
| | | 应交税费 | | | 13 260 |
| | | 银行存款 | | 31 260 | |
| | | 预收账款 | | | 31 260 |
| | | 销售产品收入 | | | |
| | 30 | 营业外支出 | | 1 000 | |
| | | 银行存款 | | | 1 000 |
| | | 对外捐赠 | | | |
| | 31 | 财务费用 | | 240 | |
| | | 银行存款 | | | 240 |
| | | 支付利息 | | | |
| | 31 | 短期借款 | | 40 000 | |
| | | 银行存款 | | | 40 000 |
| | | 偿还借款 | | | |
| | 31 | 材料采购 | | 3 400.5 | |
| | | 银行存款 | | | 3 400.5 |
| | | 支付运费及采购经费 | | | |
| | 31 | 原材料 | | 135 800.5 | |
| | | 材料采购 | | | 135 800.5 |

续表

| 年 | | 摘　要 | 过账符号 | 借方 | 贷方 |
|---|---|---|---|---|---|
| 月 | 日 | | | | |
| | | 结转采购成本 | | | |
| | 31 | 生产成本 | | 154 000 | |
| | | 制造费用 | | 11 000 | |
| | | 管理费用 | | 2 400 | |
| | | 原材料 | | | 167 400 |
| | | 领用材料 | | | |
| | 31 | 生产成本 | | 18 000 | |
| | | 制造费用 | | 4 000 | |
| | | 管理费用 | | 6 000 | |
| | | 应付职工薪酬 | | | 28 000 |
| | | 结算工资 | | | |
| | 31 | 生产成本 | | 2 520 | |
| | | 制造费用 | | 560 | |
| | | 管理费用 | | 840 | |
| | | 应付职工薪酬 | | | 3 920 |
| | | 计提福利费 | | | |
| | 31 | 财务费用 | | 1 060 | |
| | | 应付利息 | | | 1 060 |
| | | 预提借款利息 | | | |
| | 31 | 制造费用 | | 4 200 | |
| | | 管理费用 | | 2 000 | |
| | | 累计折旧 | | | 6 200 |

续表

| 年 | | 摘　　要 | 过账符号 | 借方 | 贷方 |
|---|---|---|---|---|---|
| 月 | 日 | | | | |
| | | 计提折旧 | | | |
| | 31 | 生产成本 | | 19 760 | |
| | | 制造费用 | | | 19 760 |
| | | 结转制造费用 | | | |
| | 31 | 库存商品 | | 194 280 | |
| | | 生产成本 | | | 194 280 |
| | | 结转生产成本 | | | |
| | 31 | 营业税金及附加 | | 1 040 | |
| | | 应交税费 | | | 1 040 |
| | | 计算城市维护建设税 | | | |
| | 31 | 主营业务成本 | | 124 000 | |
| | | 库存商品 | | | 124 000 |
| | | 结转已销产品成本 | | | |
| | 31 | 所得税费用 | | 16 775 | |
| | | 应交税费 | | | 16 775 |
| | | 计算所得税 | | | |
| | 31 | 主营业务收入 | | 208 000 | |
| | | 营业外收入 | | 800 | |
| | | 本年利润 | | | 208 800 |
| | | 结转收入 | | | |
| | 31 | 本年利润 | | 141 700 | |
| | | 主营业务成本 | | | 124 000 |

续表

| 年 | | 摘　　要 | 过账符号 | 借方 | 贷方 |
|---|---|---|---|---|---|
| 月 | 日 | | | | |
| | | 销售费用 | | | 1 320 |
| | | 营业税金及附加 | | | 1 040 |
| | | 管理费用 | | | 13 040 |
| | | 财务费用 | | | 1 300 |
| | | 营业外支出 | | | 1 000 |
| | | 结转成本、费用 | | | |
| | | 本年利润 | | 16 775 | |
| | | 所得税费用 | | | 16 775 |
| | | 结转所得税费用 | | | |
| | 31 | 利润分配 | | 4 154 | |
| | | 盈余公积 | | | 4 154 |
| | | 计提盈余公积 | | | |
| | 31 | 利润分配 | | 10 000 | |
| | | 应付股利 | | | 10 000 |
| | | 分配利润 | | | |

# 第十二章　会计工作组织

## 第一节　会计工作组织的意义和原则

### 一、会计工作组织的意义

会计工作组织，主要包括会计机构的设置、会计人员的配备和教育、会计法规制度的制定和执行，以及会计档案的保管。科学地组织会计工作对完成会计任务，发挥会计在经济管理工作中的作用具有重要的意义。

（一）有利于保证会计工作质量，提高会计工作效率

会计工作是一项严密而细致的工作，会计所反映的经济活动是错综复杂的，必须经过会计凭证——会计账簿——会计报表的一系列记录、计算、分类、汇总、分析、检查等手续和处理程序，才能连续、系统、全面地反映和监督单位的财务收支和经营成果。如果没有专职的机构和工作人员，没有一套科学的工作制度和严密的工作程序，就不能圆满地完成会计的任务，保证会计工作的质量和效率。

（二）有利于会计工作与其他经济管理工作的相互协调和配合，共同完成经济管理的任务

会计工作是一项综合性的经济管理的工作，它既具有相对独立性，又同其他经济管理工作有着十分密切的联系。只有科学地组织会计工作，使会计工作同其他经济管理工作在加强科学管理、提高效益的目标

下，相互协调、相互补充、相互配合，才能共同完成经济管理的多项任务。

### （三）有利于加强企业内部经济责任制

经济责任制是各企业实行内部经济管理的重要手段，而实行内部经济责任制离不开会计工作。内部经济责任制中业绩考核和评价，预测和决策等工作，都需要会计所提供的信息，都离不开会计工作的支持和配合。只有科学地组织会计工作，才能促使单位内部各部门更好地履行自己的经济责任，加强经济核算，从而巩固和加强单位内部经济责任制。

### （四）有利于会计法规制度的执行，维护相关方面的经济利益和社会经济秩序

作为单位内部的一项经济管理活动，会计主要对本单位的经济活动进行核算和监督。但会计工作所处理的经济业务事项涉及单位内部和外部各方面的利益关系。因此，科学地组织会计工作，才能从组织上保证国家有关会计法规、制度的贯彻执行，才能维护包括国家在内的各相关方面的经济利益和良好的社会经济秩序。

## 二、组织会计工作的原则

科学地组织会计工作，应遵循以下几项原则：

### （一）统一性原则

在社会主义市场经济条件下，会计所提供的会计信息，除了满足有关各方了解会计主体财务状况、经营成果和现金流量的需要和加强内部经营管理需要，还应当符合国家宏观经济管理的要求。因此，会计资料是一项重要的社会性资源，必须规范会计工作，才能保证会计工作在经济管理中的作用。各企业、事业和行政机关等单位的会计工作必须在《会计法》、《企业财务会计报告条例》、《企业会计准则》和《企业会计

制度》等法律法规的指导下进行，符合国家的统一要求。

（二）特殊性原则

各会计主体由于经济业务特点不同、管理要求不同，在组织会计工作中也不能千篇一律，在不违背国家的统一要求下，还要结合实际情况和具体要求，适应本单位的特点，对会计机构的设置和会计人员的配备与分工，以及对统一会计法规的执行等方面，都要结合本单位业务经营的特点和经济规模大小等具体情况来确定。

（三）协调性原则

经济管理工作是一个系统，会计则是这一系统的重要组成部分，各个组成部分只有按系统目标的要求相互协调、相互配合，系统才能有效地运行。因此，组织会计工作时，必须坚持协调原则，保证会计工作与其他经济管理工作的协调和配合。

（四）成本效益原则

组织会计工作时，在完成会计任务和保证会计工作质量的前提下，还要坚持成本效益原则，要合理、精简地设置会计机构，配备会计人员和建立会计工作的各项程序和手续，防止和避免机构臃肿、重复劳动和无效劳动等情况的发生。

## 第二节　会计机构

从国家机构的设置和权责归属的划分看，几十年来，我国的会计工作一直由国务院财政部门管理，各级财政部门分管各省、市、县等各级行政区域内的会计工作。1999 年修订的《中华人民共和国会计法》第七条规定："国务院财政部门主管全国的会计工作。县级以上地方各级人民政府财政部门管理本行政区域内的会计工作"。这一规定确定了我国会计工作由财政部门主管并明确在管理体制上的"统一领导，分级管理”的原则。

## 一、会计机构的设置

会计机构是贯彻执行党和国家方针政策，制订和执行会计制度，直接从事和组织领导会计工作的职能机构。合理地设置会计机构，是保证会计工作的正常进行，充分发挥会计职能的重要条件。

依据《会计法》的要求，企业、事业、行政机关等单位应当根据会计业务的需要，设置会计机构或者在有关机构中设置会计人员并指定会计主管人员；不具备设置条件的，应当委托经批准设立从事会计代理记账业务的中介机构代理记账。

会计机构的设置不仅要与国家的经济管理体制相适应，还要视企业、行政事业等单位规模的大小而定。中央和地方各级行政管理部门一般设置会计（财务）司、局、处、科，主要任务是负责组织、领导和监督所属单位的会计工作。企业单位的会计机构，一般称为会计（财务）部、处、科、组等，并在单位行政领导人或总会计师的领导下开展会计工作。由于会计工作和财务工作都是综合性经济管理工作，它们之间的关系非常密切，在实际工作中，通常把两者合并为一个部门，称为财务部、处、科等，也有一些大型企业由于规模大业务复杂而分别设立会计机构和财务机构。

《会计法》还规定，会计机构内部应当建立稽核制度和内部牵制制度，以防范和纠正会计差错和会计舞弊，加强会计人员之间的相互制约、相互监督和相互核对，提高会计核算工作的质量。

## 二、会计机构的组织形式

为了科学地组织会计工作，应根据单位规模的大小、业务的繁简程度以及其他各组织机构的设置情况，来确定本单位会计机构的组织形式。一般而言，会计机构的组织形式包括集中核算和非集中核算两种。

集中核算，是指整个单位的会计工作主要集中在会计部门进行，单位内部的其他部门和下属单位只对其发生的经济业务填制原始凭证或原始凭证汇总表，送交会计部门。会计部门进行审核并根据审核后的原始凭证填制记账凭证，登记账簿，编制会计报表。集中核算可以减少核算环节，简化核算手续，精简人员，有利于全面、及时地掌握单位的财务状况和经营成果。缺点是会计部门的工作量较大。

非集中核算，又称分散核算，是指将会计分散在单位内部各有关部门进行，各部门分别整理本部门业务的原始凭证，进行明细核算，上报有关会计报表；单位会计部门只是根据内部各部门上报的核算资料进行总分类核算，编制综合性会计报表，并负责指导、检查和监督内部各部门的核算工作。该核算形式有利于单位内部各部门及时利用有关核算资料进行日常考核和分析，随时发现问题，解决问题。就整个单位而言，核算的工作问题有所增加，相应的核算费用也会增多。

实际工作中，各单位应根据具体情况和管理的需要确定采用集中核算还是非集中核算形式，也可以两者兼而有之，即对某些交易或事项采用集中核算形式，而对另外一些交易或事项采用非集中核算形式。

## 三、会计机构的岗位责任制

会计机构的岗位责任制，又称会计人员岗位责任制，是指在会计机构内部按照会计工作的内容和会计人员的配备情况，将会计机构的工作划分为若干个岗位，按岗位规定职责并进行考核的责任制度。建立会计机构的岗位责任制，使每一项会计工作都有专人负责，每一位会计人员都有明确的职责，做到以责定权、权责明确，严格考核，有奖有惩。建立健全会计机构的岗位责任制，对于加强会计管理，提高工作质量与工作效率，保证会计工作的有序进行，具有重要的意义。

各单位建立健全会计机构的岗位责任制，应从本单位会计业务量和会计人员配备的实际情况出发，按照效益和精简的原则划分工作岗位。会计人员的工作岗位一般可分为：会计主管、出纳、财产物资核算、工资核算，成本费用核算，财务成果核算，资金核算，往来结算，总账报表、稽核、档案管理等。这些岗位可以一人一岗、一人多岗或一岗多人，各单位可以根据各岗位业务量的情况来确定。但依据内部牵制制度的要求，出纳人员不得兼任稽核、会计档案保管和收入、支出、费用、债权债务账目的登记工作。对于规模大、业务量大的单位，会计机构内部可以按经济业务的类别划分岗位，设立若干业务组，具体负责各项业务工作。一般设置的业务组有：综合财务组、资金会计组、工资会计组、成本会计组、收入利润会计组、资产会计组等。

另外，在会计工作岗位设定后，会计人员的工作岗位应当有计划地进行轮换，以便会计人员能够比较全面地了解和熟悉各项会计工作，提高业务水平，便于相互协作，发挥团队作用，提高工作效率。

## 第三节　会计人员

会计人员是指直接从事会计工作的人员。建立健全会计机构，配备数量和素质相当、具备从业资格的会计人员，是各单位做好的会计工作、充分发挥会计职能作用的重要保证。为了充分发挥和调动会计人员的积极性和主动性，国家规定了会计人员的职责与权限，对符合规定条件的还授予专业技术职称。

### 一、会计人员的职责与权限

#### （一）会计人员的职责

会计人员的职责主要包括以下几个方面：

(1)进行会计核算。会计人员应当按照国家会计规范的规定，根据实际发生的经济业务事项进行会计核算，填制和审核会计凭证，登记会计账簿，编制财务会计报告。做到手续完备、内容真实、数字准确、账目清楚、日清月结、按期报账，保证一切会计凭证、账簿、报表及其他会计资料的合法、真实、准确和完整。

(2)实行会计监督。各单位的会计机构，会计人员对本单位的经济活动进行会计监督。主要内容有：

①对原始凭证进行审核和监督，对不真实、不合法的原始凭证，不

予受理。

②对伪造、变造、故意毁灭会计账簿或账外设账行为,应当制止和纠正,或向上级主管单位报告。

③对实物、款项进行监督,督促建立并严格执行财产清查制度。发现账簿记录与实物款项不符时,应当按照国家有关规定进行处理或及时向本单位领导报告。

④对指使、指令编造、篡改财务报告行为,应当制止和纠正;制止和纠正无效的,应当向上级主管单位报告,请求处理。

⑤对财务收支进行监督。

⑥对违反单位内部会计管理制度的活动,应当制止和纠正;如无效,则向单位领导人报告,请求处理。

⑦对单位指定的预算、财务计划、经济计划、业务计划的执行情况进行监督。

另外,各单位必须依照法律和国家有关规定接受财政、审计、税务和证券监督机构等部门的监督,如实提供会计凭证、会计账簿、会计报表和其他会计资料以及有关情况,不得拒绝、隐匿、谎报。

(3)拟定本单位办理会计事务的具体办法。根据国家颁布的会计法规,结合本单位特点和内部管理的需要,建立健全本单位内部使用的会计事务处理办法,如建立会计人员岗位责任制度、账务处理程序制度、内部牵制和稽核制度、原始记录管理制度和财务清查制度等。

(4)严格遵循国家财税法律、法规、制度,认真编制并严格执行财务、费用、预算,遵循各项收入制度、费用开支范围和开支标准,及时、足额上缴各项税额。

(5)按照经济核算原则,定期检查分析财务、费用、预算的执行情况,挖掘增收节支的潜力,考核资金使用效果和国有资产保值增值计划的完成情况,揭露经营管理中的问题,及时向领导提出建议。

(6)按照国家会计制度的规定,妥善保管会计凭证、账簿、报表等档案资料。

（二）会计人员的权限

为了保障会计人员能切实履行职责，在明确的同时，国家也规定了会计人员必要的工作权限。

（1）有权要求本单位有关部门和人员认真执行国家批准的计划、预算，遵守国家财经纪律和各项财政、财务会计制度；如有违反，会计人员有权拒绝付款、拒绝报销或拒绝执行，并及时向本单位负责人或上级有关部门报告。会计人员对于违法会计行为，不拒绝执行，又不向单位负责人或上级有关部门报告的，应负连带责任。

（2）有权参与本单位编制计划、制定定额，对外签订经济合同的工作，参加有关生产和经营管理的会议。单位负责人和有关部门对会计人员提出的财务开支和经济效益方面的问题和意见，要认真考虑，合理的意见应予以采纳。

（3）有权监督、检查本单位有关部门的财务收支、资金使用和财产保管、收发、计量、检验等情况。本单位有关部门要提供资料，大力协助和配合会计人员开展工作。

## 二、会计人员的专业技术职务

根据《会计法》的规定，从事会计工作的人员必须取得会计从业资格证书，会计人员从业资格管理办法由国务院财政部门规定。为了充分发挥会计人员的积极性和创造性，国家在企业、事业和行政机关等单位的会计人员中实行专业技术职务制度。会计人员专业技术职务资格定为四个级别，即会计员、助理会计师、会计师和高级会计师。其中助理会计师和会计员为初级职务，会计师为中级职务，高级会计师为高级职务。

目前，会计专业技术职务的初级和中级资格采用考试制度，高级资格采用考评结合的方法。初级资格考试科目包括《经济法基础》和《初级会计实务》，参加考试的人员，必须在一个考试年度内通过全部科目的考试，方可获得会计专业技术初级资格证书；中级资格考试科目包括

《财务管理》、《经济法》和《中级会计实务》，参加考试的人员，在连续的两个考试年度内，全部科目考试均合格者，可获得会计专业技术中级资格证书；高级资格考试的科目只有《高级会计实务》一门，参加考试人员需达到合格分数线方有资格参加高级会计师资格的评审。

需要指出的是，上述会计人员除应当具备必要的专业知识和专业技能外，国家法规还规定：会计人员应当按照国家有关规定参加会计业务的培训；各单位应当合理安排会计人员的教育和培训，保证会计人员每年都有一定的时间用于学习和参加培训。

## 三、会计人员的继续教育

会计人员继续教育，又叫会计人员后继教育或在职教育，是指国家为提高会计人员政治素质、业务能力、职业道德水平，使其知识和技能不断得到更新、补充、拓展和提高而对会计人员进行的综合素质教育。

会计人员继续教育的对象为取得并持有会计从业资格证书的人员。主要内容包括会计理论、政策法规、业务知识、技能训练和职业道德等。会计人员继续教育分为高级、中级和初级三个级别，继续教育的形式包括接受培训和自学培训两种形式，其中接受培训为主要形式，在职自学是重要补充。根据规定，会计人员每年接受培训（面授）的时间累计不应少于 24 小时。会计人员由于病假、在境外工作、生育等原因，无法在当年完成接受培训时间的，可由本人提供合理证明，经归口管理的当地财政部门或中央主管单位（以下简称继续教育管理部门）审核确认后，其参加继续教育时间可以顺延至以后年度完成。

会计人员所在单位应当遵循教育、考核、使用相结合的原则，支持、督促并组织本单位会计人员参加继续教育，保证学习时间，提供必要的学习条件。

## 四、总会计师制度

总会计师是一个行政职位，而不是会计人员专业技术职务。建国之初，我国就借鉴苏联的经验，在一些大中型国有企业实行总会计师制度。1978年9月,国务院颁发施行的《会计人员职权条例》中规定:企业要建立总会计师的经济责任制,大中型企业要设置总会计师,主管本单位的经济核算和财会工作;小型企业要指定一名副厂长行使总会计师的职权。1990年12月,国务院发布了《总会计师条例》,对总会计师的地位、职责、权限,任免与奖惩作了完整、全面、系统、具体的规定,使我国总会计师制度进入了一个全新的发展时期。1999年修订的《会计法》对设置总会计师的问题又做了新的规定。

### (一)总会计师的设置范围

新修订的《会计法》规定“国有的和国有资产占控股地位或者主导地位的大、中型企业必须设置总会计师”。之所以规定国有的和国有资产占控股地位或者主导地位的大、中型企业必须设置总会计师,目的在于通过总会计师的设置,完善法人治理结构,发挥会计的职能作用,加强企业的财务管理,保护所有者权益。对于国有大、中型企业以外的其他单位,可以根据业务需要,视情况自行决定是否设置总会计师。

### (二)总会计师的地位和任职条件

《总会计师条例》规定,设置总会计师的目的主要是为了确定总会计师的职权和地位,发挥总会计师在加强经济管理、提高经济效益中的作用。总会计师是单位行政领导成员,协助单位主要行政领导人工作,直接对单位主要行政领导人负责。总会计师作为单位会计工作的主要负责人,全面负责本单位的财务会计管理和经济核算,参与本单位的重大经营决策活动,是单位负责人的参谋和助手。为了保障总会计师的职权,《总会计师条例》还规定,凡设置总会计师的单位不能再设置与总会计师职责重叠的副职。

按照《总会计师条例》规定,担任总会计师应具备以下条件:

(1)坚持社会主义方向,积极为社会主义建设和改革开放服务;

(2)坚持原则,廉洁奉公;

(3)取得会计师任职资格后,主管一个单位或者单位内一个重要方面的财务会计工作时间不少于3年；

(4)有较高的理论政策水平，熟悉国家财经法律、法规、方针、政策和制度，掌握现代化管理的有关知识；

(5)具备本行业的基本业务知识，熟悉行业情况，有较强的组织领导能力；

(6)身体健康，能胜任本职工作。

### (三)总会计师的职责

根据《总会计师条例》的规定，总会计师的职责主要包括两个方面：

(1)由总会计师负责组织的工作。包括组织编制和执行预算、财务收支计划、信贷计划，拟订资金筹措和使用方案，开辟财源，有效地使用资金；建立、健全经济核算制度，强化成本管理，进行经济活动分析，精打细算，提高经济效益；负责本单位财务会计机构的设置和会计人员的配备，组织对会计人员进行业务培训和考核；支持会计人员依法行使职权等。

(2)由总会计师协助、参与的工作。主要有：协助单位主要行政领导人对企业行政事业单位的业务发展以及基本建设投资等问题作出决策；参与新产品开发、技术改造、科技研究、商品(劳务)价格和工资、奖金方案的制订；参与重大经济合同的经济协议的研究、审查。

### (四)总会计师的权限

(1)总会计师对违反国家财经法律、法规、方针、政策、制度和有可能在经济上造成损失、浪费的行为，有权制止或者纠正。制止或者纠正无效时，提请单位主要行政领导人处理；

(2)总会计师有权组织本单位各职能部门、直属基层组织的经济核算、财务会计和成本管理方面的工作；

(3)总会计师主管审批财务收支工作。除一般的财务收支可以由总会计师授权的财会机构负责人或者其他指定人员审批外，重大的财务收支，须经总会计师审批或者由总会计师报单位主要行政领导人批准；

(4)预算、财务收支计划、成本和费用计划、信贷计划、财务专题报告、会计决算报表，须经总会计师签署；涉及财务收支的重大业务计划、经济合同、经济协议等，在单位内部须经总会计师会签；

(5)会计人员的任用、晋升、调动、奖惩，应当事先征求总会计师的意见。财会机构负责人或者会计主管人员的人选，应当由总会计师进行业务考核，依照有关规定审批。

## 五、会计人员的职业道德

会计人员作为特殊从业人员，既要有良好的业务素质，也要有较强的政策观念和职业道德水平，加强会计人员职业道德教育和业务培训，是提高会计人员素质的重要保证。按照《会计基础工作规范》的规定。

会计人员职业道德的内容主要包括以下方面：

### (一)敬业爱岗

热爱本职工作，认真学习国家财政政策、法规制度，努力钻研会计业务技术，使自己的知识和技能适应从事的会计工作的要求。

### (二)熟悉法规

会计工作不只是单纯的记账、算账、报账，会计工作还时时、事事、处处涉及执法守规方面的问题。会计人应当熟悉财经法律、法规和国家统一的会计制度，做到自己在处理各项经济业务时知法依法、知章循章，依法把关守口，同时还要进行法规的宣传，提高法制观念。

### (三)依法办事

会计人员应当按照会计法律、法规和国家统一的会计制度规定的程序和要求进行会计工作，保持所提供的会计信息合法、真实、准确、及时和完整。

(四)客观公正

会计人员在办理会计事务中,应当实事求是、客观公正。这是一种工作态度,也是会计人员追求的一种境界。

(五)做好服务

会计工作的特点,决定了会计人员应当熟悉本单位的生产经营和业务管理情况,因此,会计人员应当积极运用所掌握的会计信息和会计方法,为改善单位的内部管理、提高经济效益服务。

(六)保守秘密

会计人员应当保守本单位的商业秘密,除法律规定和单位负责人同意外,不能私自向外界提供或者泄露单位的会计信息。

## 第四节 会计法律规范

会计法规是国家管理会计工作的法律、条例、规章、制度等的总称,主要内容包括会计事务的处理以及有关会计机构和会计人员的规定等,是会计工作的依据和标准。我国会计法规体系包括会计法律、会计行政法规和会计规章制度三个层次。

### 一、会计法律

会计法律,是由全国人民代表大会或其常务委员会通过,以中华人民共和国主席令的形式颁布实施的会计法律规范,它是会计工作的基本大法,在会计规范体系中处于最高层次,是制定其他各层次会计规范的基本依据。

目前,我国最主要的会计法律是《中华人民共和国会计法》(以下简称《会计法》)。新中国第一部《会计法》经第六届全国人民代表大会常务委员会于1985年1月21日通过,并于同年5月1日起施行,标志着我国的会计工作步入法制化的新时代；1993 年 12 月 29 日，经第八届全国人民代表大会常务委员会第五次会议修订，并于发布之日起实施；1999 年 10 月 31 日，第九届全国人民代表大会常务委员会第十二次会计审议通过了重新修订的《会计法》，并于 2000 年 7 月 1 日起施行。修订后的《会计法》共七章五十二条，对会计核算、会计监督、会计机构和会计人员、法律责任等做出了规定。

我国规范会计行为的专业法律还有《注册会计师法》和《审计法》。此外，《公司法》、《证券法》以及各种税收法律等对我国的会计工作也有直接的指导意义。

## 二、会计行政法规

会计行政法规是指由国家最高行政机关——国务院制定或发布的会计规范。在会计规范体系中，会计行政法规的权威性和约束力仅次于会计法律。目前我国会计行政法规包括《总会计师条例》、《企业财务会计报告条例》等。

《总会计师条例》由 1990 年 12 月 31 日国务院令第 72 号发布并实施，共五章二十三条，包括总会计师的职责、权限、任免与奖惩等内容。《企业财务会计报告条例》由 2000 年 6 月 21 日国务院令第 287 号发布、2001 年 1 月 1 日起施行，共六章四十六条，包括企业财务会计报告的构成、编制、对外提供和法律责任等内容。

## 三、会计规章制度

会计规章制度是由国家主管会计工作的行政部门——财政部以及其他相关部委制定的会计方面的法律规范，包括会计核算制度、会计机构和会计人员管理制度、会计工作管理制度等。

### (一)会计核算制度

**1. 会计准则**

我国会计准则分为基本会计准则和具体会计准则两个层次。基本会计准则主要规范会计目标、会计假设、会计信息质量要求、会计要素的确认、计量和报告原则，是制定具体会计准则的依据，也是指导会计实务的规则。我国首份基本会计准则由财政部于1992年11月30日发布，自1993年7月1日起施行，2006年2月15日财政部发布了修订后的《企业会计准则——基本准则》，于2007年1月1日首先在上市公司施行，并鼓励其他企业执行。具体准则是根据基本准则对各项经济业务的确认、计量和报告作出的具体规定。我国从1997年开始，陆续公布了一系列具体会计准则。2006年财政部正式对外发布新的会计准则体系，包括1项基本准则和38项具体准则。具体准则可分为一般业务准则、特殊业务准则和报告准则三类。一般业务准则主要规范各类企业普遍适用的一般经济业务的确认和计量要求，包括《存货》、《长期股权投资》、《投资性房地产》、《固定资产》等22项准则；特殊业务准则主要规范特殊行业的特定业务的确认和计量要求，包括《生物资产》、《金融工具确认和计量》、《金融资产转移》等7项准则；报告准则主要规范普遍适用于各类企业的报告类准则，包括《财务报表列报》、《现金流量表》、《中期财务报告》等8项准则。另外还有1项不属于上述类别，相当于新旧会计准则衔接的《首次执行企业会计准则》。

为了解决在运用会计准则处理经济业务时所涉及的会计科目、账务处理、会计报表及格式等问题，财政部于2006年10月26日印发了《企业会计准则——应用指南》。

**2. 会计制度**

企业会计制度包括《企业会计制度》、《金融企业会计制度》、《小企业会计制度》等。《企业会计制度》由财政部2000年12月29日发布，从2001年1月1日起在股份有限公司范围内实施。财政部于2001年11月27日发布了《金融企业会计制度》，自2002年1月1日起暂在上市的金融企业范围内实施，同时也鼓励其他股份制金融企业实施。《小企业会计制度》由财政部于2004年4月27日发布，自2005年1月1日起在不对外筹集资金、经营规模较小的企业内实施。

考虑到各种因素，目前我国的会计规范采用会计准则和会计制度并行的双轨制形式。

（二）会计机构和会计人员管理制度

我国现行的国家统一的会计机构和会计人员管理制度主要包括《会计从业资格管理办法》、《会计人员继续教育规定》和《代理记账管理办法》等。《会计从业资格管理办法》是为了加强会计从业资格管理，规范会计人员行为，由财政部根据《会计法》及相关法律的规定制定，于2005年1月22日印发，自2005年3月1日起施行。《会计人员继续教育规定》是为推进会计人员继续教育的科学化、制度化和规范化，培养造就高素质的会计队伍，提高会计人员专业胜任能力，财政部于2006年11月20日发布，自2007年1月1日起施行。为了加强代理记账机构的管理，规范代理记账业务，促进代理记账行业的健康发展，财政部于2005年1月22日发布了《代理记账管理办法》，自2005年3月1日起施行。

（三）会计工作管理制度

会计工作管理制度主要包括《会计基础工作规范》、《会计档案管理办法》、《会计电算化管理办法》、《会计电算化工作规范》等。为了加强会计基础工作，建立规范的会计工作秩序，提高会计工作水平，财政部于1996年6月17日发布了《会计基础工作规范》并于同日起实施。《会计档案管理办法》由财政部和国家档案局于1998年8月21日联合发布，自1999年1月1日起施行，目的是加强会计档案管理，统一会计档案管理制度。为了加强对会计电算化工作的管理，财政部于1994年6月30日发布《会计电算化管理办法》，自1994年7月1日起施行。为了指导和规范基层单位会计电算化工作，推动会计电算化事业的健康发展，财政部于1996年6月10日发布，并同日起实施《会计电算化工作规范》。

除了以上三个层次外，各省、自治区、直辖市也可根据会计法律、行政法规和国家统一会计制度的规定，结合本地区实际情况制定一些在本地区范围内实施的地方性会计法规。

## 第五节　会计档案

会计档案是指会计凭证、会计账簿和财务报告等会计核算专业材料,是记录和反映单位经济业务的重要史料和证据。会计档案是国家档案的重要组成部分,也是各单位的重要档案之一,对于总结经济工作,加强经济管理,查验经济财务问题,防止贪污舞弊具有重要作用。各级人民政府部门和档案行政管理部门共同负责会计档案工作的指导、监督和检查。各单位必须加强对会计档案管理工作的领导,建立会计档案的立卷、归档、保管、查阅和销毁等管理制度,保证会计档案妥善保管,有序存放、方便查阅,严防毁损、散失和泄密。

各单位的会计人员要按照国家和上级关于会计档案管理办法的规定和要求,对本单位的各种会计凭证、会计账簿、会计报表、财务计划、单位预算和重要的经济合同等会计资料,定期收集,审查核对,整理立卷,编制目录,装订成册。具体的归档要求如下:

### 一、会计档案的立卷与归档

会计档案可以分为四类,一是会计凭证类,包括原始凭证、记账凭证、汇总凭证和其他会计凭证;二是会计账簿类,包括总账、明细账、日记账、固定资产卡片、辅助账簿和其他会计账簿;三是财务报告类,包括中期、年度和其他财务报告。财务报告中包括会计报表主表、附表、附注及文字说明;四是其他类,包括银行存款余额调节表,银行对账单、会计档案移交清册、会计档案保管清册,会计档案销毁清册和其他应当保存的会计核算专业资料。

各单位每年形成的会计档案,应当由会计机构按照归档要求,负责整理立卷,装订成册,编制会计档案保管清册。当年形成的会计档案,在会计年度终了后,可暂由会计机构保管一年,期满之后,应当由会计机构编制移交清册,移交本单位档案机构统一保管;未设立档案机构的，应当在会计机构内部指定专人保管。出纳人员不得兼管会计档案。

移交本单位档案机构保管的会计档案，原则上应当保持原卷册的封装。个别重要拆封重新整理的，档案机构应当会同会计机构和经办人员共同拆封整理，以分清责任。

## 二、会计档案的调阅

财政部和国家档案局发布的《会计档案管理办法》规定，各单位保存的会计档案不得借出。如有特殊需要，经本单位负责人批准，可以提供查阅或者复制，并办理登记手续。单位应设置“会计档案调阅登记簿”，详细登记调阅日期、调阅人、调阅理由、归还日期等。本单位人员调阅会计档案，需经会计主管人员同意。外单位人员调阅或复制会计档案，要有正式单位介绍信，经本单位负责人批准。查阅或者复制会计档案的人员，严禁在会计档案上涂画、拆封和抽换。

## 三、会计档案的移交

单位之间交接会计档案的，交接双方应当办理会计档案交接手续。移交会计档案的单位，应当编制会计档案移交清册，列明应当移交的会计档案名称、卷名、册数、起止年度和档案编号、应保管期限和已保管期限等内容。

交接会计档案时，交接双方应当按照会计档案移交清册所列内容逐项交接，并由交接双方的单位负责人负责监交。交接完毕后，交接双方经办人和监交人应当在会计档案移交清册上签名或者盖章。

## 四、会计档案的保管期限

会计档案的保管期限，根据保管资料的具体情况，分管永久、定期两类。其中年度财务报告、会计档案保管清册、会计档案销毁清册为永久保管会计档案，其他为定期保管会计档案。定期保管期限分为 3 年、5 年、10 年、15 年、25 年五类。会计档案的保管期限，从会计年度终了后的第一天算起。会计档案保存期限和销毁办法，由国务院财政部门会同有关部门制定。目前规定的企业和其他组织会计档案保管期限如表12-1所示。

## 五、会计档案的销毁

会计档案在保管期满后，需要销毁。销毁时必须严格执行会计档案保管的规定，任何人不得随意销毁。

保管期满的会计档案，一般可以按照以下程序销毁：

(1)由本单位档案机构会同会计机构提出销毁意见，编制会计档案销毁清册，列明销毁会计档案的名称、卷号、册数、起止年度和档案编号、应保管期限、已保管期限、销毁时间等内容。

(2)单位负责人在会计档案销毁清册上签署意见。

(3)销毁会计档案时，应当由档案机构和会计机构共同派员监销。国家机关销毁会计档案时，应当由同级财政部门、审计部门派员参加监销。财政部门销毁会计档案时，应当由同级审计部门派员参加监销。

(4)监销人员在销毁会计档案前，应当按照会计档案销毁清册所列内容清点核对要销毁的会计档案；销毁后，应当在会计档案销毁清册上签名盖章，并将监销情况报告本单位负责人。

应当指出的是，保管期满但未结清的债权债务原始凭证和涉及其他未了事项的原始凭证，不得销毁，应当单独抽出立卷，保管到未了事项完结时为止。单独抽出立卷的会计档案，应当在会计档案销毁清册和会计档案保管清册中列明。正在项目建设期间的建设单位，其保管期满的会计档案不得销毁。

表 12-1　企业和其他组织会计档案保管期限表

| 序号 | 档案名称 | 保管期限 | 备　注 |
|---|---|---|---|
| 一 | 会计凭证类 | | |
| 1 | 原始凭证 | 15 年 | |
| 2 | 记账凭证 | 15 年 | |
| 3 | 汇总凭证 | 15 年 | |
| 二 | 会计账簿类 | | |
| 4 | 总账 | 15 年 | 包括日记总账 |
| 5 | 明细账 | 15 年 | |
| 6 | 日记账 | 15 年 | 现金和银行存款日记账保管 25 年 |
| 7 | 固定资产卡片 | | 固定资产报废清理后保管 5 年 |
| 8 | 辅助账簿 | | |
| 三 | 财务报告类 | | 包括各级主管部门汇总财务报告 |
| 9 | 月、季度财务报告 | 3 年 | 包括文字分析 |
| 10 | 年度财务报告(决算) | 永久 | 包括文字分析 |
| 四 | 其他类 | | |
| 11 | 会计移交清册 | 15 年 | |
| 12 | 会计档案保管清册 | 永久 | |
| 13 | 会计档案销毁清册 | 永久 | |
| 14 | 银行余额调节表 | 5 年 | |
| 15 | 银行对账单 | 5 年 | |

# 第十三章 会计信息化基础

我国的会计信息化工作始源于20世纪70年代末，电子计算机技术的引进与应用，给我国会计工作带来了新的工具、新的信息载体、新的工作模式。计算机技术在会计领域的应用，最早称之谓“会计电算化”，至今已有三十多年的历史，它对传统的会计方法、会计理论都发生着巨大的影响，从而引起了会计制度、会计工作管理体制的变革，会计信息化工作的不断进步，促进着会计工作的规范化、标准化、通用化和其管理的现代化。

## 第一节 会计信息化的发展历史

会计信息化是我国会计发展史上重要的篇章，从手工记账时期那厚厚的账本、密密麻麻的数字，到实现企业会计核算业务的计算机处理，再到如今天利用现代信息技术，企业财务与业务数据处理的深度融合，会计信息资源的高度共享，这期间会计信息化的每一次变革都堪称飞跃。

自1954年10月，美国通用电气公司第一次使用UNIAC-1型计算机计算职工工资，这是电子计算机首次应用于会计领域。美国通用电器公司的工资核算系统也开创了会计数据处理的新纪元，引起了会计领域革命性的变革。我国的会计信息化工作开始于70年代末，至今已有30年的历史，从最初的科研试点、推广应用、成熟发展、创新融合到如今与国际接轨，中国会计信息化的发展历程可分总结为以下几个阶段。

## 一、第一个阶段(1979—1988),科研试点及自行应用阶段

紧随着国家改革开放的步伐,70 年代末开始,由我国财政部向相关试点单位拨款,进行会计电算化试点,由此拉开了我国会计电算化工作的序幕。这一阶段我国理论界起步研究计算机在会计中的应用,并逐步建立其会计理论结构模型,出现企业与高等院校、科研院所合作研究探索计算机如何应用于企业管理。但这期间整个会计电算化工作一直处于试验探索阶段,期间发展非常缓慢。这一阶段的主要大事如下:

1979 年财政部拨款 500 万元,用于长春第一汽车制造厂进行会计电算化的试点工作。

1981 年 8 月在财政部、原机械工业部和中国会计学会的支持下,在长春第一汽车制造厂召开了“财务、会计、成本应用电子计算机专题讨论会”,也就是在这次会议上正式将“电子计算机在会计中的应用”简称为“会计电算化”,这是我国第一次正式启用“会计电算化”这一概念。

1983 年国务院成立了电子振兴领导小组,从此我国电子技术进入了一个新的发展阶段。

1984 年起,财政部科研所研究生部及中国人民大学等院校开始招收会计电算化研究方向的硕士研究生,为我国会计电算化事业培养专门人才。

1987 年 11 月中国会计学会成立了会计电算化研究小组,为有组织地开展理论研究作了准备,次年,在吉林市举行首届全国会计电算化学术研讨会。

1988 年 12 月,我国第一家专业从事商品化会计软件和会计专用设备的开发与推广应用的民办高科技企业“用友财务软件服务社”(“用友电子财务技术有限责任公司”、“用友软件(集团)股份有限公司”的前身)诞生。

## 二、第二个阶段(1989—1998),规范管理与商品化软件大发展阶段

随着计算机技术的迅速发展,以软件工程、数据库理论、计算机网络理论为代表的软件科学的发展,使计算机应用软件的系统设计水平大为提高,涌现出了一批既懂会计又懂计算机的复合型人才。这一切都为开发高质量的会计电算化系统创造了良好的技术、物质和人才条件。这期间,包括用友在内的一批软件公司相继成立并发展,他们用专业化、商品化、规模化的方式从事会计软件的开发、推广和应用,从最初基于 DOS 平台的财务软件,到 90 年代中期基于 Windows 平台的财务软件,再到 1998 年"向 ERP 进军"。因此,可以说这个阶段是商品化财务软件大发展的阶段。

自 1989 年财政部颁发了《会计核算软件管理的几项规定(试行)》之后,我国财政部就开始从制度上进行管理,同时还要求各省市各级财政部门加强会计电算化的管理工作,这对财务软件的市场化和商品化起到了重要的引导作用,为我国的会计电算化工作逐步走上规划化与市场化奠定了基础。继 1989 年 12 月财政部颁发了《会计核算软件管理的几项规定》之后,1990 年 7 月财政部又颁发了《关于会计核算软件评审的补充规定》,这两个文件的颁发是我国会计电算化事业发展的一个里程碑,它们对于发展我国会计电算化事业,提高会计核算软件开发质量,形成和完善我国的会计电算化软件市场,具有重大的现实意义和深远的历史意义。经过十多年的发展,我国会计电算化工作已经取得了可喜的成绩。会计电算化法规、标准体系不断完善,从软件开发到应用的规范已基本齐全,会计电算化带动了企业管理信息化的进程,成为企业信息化的一个热点。这一阶段的主要大事如下:

1989 年财政部颁发了《会计核算软件管理的几项规定(试行)》,这是我国第一个关于会计电算化工作的全国性制度法规;

1989 年,我国第一个商品化会计软件:先锋 CP-800 通用会计核算软件,获财政部审批通过。

1990 年 7 月财政部颁发了《关于会计核算软件评审的补充规定》，并正式成立了会计核算软件评审委员会。

1993 年，王军部长成立会计电算化峰会；

1994 年，财政部颁布了《关于大力发展我国会计电算化事业的意见》，同年 7 月又颁布了《会计电算化管理办法》，并提出了会计电算化知识的初、中、高三级培训计划。

1995 年 11 月，财政部会计司组织向全国推荐用友、金蝶、安易、万能等 15 个会计电算化初级培训教学软件和 6 本会计电算化初级培训教材，对规范我国会计电算化事业起到了推动作用。

1996 年 6 月，财政部颁布《会计电算化工作规范》。

1998 年 4 月，用友软件集团在国内率先研制推出中国第一套全面基于互联网的 B/S（浏览器/Web 服务器）架构的大型企业财务管理系统。

1998 年底有统计数据表示：全国已有 38 个商品化会计软件通过了财政部的评审，160 个软件通过了省级财政部门的评审。有近 200 万会计人员接受了会计电算化初级培训，基本缓解了会计电算化人才匮乏的问题。全国已有近 30%的单位不同程度地开展了会计电算化工作。至此，全国各地出现了一大批致力于财务商品化软件开发与推广的公司，在当时北京的先锋、用友公司的领头下，在各地方政府的大力推动与支持下，又相继出现了金蝶、金蜘蛛、浪潮等一大批软件公司，从而进一步推动了我国会计电算化事业的蓬勃发展。

## 三、第三个阶段（1999—2008），会计信息化和企业信息化融合阶段

随着计算机与网络技术的不断进步和完善，以及其在生产和生活中广泛的运用和发展，会计信息技术与企业经营管理活动的结合也日趋紧密，这期间各软件公司也纷纷推出各类 ERP（Enterprise Resource Planning）软件，用友集团也推出了 ERP 企业管理软件 U8 系统，把会计电算化融入整个企业信息化和企业管理系统中，从此会计软件由财

务管理向企业管理转型，会计电算化的发展也进入了一个新的阶段，已逐步融入各企事业单位的整体信息化建设中，走出了就会计而会计，就财务而财务的发展阶段，与整个企业的管理融为一体，“会计信息化”的概念也应运而生。毫无疑问，信息化是社会经济和企业发展强劲的驱动力。

这一阶段的主要大事如下：

1998 年，我国财务软件的行业标准《财务软件数据接口标准 98-001》出台；

2001 年，国产 ERP 软件正式出品，并投入使用；

2003 年，网络财务软件发布；

2005 年 1 月 1 日，国家标准《信息技术会计核算软件数据接口》开始实施；

2005 年 11 月，国信办审议并通过《国家信息化发展战略(2006—2020)》，12 月，我国自主研发的“风芯二号”芯片首次露面。

2006 年 2 月，证监会信息中心、保监会信息中心、中国人民银行征信管理局、中科院研究生院金融科技研究中心和上海证券交易所联合发起成立“XBRL 中国地区组织促进会”；

2007 年 12 月 3 日，在加拿大举办的国际会议上，XBRL 国际组织对全世界宣布：XBRL China - 中国地区组织正式成立。

2008 年 11 月 12 日，我国会计信息化委员会暨 XBRL 中国地区组织的成立，是中国会计信息化发展史上又一个新的里程碑。

## 四、第四个阶段(2009— )，会计信息化向标准化和国际化发展阶段

我国会计信息化委员会暨 XBRL 中国地区组织的成立，是一个新的历史时期开始的标志。它把原来的会计电算化提升到会计信息化，是代表了会计信息化发展的新台阶、新水平。会计信息化委员会的成立也表明了财政部已经义不容辞地担负起推动我国会计信息化建设，促进我国会计信息化标准的制定与应用的重任。XBRL 中国地区组织

的成立，将有助于中国 XBRL 标准体系的建设，将该体系纳入了统一规划、统一领导、多方协调的轨道，也为 2009 年及以后几年内构建会计信息化标准体系，提供了组织保证。

随着会计信息化委员会的成立，构建符合中国国情的会计信息化标准体系将是未来几年会计信息化建设方面的重头戏，尤其是构建基于企业会计准则和信息披露的国家层面上的统一的 XBRL 分类标准、企业会计信息化内部控制标准、财会信息资源核心元数据标准等会计信息化相关的标准。这一阶段的主要大事如下：

2009 年 4 月，财政部印发了《财政部关于全面推进我国会计信息化工作的指导意见》，明确提出我国将以“健全一个体系、建立一个平台、形成一套标准、打造一支队伍、培养一个产业”为今后会计信息化工作 5 至 10 年的目标与任务。

2010 年 5 月 6 日发布，纽约州纽约市）XBRL 国际组织今天宣布批准 XBRL 中国地区组织成为正式地区组织成员，作为 XBRL 国际组织全球联盟的一个地区组织成员，XBRL 中国地区组织将致力于在中国推广和应用 XBRL 技术。

2010 年 10 月，财政部发布了《企业会计准则通用分类标准》（以下简称通用分类标准），于 2011 年组织了通用分类标准首批实施工作，并在《关于地方国有大中型企业实施企业会计准则》中明确规定：各实施企业应当在 2012 年 6 月 30 日之前向省级财政部门报送其 XBRL 格式财务报告。

2010 年五部委联合发布了《企业内部控制配套指引》，具有中国特色、融合国际先进经验的企业内部控制规范体系基本构建完成。

2011 年 9 月，财政部出台《会计改革与发展“十二五”规划纲要》，明确提出了：全面推进会计信息化建设，切实助力会计改革与发展。

## 第二节　会计信息系统介绍

### 一、会计信息系统的相关概念

所谓系统(system)是由一些相互作用、相互联系的若干要素,为实现某一目标而组成的具有一定功能的有机整体。信息系统(Information system)就是以信息基础设施为基本运行环境,由人、信息技术设备、运行规程组成的,以信息为处理对象,进行信息的收集、传递、存储、加工,辅助组织进行各项决策的人机相结合的系统。会计信息系统(Accounting information system ,AIS)其实就是人机结合的系统,是管理信息系统的一个子系统,是专门用于收集、存贮、传输和加工会计数据,输出会计信息的信息系统。我们通常所指的会计信息系统就是指计算机会计信息系统,它是以计算机、网络等信息技术为主要工具,对各种会计数据进行收集、记录、存储、处理和输出,并完成企业对会计信息的分析,并向会计信息使用者提供所需的会计信息,辅助于他们的管理、预测和决策,从而提高企业管理水平与经济效益。

数据是指反映客观事物性质、形态、结构和特征的符号,是对客观事物属性的描述,它可以是定量描述客观事物的数字,也可以是定性描述客观事物的字母、文字或其他符号。而会计数据就是指描述经济业务属性的数据,如:原始凭证、记账凭证等。

信息通常是指经过加工、处理后的有用的数据,是对数据的综合和解释,是数据加工的结果或者说是“产品”,而会计信息就是反映组织的财务状况和经营成果(一类特殊的信息)。

数据和信息是密不可分的,信息必然是数据,但数据未必是信息。因此,会计数据和会计信息也无严格的界限。如:原始凭证是会计数据,加工后的记账凭证则是会计信息;在记账环节,记账凭证是会计数据,总账和明细账是会计信息;同样,在报表和计划编制环节,总账和明细账又成为会计数据,而会计报表和财务计划等则是会计信息。

## 二、会计信息系统的基本组成

会计信息系统(Accounting information system ,AIS)是基于计算机的人机相结合的系统,其基本要素包括:硬件资源、软件资源、信息资源、人力资源等。

### (一)硬件资源

硬件资源是指进行会计数据输入、处理、存储及输出的各种电子设备,主要包括:

输入设备:键盘、扫描仪等;

数据处理设备:计算机主机等;

存储设备:磁盘、光盘等;

输出设备:打印机、显示器等。

网络设备:路由器、集线器、网卡等

### (二)软件资源

软件资源是保证会计信息系统能够正常运行的核心内容,主要包括系统软件和应用软件。系统软件是保证会计信息系统能够正常运行的基础软件,如操作系统、数据库管理系统等;在会计信息系统中的应用软件主要指会计软件,它是专门用于会计核算和会计管理的软件,是会计信息系统的一个重要组成部分,没有会计软件的信息系统就不能称之为会计信息系统,拥有会计软件是会计信息系统区别于其他信息系统的主要因素。目前国内会计软件非常之多,市场占有率处于前二位会计软件公司有用友公司、金蝶公司。

### (三)人力资源

人力资源是指会计信息系统的使用人员和管理人员,主要包括会计主管、系统开发与维护人员、会计数据处理人员、财务管理人员、会计档案保管人员等。他们既是会计信息系统的使用者同时又是管理者,是会计信息系统的重要组成部分。如果没有一支高水平、高素质的财务会计和系统管理人员队伍，那么有再好的硬件、软件也只是摆设，会计信息系统也就不能稳定、正常地运行。

（四）信息资源

会计信息系统中所涉及的信息资源，通常是指会计数据文件和会计规范二方面内容。数据文件就是用来存储会计信息系统中数据和信息的磁性文件，主要包括以下三类文件：基础资料文件（如人员档案信息、客户档案信息、会计科目信息等），会计数据文件（如凭证、科目余额表、银行对账单等），以及会计数据处理过程的临时文件，数据文件是一种非常重要的信息资源。

会计规范也是一种非常重要的信息资源，它是指保证会计信息系统正常运行的各种制度和控制程序，如硬件管理制度、数据管理制度、财务会计人员岗位责任制度、内部控制制度、会计制度等。

## 三、会计信息系统的基本特点

会计信息系统就是利用信息技术对会计信息进行采集、存储和处理、输出，为会计管理、决策、分析服务，仍然是为组织服务内外部的信息使用者（投资人、债权人、经营者、政府等）提供会计数据信息。基于计算机的会计信息系统与手工会计操作相比具有以下几个主要特点：

（1）会计信息系统以解决企业会计核算和管理所面临的问题为主要目标。

（2）会计信息系统能充分利用现代信息处理技术，自动或半自动地采集、存储、处理、分析、传递和反馈会计信息。

（3）会计信息系统应对会计信息的采集、存储、处理、加工等操作提供有关的控制和保护措施，确保会计信息的真实、全面、及时、安全和可靠。

（4）数据处理方式集中化和自动化。数据处理集中化是指在实现计算机处理后，原由各个业务岗位分别进行的核算工作都统一由计算机处理。数据处理自动化，是指在数据处理过程中，人工干预明显减少，将由程序统一调度管理。

(5) 会计信息载体无纸化。在会计信息系统中，会计证、账、表信息的存储介质采用看不见、摸不着的光、电、磁介质。计算机采用的光、电、磁介质不同于纸张介质，人不能直接识读，但是存放在光、电、磁介质上的信息量大，查询速度快，易于复制和删除。

(6) 会计信息系统的开放性。会计信息系统与企业信息系统和企业的外部环境，如银行、税收、审计、财政、客户，以及其他有业务联系的企业，进行信息交换

## 四、会计信息系统的发展趋势

纵观我国三十多年来会计信息系统的发展，在应用领域方面从单项业务(岗位级)应用到财务部门(部门级)应用，再到企业内部的各个部门(企业级)应用，直至应用到客户、供应商和政府机构等相关的企业外部实体。系统平台从DOS发展到Windows 95/98/NT/2000/XP或Browser。网络体系结构从文件/服务器(F/S)结构、客户机/服务器(C/S)结构发展到现在的浏览器/服务器(B/S)结构。数据库从小型数据库发展到大型数据库。随着财务软件技术的不断发展，互联网正在改变企业的业务形态和运营方式，也必然会影响和改变财务管理模式和财会工作方式，一个全新的网络财务时代已经到来。网络财务是基于网络计算技术，以整合实现企业电子商务为目标，能够提供互联网环境下财务管理模式、财会工作方式及其各项功能的会计信息系统。网络财务是电子商务的重要组成部分，它必须提供从财务上整合实现企业电子商务的各项功能。如：网上询价、网上采购、网上销售、网上服务、网上银行、网上保险、网上证券投资和网上外汇买卖等，支持远程报账、远程查账、远程审计、网上支付、网上催账、网上报税、网上报关等。

随着电子商务的广泛应用，会计信息系统将处于一个良好的开放性环境。会计信息系统能动态地、实时地、快速地、准确地获取和处理会计信息。财务信息数字化、财务与企业内外部业务协同化、财务人员

工作方式网络化将变为现实，所有这些将给会计信息系统的发展带来了新的生机。展望未来，随着互联网应用迅速发展，包括财务管理、生产管理、人力资源管理、供应链管理、客户关系管理、电子商务应用在内的完整的企业管理信息系统将会得到全面发展。供应链管理(SCM)系统、企业资源计划(Enterprise Resource Planning，ERP)系统将得到广泛应用。由财务专项管理向全面企业管理转变，实现对企业物流、资金流和信息流一体化、集成化的管理已成为会计信息系统的主要发展趋势。

## 第三节 XBRL(eXtensible Business Reporting Language)介绍

根据 2006 年至 2020 国家信息化发展战略，财政部于 2008 年成立了会计信息化委员会；2009 年发布了《关于全面推进我国会计信息化工作的指导意见》，意见明确提出，力争通过 5～10 年左右的努力，建立健全会计信息化法规体系和会计信息化标准体系〔包括可扩展商业报告语言(XBRL)分类标准〕，并确定了我国会计信息化以 XBRL 为先导，引领和带动全面会计信息化的有序推进和目标的实现。2010 年 10 月，财政部发布了基于会计准则的通用分类标准，同时，国家标准化管理委员会发布了由财政部归口并组织制定的 XBRL 技术规范系列国家标准。随着两项标准的制定发布，XBRL 的各项应用有了统一的架构和技术标准，XBRL 在我国的应用进入了全面推广阶段，标志着我国会计信息化发展的新一轮浪潮的到来。

### 一、XBRL 及其基本框架

XBRL(eXtensible Business Reporting Language)是一种基于互联网生成和传输商业报告的语言，是可扩展标记语言(eXtensible Markup Language，XML)在财务及相关报告领域中的一种具体应用，是目前应用于非结构化信息处理尤其是财务信息处理的最新技术。

XBRL是一种可免费获得的全球性开放式数据标准格式，通过给财务会计数据添加特定的分类标签，使得计算机能够识别、判定其相关的财务报告数据，并通过系统内置的校验机制，使计算机系统能够自动处理、分析报表。XBRL的推广应用将有助于商业信息的识别、处理、分析、比较和交流，其主要内容与基本框架如下：技术规范（Specifications）、分类标准（Taxonomy）和实例文档（Instance Documents）。

XBRL技术规范是XBRL技术的总纲，它定义了XBRL的各类专业术语，规范了其相应的文档结构，它是由XBRL国际组织制定的技术说明书，是分类标准的制定和扩展、软件开发及相关应用均需遵循的共同技术标准。

XBRL分类标准是根据XBRL技术规范对商业报告中的元素及其关系进行标记和描述的“业务词典”，是编制XBRL格式报告（实例文档）的具体标准，它是不同国家、行业团体在XBRL技术规范基础上，结合其自身的实际情况而制定的应用标准。

XBRL实例文档是根据XBRL技术规范，按照XBRL分类标准制作的实际财务或商业数据文件，是指包含一套财务报告信息XBRL标签的计算机文件。通俗地说，就是一个XBRL格式的财务报告文件。

## 二、XBRL的应用主体

XBRL的应用主体既涉及财务报告和商业报告的提供者，也涉及其接受者和使用者，主要有企事业单位、投资者、债权人、会计中介机构（如：会计师事务所）、政府监管机构和宏观经济管理部门。

对于企事业单位而言，应用XBRL能够更好地实现财务系统与其他管理系统的数据交换，整合信息资源，实现财务报告与内部控制的融合，快速准确地分析判断运营状况与薄弱环节，更好地支持经营管理决策。

对于投资者和债权人而言，XBRL的应用大大降低了其获取信息的成本，显著提升了信息获取、加工和扩展的速度，及时形成所需要的个体、整体或行业等各类信息，包括历史信息和当前信息，从而帮助投资者和债权人做出更加科学合理的投资和信贷决策。XBRL 推出后，能够更好地实现财务系统与其他管理系统的数据交换，整合信息资源，实现财务报告与内部控制的融合，快速准确地分析判断运营状况与薄弱环节，更好地支持经营管理决策。

对于会计中介机构(会计师事务所)而言，XBRL 将对其从事审计及相关业务产生重大的影响，被审计单位广泛应用 XBRL 之后，审计环境将发生巨大变革，从客户信息系统中提取数据进行转换的过程会大大简化，XBRL 格式数据将大幅度提升审计信息获取的效率，审计师能够有更多精力集中到对客户业务和财务状况的分析工作中，审计工作的附加值和审计工作的信息化水平将得到进一步的提高。

对于政府监管机构而言，利用 XBRL 可以将被监管者纳入统一的监管系统，降低监管成本，提升监管效能。与此同时，XBRL 能够打通不同监管系统、不同监管部门间的数据屏障，从而形成“数出一门、资源共享”的统一监管平台，有利于实现信息共享。

对于宏观经济管理部门而言，通过获取企事业单位和会计中介机构的实例文档，借助兼容 XBRL 技术的应用软件进行分析，可以掌握和监测经济运行状况，分析经济运行中存在的问题，为制定宏观经济政策提供科学依据。

对于软件开发商而言，XBRL 带来了难得的发展机遇。XBRL 的广泛应用将催生一个新的产业链，相关方面实施 XBRL 的解决方案，无一例外都需要软件开发厂商的配合和支持。如扩展分类标准及相关技术标准的制定和推广，为相关方面提供符合通用分类标准及其扩展分类标准的解决方案，开发符合 XBRL 技术规范国家标准和通用分类标准要求的财务软件、管理信息系统、应用工具等，对进行 XBRL 相关应用的人员进行培训等等。

## 三、XBRL 应用的流程

XBRL 既是一门语言，也是一种标准，更是一门技术。因此，企业提交 XBRL 不是一个简单的业务流程，它需要企业财务人员既熟悉

XBRL 技术规范与标准，又熟悉其相关业务流程环节，XBRL 作为一种信息处理技术，必须有相应的应用软件支撑，才能实现从分类标准开发、实例文档生成、报送、利用与分析等一系列应用。

XBRL 技术应用的流程为：

(1) 根据 XBRL 技术规范制定分类标准，形成 XBRL 分类标准文件。

(2) 按照分类标准及技术规范的要求，利用相应的软件制作生成 XBRL 实例文档，但其格式不易直接阅读。

(3) 利用展示转换工具将实例文档中所包含的财务或商业数据按照财务或商业报告的发布格式进行编排，生成各种格式的报表，供使用者阅读理解。

(4) 从实例文档中提取所需要的数据，利用分析处理工具进行处理分析，形成分析结果。

## 四、推广应用 XBRL 的任务和措施

XBRL 推广和应用涉及面广、技术性强、影响力大，在当前形势下要以通用分类标准的发布为契机，积极做好相关工作，促使 XBRL 在财务报告领域推广应用，切实推动会计信息化建设进步。

### (一)统筹兼顾，做好培训工作

制定一个兼顾目前和长远的、比较完善的培训方案，组织力量尽快编写 XBRL 培训教材，组建一支较强的培训队伍，解决培训的师资问题。对各省和有关部门会计管理机构的相关人员进行 XBRL 知识普及和培训，为 XBRL 推广和应用营造良好的氛围，利用中国会计学会的这一培训平台，进一步调查和了解各方对 XBRL 的培训需求，满足不同层次、不同内容培训的需要，为逐步扩大应用范围做好准备。

### (二)集思广益，建立协调机制

为保证通用分类标准在各监管部门的顺利扩展和实施，我们将在

会计信息化委员会统一领导下，建立一个相关部门组成的有效务实的协调机制，搭建监管协调平台，定期协商解决相关问题，避免不同部门在扩展和实施中的重复建设，节约社会资源。此外，我们将在这一机制下组建一个XBRL技术服务平台或技术团队，用以整合XBRL技术、人才和信息资源，共享分类标准建设和实施经验，切实为分类标准实施提供多维支持。

（三）多管齐下，确保实例文档报送

鉴于XBRL的技术性要求，实施企业在通用分类标准基础上进行扩展进而报送实例文档有一定门槛。为有效应用XBRL技术提供财务报告实例文档，降低企业应用XBRL的成本，我们拟采用以下方法：

（1）对于有条件的企业，鼓励并帮助企业在通用分类标准上进行扩展，并生成符合报告企业实际的XBRL财务报告实例文档。

（2）财政部将开发与企业现有ERP软件兼容的简易填报软件，供企业免费使用，生成财务报告实例文档。

（3）鼓励软件公司积极开发XBRL相应报告软件，并在现有ERP软件中添加XBRL报告功能模块，报送高质量的XBRL财务报告实例文档。

# 附录一
# 各章简明汉英会计术语对照

## 第一章 概论

| | |
|---|---|
| 会计 | Accountancy |
| 会计师 | Accountant |
| 会计学 | Accounting |
| 会计事项 | Accounting Transaction；Accounting Event |
| 经济业务、交易 | Transaction |
| 簿记 | Bookkeeping |
| 簿记员、记账员 | Book Keeper |
| 会计概念 | Accounting Concept |
| 经济效益 | Economic Benefits |
| 通货膨胀会计 | Inflation Accounting |
| 人力资源会计 | Human Resource Accounting |
| 财务会计 | Financial Accounting |
| 成本会计 | Cost Accounting |
| 管理会计 | Management Accounting |
| 国际会计 | International Accounting |
| 会计法 | Accounting Law |
| 会计职能 | Accounting Function |
| 会计监督 | Accounting Supervision |
| 会计控制 | Accounting Control |

| | |
|---|---|
| 预测 | Forcasting |
| 决策 | Decision-Making |
| 会计决策 | Accounting Decision |
| 会计信息 | Accounting Information |
| 会计记录 | Accounting Records |
| 会计报告 | Accounting Reports |
| 会计制度 | Accounting System |
| 会计假设 | Accounting Postulate |
| 会计主体 | Accounting Entity; Separate Entity |
| 持续经营 | Going-Concern |
| 会计期间 | Accounting Period; Fiscal Period |
| 币值稳定 | Stable-Monetary-Unit Concept |
| 会计职业界 | Accounting Profession |
| 会计准则 | Accounting Standards |
| 会计原则 | Accounting Principles |
| 客观性原则 | Objective Principle |
| 可比性原则 | Comparability Principle |
| 相关性原则 | Relevance Principle |
| 一贯性原则 | Consistency Principle |
| 配比原则 | Matching Principle |
| 谨慎原则 | Conservatism Principle |
| 历史成本原则 | Historical Cost Principle |
| 重要性原则 | Materiality Principle |
| 稳健原则 | Conservatism |
| 收益性支出 | Revenue Expenditure |
| 资本性支出 | Capital Expenditure |
| 权责发生制 | Accrual-Basis Accounting |
| 收付实现制 | Cash-Basis Accounting |

## 第二章 会计要素与会计恒等式

| | |
|---|---|
| 会计要素 | Accounting Element |
| 会计等式 | Accounting Equation |
| 会计恒等式 | Accounting Identity |
| 资产 | Assets |
| 负债 | Liabilities |
| 所有权 | Ownerships |
| 所有者权益 | Owner's Equity |
| 流动性、变现能力 | Liquidity |
| 短期投资 | Short-Term Investment |
| 长期投资 | Long-Term Investment |
| 流动资产 | Current Assets |
| 固定资产 | Fixed Assets |
| 无形资产 | Intangible Assets |
| 递延资产 | Deferred Assets |
| 流动负债 | Current Liabilities |
| 长期负债 | Long-Term Liabilities |
| 收入 | Revenues |
| 费用 | Expenses; Charges |
| 利润 | Profit; Net Income |
| 收入确认 | Revenue Recognition |
| 确认 | Recognition |
| 计量 | Measurement |
| 本期 | Current Period |
| 预收收入 | Unearned Revenue |
| 债权人 | Creditor |
| 货币计量 | Monetary Principle |

| | |
|---|---|
| 期初存货 | Beginning Inventories |
| 期末存货 | Ending Inventory |

## 第三章　会计科目与账户

| | |
|---|---|
| 账户、科目 | Account |
| T 字形账户 | T-Account |
| 账户名称 | Title of Account |
| 会计科目 | Account Title; Accounting Item |
| 会计科目编号 | Chart of Accounts |
| 会计科目表 | Account Code |
| 会计科目一览表 | Account Chart |
| 余额 | Balance |
| 期初余额 | Beginning Balance |
| 期末余额 | Ending Balance |
| 上月余额 | Balance of Last Month |
| 上期余额 | Balance of Last Period |
| 投资者 | Investor |
| 流动资产 | Current Assets |
| 现金 | Cash |
| 库存现金 | Cash on Hand |
| 存款 | Deposits |
| 银行存款 | Cash in Bank |
| 原材料 | Raw Materials |
| 在产品 | Products In Process |
| 产成品 | Finished Goods |
| 应收账款 | Accounts Receivable |
| 应收票据 | Notes Receivable |
| 待摊费用 | Amortization Expenses |

| | |
|---|---|
| 库存商品 | Good in Hand |
| 预付账款 | Payment in Advance |
| 递延资产 | Deferred Assets |
| 固定资产 | Fixed Assets |
| 重置成本 | Replacement Cost |
| 折旧 | Depreciation |
| 折旧费用 | Depreciation Expense |
| 折旧率 | Depreciation Rate |
| 折旧年限 | Depreciable Life |
| 原始成本 | Initial Cost |
| 残值 | Salvage Value |
| 估计残值 | Estimated Scrap Value |
| 使用年限 | Useful Life |
| 直线法 | Straight-Line Method |
| 累计折旧 | Accumulated Depreciation |
| 待摊费用 | Expense Not Allocated |
| 无形资产 | Intangible Assets |
| 制造费用 | Factory Overhead |
| 预收收入 | Prepaid Income |
| 应付账款 | Accounts Payable |
| 应付债券 | Bonds Payable |
| 应交税金 | Taxes Payable |
| 应付票据 | Note Payable |
| 应付债券 | Bonds Payable |
| 应计(债券)利息 | Bonds Interest Receivable |
| 债券利息费用 | Bonds Interest Expense |
| 债券利息收入 | Bonds Interest Income |
| 应付工资 | Salaries Payable; Wages Payable |
| 预提费用 | Provision For Expenses |

| | |
|---|---|
| 生产成本 | Product Cost |
| 制造费用 | Manufacturing Overhead |
| 制造成本 | Manufacturing Cost |
| 营业费用 | Operating Expense |
| 所得税 | Income Tax |
| 利润分配 | Net Income Apportionment |
| 营业外收入 | Non-Operating Gain |
| 营业外支出 | Non-Operating Loss |

## 第四章　复式记账原理

| | |
|---|---|
| 复式记账 | Double-Entry Accounting |
| 借方、借记 | Debit |
| 贷方、贷记 | Credit |
| 借方 | Debit Side |
| 贷方 | Credit Side |
| 借项 | Debit Item |
| 贷项 | Credit Item |
| 借方记录 | Debit Entry |
| 贷方记录 | Credit Entry |
| 借方余额 | Debit Balance |
| 贷方余额 | Credit Balance |
| 期末余额 | Ending Balance |
| 债务 | Debt |
| 债务人 | Debtor |
| 债权 | Claims |
| 费用 | Expense |
| 分录、记录、入账 | Entry |
| 会计分录 | Accounting Entries |

| | |
|---|---|
| 复合分录 | Compound Journal Entry |
| 简单分录 | Simple Journal Entry |
| 转账、过户 | Transfer |

## 第五章　企业基本经济业务的核算

| | |
|---|---|
| 制造业企业 | Manufacturing Enterprise |
| 会计处理 | Accounting Treatment |
| 实际成本 | Actual Cost |
| 工资 | Wages |
| 差旅费 | Traveling Expense |
| 单价 | Unite Price |
| 采购成本 | Procurement Cost |
| 计价、估价 | Valuation |
| 在产品 | Goods In Process Of Manufacture |
| 会计年度 | Accounting Periods |
| 收入 | Revenue |
| 支出 | Expenditure |
| 摊销 | Amortization |
| 分配 | Allocation |
| 利息 | Interest |
| 利息费用 | Interest Charge |
| 票据 | Notes |
| 亏损 | Loss |
| 净亏损 | Net Loss |
| 现值 | Present Value |
| 残值 | Residual Value |
| 当期 | Current Period |
| 订货单 | Purchase Order |

| | |
|---|---|
| 直接材料 | Direct Material |
| 直接人工 | Direct Labor |
| 赊销 | Credit Sales; Sales On Account |
| 偿还 | Repayment |
| 销货成本 | Cost Of Goods Sold |
| 可供销售商品的成本 | Cost Of Goods Available For Sale |
| 办公用品 | Office Supplies |
| 修理费 | Repair Expense |
| 退休金 | Pension |
| 产成品 | Finished Goods |
| 债务 | Debt |
| 流动资产 | Current Asset |
| 应收账款 | Accounts Receivable |
| 库存商品 | Good In Hand |
| 预付账款 | Payment In Advance |
| 固定资产 | Fixed Asset |
| 原始成本 | Original Cost |
| 重置成本 | Replacement Cost |
| 重置价值 | Replacement Value |
| 折旧 | Depreciation |
| 固定资产折旧 | Fixed Asset Depreciation |
| 折耗 | Depletion |
| 折余价值(残值) | Residual(Salvage) Value |
| 折旧费用 | Depreciation Expense |
| 折旧率 | Depreciation Rate |
| 折旧年限 | Depreciable Life |
| 原始成本 | Initial Cost |
| 残值 | Salvage Value |
| 估计残值 | Estimated Scrap Value |

| | |
|---|---|
| 使用年限 | Useful Life |
| 直线法 | Straight-Line Method |
| 累计折旧 | Accumulated Depreciation |
| 营业周期 | Operating Cycle |
| 待摊费用 | Expense Not Allocated |
| 无形资产 | Intangible Assets |
| 制造费用 | Factory Overhead |
| 预收收入 | Prepaid Income |
| 应付账款 | Accounts Payable |
| 应交税金 | Taxes Payable |
| 应付票据 | Note Payable |
| 应付债券 | Bonds Payable |
| 到期日 | Maturity Date |
| 到期值 | Maturity Value |
| 应付工资 | Salaries Payable; Wages Payable |
| 预提费用 | Provision For Expenses |
| 生产成本 | Product Cost |
| 销售利润 | Profit For Sales |
| 期间费用 | Period Expense |
| 营业费用 | Operating Expense |
| 广告费 | Advertising Expense |
| 坏账 | Bad Debts |
| 坏账损失 | Loss On Bad Debts |
| 其他费用 | Other Expenses |
| 应税收入 | Taxable Income |
| 所得税 | Income Tax |
| 税前利润(或亏损) | Income Or Loss Before Taxes |
| 所得税费用 | Income Taxes Expense |
| 利润分配 | Net Income Apportionment |

| | |
|---|---|
| 应付股利 | Dividends Payable |
| 营业外收入 | Non-Operating Gain |
| 营业外支出 | Non-Operating Loss |
| 经营利润 | Operating Income |
| 结转 | Carryover |
| 税前净收益 | Net Income Before Income Taxes |
| 税后利润 | Profit After Tax |
| 会计年度 | Accounting Periods |

## 第六章　账户的分类

| | |
|---|---|
| 账户 | Account |
| 账户分类 | Account Classification |
| 资产账户 | Asset Account |
| 负债账户 | Liability Account |
| 盘存账户 | Taking Inventory |
| 调整账户 | Adjusting Account |
| 备抵账户 | Contra Account |
| 资产备抵账户 | Contra-Asset Account |
| 负债备抵账户 | Contra-Liability Account |
| 收入备抵账户 | Contra-Revenue Account |

## 第七章　会计凭证

| | |
|---|---|
| 凭证 | Evidence；Voucher |
| 会计凭证 | Accounting Document；Accounting Vouchers |
| 原始凭证 | Source Document |
| 不涉及现金的支出和费用 | Non-Cash Charge Or Expense |
| 记账凭证 | Posting Document |

| | |
|---|---|
| 付款凭证(单) | Voucher |
| 摘要 | Descriptions |
| 存根 | Stub |
| 销货发票 | Sales Invoice |
| 会计主管人员 | Chief Accountant |
| 计算表 | Schedule |
| 汇总 | Summary |
| 附件 | Accompanying Document |

## 第八章　会计账簿

| | |
|---|---|
| 账簿 | Books |
| 记账、记录 | Records |
| 会计账簿 | Accounting Book；Accounting Record |
| 序时账簿 | Chronological Book |
| 分类账 | Ledger |
| 总分类账 | General Ledger；Key Ledger |
| 明细分类账 | Subsidiary Ledger |
| 明细账户 | Subsidiary Accounts |
| 活页式账 | Loose-Leaf Ledger |
| 贷方栏 | Credit Column |
| 贷方记录 | Credit Entry |
| 日记账 | Journal |
| 现金日记账 | Cash Journal |
| 现金收入日记账 | Cash Receipt Journal |
| 现金支出日记账 | Cash Payment Journal |
| 普通日记账 | General Journal |
| 销货日记账 | Sales Journal |
| 特种日记账 | Special Journal |

| | |
|---|---|
| 多栏式日记账 | Columnar Journal |
| 笔误 | Clerical Errors |
| 差错 | Errors |
| 冲减、核销 | Write Off |
| 明细记录 | Subsidiary Record |
| 过账 | Posting |
| 冲销分录 | Offsetting Entry |
| 差额 | Difference |
| 结账 | Close He Book |
| 结账分录 | Closing Entry |
| 结账程序 | Closing Procedure |
| 试算平衡表 | Trial Balance |
| 结账前试算表 | Pre-Closing Trial Balance |
| 结账后试算表 | Post-Closing Trial Balance |
| 借贷平衡 | Equity Off Debit And Credit |

## 第九章　财产清查

| | |
|---|---|
| 财产 | Property |
| 实物资产 | Physical Assets |
| 账面价值 | Book Value |
| 存货、商品 | Merchandise |
| 定期盘存 | Periodic Inventory |
| 不定期盘存 | Continuous Physical Inventory |
| 实地盘存 | Physical Inventory |
| 实地盘存制 | Physical Inventory System |
| 永续盘存制 | Perpetual Inventory System |
| 盘存表 | Inventory Sheet |
| 实地盘点 | Actual Physical Count |

| | |
|---|---|
| 短缺损失 | Shrinkage Losses |
| 银行对账单 | Bank Statement; Bank Copy |
| 银行存款余额调节表 | Bank Reconciliation |
| 实地盘存制 | Taking A Physical Inventory |

## 第十章　财务报告

| | |
|---|---|
| 财务报告 | Financial Reporting |
| 财务报表 | Financial Statement |
| 会计报表 | Accounting Statement |
| 内部报表 | Internal Reporting |
| 外部报表 | External Reporting |
| 会计年度、财政年度 | Financial Year; Fiscal Year |
| 财务状况 | Financial Position |
| 经营成果 | Operating Results |
| 静态报表 | Static Statement |
| 中期报告 | Interim Report |
| 月报 | Monthly Statement |
| 季报 | Quarterly Statement |
| 年报 | Annual Statement |
| 中期财务报表 | Interim Financial Statement |
| 日历年度 | Calendar Year |
| 资产负债表 | Balance Sheet |
| 利润表、损益表 | Income Statement |
| 现金流量表 | Statement Of Cash Flow |
| 所有者权益变动表 | Statement Of Changes In Owners' Equity |
| 利润分配表 | Statement Of Profit Appropriation |
| 筹资活动 | Financing Activities |
| 投资活动 | Investing Activities |

| | |
|---|---|
| 经营活动 | Operating Activities |
| 营运资本 | Working Capital |
| 直接法 | Direct Method |
| 间接法 | Indirect Method |
| 母公司 | Parent Company |
| 附注 | Footnotes |
| 附表 | Accompanying Schedule(Sheet) |
| 附表说明 | Accompanying Statement |
| 会计报表附注 | Notes Of Financial Statement |
| 附表 | Supplementary Statements |
| 单步式损益表 | Single-Step Income Statement |
| 现金等价物 | Cash Equivalent |
| 现金流量 | Cash Flow |
| 现金流入 | Cash Inflows |
| 现金流出 | Cash Outflows |
| 净现金流量 | Net Cash Flows |
| 流动性 | Liquidity |
| 盈利能力 | Earning Power |
| 合并财务报表 | Consolidated Financial Statement |
| 披露 | Disclosure |
| 充分披露 | Adequate Disclosure |
| 补充信息 | Supplemental Information |

## 第十一章　会计核算组织程序

| | |
|---|---|
| 记账程序 | Accounting Process |
| 现金日记账 | Cash Journal |

## 第十二章　会计工作组织

| | |
|---|---|
| 会计人员、会计师 | Accountant |
| 会计机构、会计组织 | Accounting Organization |
| 会计法 | Accounting Law |
| 会计准则 | Accounting Standards |
| 会计监督 | Accounting Supervision |
| 会计制度 | Accounting System |
| 会计档案 | Accounting File Record |

# 附录二　　练习题

## 第一章　概　论

**思考题**

(1)什么是会计？如何把握会计的涵义？

(2)会计自产生发展至今大体上可划分为哪几个阶段？会计在各阶段显示出哪些不同特点？

(3)“四柱清册”和“龙门账”的基本内容是什么？

(4)复式记账的出现,对会计产生了什么影响？

(5)如何理解会计对象？再生产过程中的全部经济活动是否是会计对象？

(6)何谓会计职能？你认为会计有哪些职能？

(7)如何理解会计目标与会计对象关系？

(8)会计核算的前提重要依据有哪些？为什么要假设这些前提条件？

(9)会计信息质量特征有哪些？其内容是什么？

(10)如何理解会计核算方法在会计方法体系中的地位和作用。

## 第二章　会计要素与会计恒等式

**一、思考题**

(1)什么是会计要素？会计要素包括那些内容？

(2)如何理解所有者权益？

(3)什么是会计确认？会计确认的标准有哪些？

(4)什么是会计计量？什么是会计计量模式？会计计量模式包括哪些内容？

## 二、业务核算题

### 习题一

1. 目的：练习资产、负债、所有者权益的划分。

2. 资料：ABC公司2012年5月31日资料如表：

**ABC公司2012年5月31日资料**　　单位：元

| 资　料 | 项　目　名　称 | | |
|---|---|---|---|
| | 资　产 | 负　债 | 所有者权益 |
| 1.企业拥有的实收资本28 000元 | | | |
| 2.企业接受的投资款41 000元 | | | |
| 3.企业提取的盈余公积金7 700元 | | | |
| 4.企业库存材料价值29 500元 | | | |
| 5.企业购入的专利权价值5 000元 | | | |
| 6.企业的库存现金8 200元 | | | |
| 7.企业向银行借入的短期借款42 000元 | | | |
| 8.企业在银行的存款24 000元 | | | |
| 9.应向外单位收取的货款3800元 | | | |
| 10.企业的库存商品12 000元 | | | |
| 11.企业的汽车价值50 000元 | | | |
| 12.企业在外单位的长期投资4 000元 | | | |
| 13.企业的长期借款15 000元 | | | |
| 14.因销货收到的商业汇票2 400元 | | | |
| 15.应付给外厂的购料款3 300元 | | | |
| 16.企业采购材料开出商业汇票1 900元 | | | |

3. 要求

(1)分清资料内容并将所属项目名称填入表中。(2)计算表内资产、负债、所有者权益总额并验证是否符合会计等式。

**资产负债表**

2012年5月　　　　单位:元

| 资　产 | | 负债及所有者权益 | |
|---|---|---|---|
| 项　目 | 金　额 | 项　目 | 金　额 |
| 原材料 | | 短期借款 | |
| 无形资产 | | 长期借款 | |
| 库存现金 | | 应付账款 | |
| 银行存款 | | 应付票据 | |
| 应收账款 | | 实收资本 | |
| 库存商品 | | 资本公积 | |
| 固定资产 | | 盈余公积 | |
| 长期投资 | | | |
| 应收票据 | | | |
| 合　计 | | 合　计 | |

## 习题二

1. 目的:练习资金变化类型。

2. 资料:ABC公司发生经济业务如下:

(1)用银行存款购买材料。

(2)用银行存款支付前欠A单位货款。

(3)经批准企业支付银行存款给投资者分红。

(4)向银行借入长期借款,存入银行。

(5)收到所有者投入的设备。

(6)向国外进口设备,款未付。

(7)用银行存款归还长期借款。

(8)企业以固定资产向外单位投资。

(9)用应付票据归还前欠B单位货款。

(10)经批准,代某所有者以资本金偿还其应付给其他单位欠款。

(11)企业所有者甲代企业归还银行借款,并付将其转为投入资本。

(12)将盈余公积转作资本。

3.要求:分析上列各项经济业务的类型,填入表中。

**资金变化类型表**

| 类　　型 | 经济业务序号 |
| --- | --- |
| 1.一项资产增加,另一项资产减少 | |
| 2.一项负债增加,另一项负债减少 | |
| 3.一项所有者权益增加,另一项所有者权益减少 | |
| 4.一项资产增加,一项负债增加 | |
| 5.一项资产增加,一项所有者权益增加 | |
| 6.一项资产减少,一项负债减少 | |
| 7.一项资产减少,一项所有者权益减少 | |
| 8.一项负债减少,一项所有者权益增加 | |
| 9.一项负债增加,一项所有者权益减少 | |

# 第三章　会计科目与账户

## 思考题

(1)什么是会计科目?会计科目的级次如何?

(2)什么是会计账户?其基本结构包括哪些内容?

(3)如何理解本期的期末余额与下期的期初余额的关系?

(4)会计科目与账户的关系如何?

# 第四章　复式记账原理

**一、思考题**

(1)什么叫复式记账法?

(2)简述复式记账原理。

(3)什么叫会计分录?

(4)什么叫账户对应关系?什么叫对应账户?

(5)什么叫借贷记账法?

(6)简述借贷记账法的基本内容。

(7)简述借贷记账法的试算平衡方法。

**二、业务核算题**

1.目的:练习借贷复式记账应用

2.资料:ABC公司2012年6月发生下列经济业务:

(1)1日,销售甲产品一批价款10 000元存入银行。

(2)6日,收到前欠货款50 000元存入银行。

(3)15日,行政管理部门购买办公用品200元,以现金支付。

(4)20日,购买材料一批价款5 000元,款项未付,材料尚未到达。

(5)25日,上述材料到达验收入库。

(6)26日,接受大华公司投入的专利权一项,双方协商价200 000元,货币资金100 000元。

(7)27日,支付前欠丰收公司货款500 000元。

(8)29日,购买固定资产一台,价款20 000元,以银行存款支付。

(9)30日,本月A产品完工验收入库,总成本600 000元。

假设上述业务题当中均不考虑增值税。

3.要求:按照复式记账原理,编制会计分录

# 第五章　企业基本经济业务的核算

## 一、思考题

(1)工业企业的经济业务活动主要包括哪些？为了反映和监督这些经济业务，需要设置哪些账户？这些账户之间有什么联系？

(2)如何应用"材料采购"账户？

(3)简述"应付职工薪酬"账户结构特点。

(4)简述产品生产成本计算的一般程序。

(5)论述成本项目及其构成。

(6)何时确认产品销售收入？

(7)如何计算和结转产品销售成本？

(8)产品销售税金是如何核算的？

(9)简述企业利润(或亏损)的构成。

(10)简述利润形成的核算方法。

(11)简述企业利润分配的内容。

(12)企业进行利润分配时，为什么不直接冲减本年利润，而要通过"利润分配"账户核算？

(13)说明"本年利润"和"利润分配"账户的用途和登记方法以及两个账户之间的关系。

## 二、业务核算题

### 习 题 一

1.目的：练习筹资业务的核算。

2.资料：江海公司 2012 年 8 月份发生如下经济业务：

(1)收到国家投入货币资金 350 000 元存入银行。

(2)向工商银行借入为期 6 个月的周转资金借款 100 000 元，年利率 6%。

(3)收到宏达企业投入已用设备一台，该设备现行市场价格 20 000

元，双方认可的估价数额 18 000 元。

(4)收到康华公司作为投资投入的新设备一台，该设备所确认的价值 25 000 元。

(5)向工商银行借入为期 3 年的借款 500 000 元，年利率 9%，用于购买设备。

3. 要求：根据上述经济业务编制会计分录。

## 习题二

1. 目的：练习材料采购业务的核算。

2. 资料：江海公司 2012 年 8 月份发生下列经济业务：

(1)从万达公司购进甲材料 12 000 斤，每公斤 30 元；乙材料 8 800 公斤，每公斤 16 元，甲、乙材料价款共计 500 800 元。支付运杂费 4 992 元，增值税进项税额 85 136 元。货款、运杂费及税金已用银行存款支付。

(2)从中兴工厂购进丙材料 4 800 公斤，每公斤 40 元，发生运杂费 2 400元，增值税进项税额 32 640 元，款项采用商业汇票结算，企业开出并承兑半年期商业承兑汇票一张，材料尚在途中。

(3)以银行存款向海河工厂预付购买乙材料货款 196 000 元。

(4)企业收到海河工厂发运的丁材料，该批材料买价 170 000 元，运杂费 1 200 元，增值税进项税额 28 900 元，除冲销原预付货款 196 000 元外，其余以银行存款支付。

(5)月末，甲、乙、丁材料已验收入库。计算已验收入库甲、乙、丁材料的实际采购成本，并一次结转入库材料成本(运费接材料重量比例分摊)。

3. 要求

(1)根据上述经济业务编制会计分录。

(2)开设“材料采购”账户，并根据所编制的会计分录进行登记，结出本期发生额及期末余额。

## 习 题 三

1.目的:练习材料采购成本的计算。

2.资料:江海公司 2012 年 8 月份发生下列经济业务:

(1)向红星工厂购入甲材料 50 吨,单价 400 元,乙材料 15 吨,单价 200 元,并按购买价的 17%计算应交增值税,已由银行转账支付。

(2)以银行存款支付购入上述甲乙材料运输费 650 元,按材料重量分配计入甲乙两种材料成本。

(3)上述甲、乙两种材料已验收入库,按实际采购成本转账。

3.要求

(1)根据上述经济业务编制会计分录。

(2)登记材料采购总分类账和甲、乙两种材料采购明细账。

## 习 题 四

1.目的:练习产品生产业务的总分类核算:

2.资料:江海企业 2012 年 8 月份发生下列经济业务:

(1)仓库发出材料 152 000 元,其中,生产产品耗用 104 000 元,车间一般耗用 48 000 元。

(2)结算本月应付职工工资 54 400 元,其中生产工人工资 46 400 元,车间管理人员工资 8 000 元。

(3)按上述工资总额的 14%提取职工福利费。

(4)计提本月份生产车间固定资产折旧 2 560 元。

(5)用银行存款支付生产车间水电费 3 400 元。

(6)用银行存款支付本月生产车间保险费 820 元。

(7)用现金支付生产车间办公费 720 元。

(8)月末,根据上述业务汇总本月制造费用,并将制造费用分配计入产品生产成本。

(9)月末,生产产品全部完工,计算并结转完工入库产品的实际生产成本。

3.要求:根据上述经济业务编制会计分录。

## 习 题 五

1.目的:练习产品生产成本的计算

2.资料

(1)江海企业 2012 年 7 月 31 日"生产成本"总分类账户和明细分类账户的余额如下:

"生产成本——A 产品"账户余额 18 148 元,其中:原材料 10 800 元;工资及福利费 4 200 元;制造费用 3 148 元。

(2)该企业 8 月份发生下列生产业务:

①领用材料 65 080 元,其用途如下:

| | |
|---|---|
| A 产品耗用 | 21,280 |
| B 产品耗用 | 35 680 |
| 车间一般耗用 | 820 |
| 厂部一般耗用 | 7 300 |
| 合计 | 65 080 |

②用现金支付车间购买办公用品费用 552 元,厂部办公费 1 228元。

③计算出本月应付职工工资 21 600 元,其中:

| | |
|---|---|
| A 产品生产工人工资 | 5 600 |
| B 产品生产工人工资 | 8 400 |
| 车间管理人员工资 | 4 400 |
| 厂部管理人员工资 | 3 200 |
| 合计 | 21 600 |

④按工资总额的 14%计提职工福利费。

⑤租入厂房一间,以银行存款支付本月租金 3 000 元。

⑥按产品生产工人工资比例在 A、B 两种产品之间分配制造费用。

⑦A、B 两种产品全部完工,A 产品 8 件,B 产品 16 件。计算并结转该种产品的实际成本。

3. 要求

(1)设立“生产成本”、“制造费用”总分类账户和生产成本明细分账户。

(2)根据上列各项经济业务,计算 A、B 产品的生产成本,并编制会计分录。

(3)根据会计分录登记有关总账及其明细分类账户。

## 习 题 六

1. 目的:练习产品销售业务的核算

2. 资料:江海企业 2012 年 8 月发生下列经济业务:

(1)10 日销售给甲工厂 A 产品 600 件,每件 800 元,计 480 000 元,为甲工厂代垫运费 960 元,以银行存款支付。应向甲工厂收取的增值税销项税额 81 600 元。全部款项尚未收回。

(2)12 日销售给乙工厂 B 产品 100 件,每件 300 元,共计 30 000 元。应向乙工厂收取增值税销项税额 5 100 元。全部款项收回存入银行。

(3)15 日,以银行存款支付销售运输费 1 600 元。

(4)20 日,采用商业汇票结算方式向实联公司销售 B 产品 160 件,每件 300 元,价款 48 000 元,应收增值税销项税额 8 160 元,收到实联公司签发并承兑的为期 6 个月的商业承兑汇票。

(5)20 日预收东北公司货款 190 000 元存入银行。

(6)25 日向东北公司发出 A 产品 200 件,每件售价 800 元,货款计 160 000 元,增值税销项税额 27 200 元。余款以银行存款退还。

(7)月末结转本月销售 A、B 产品的生产成本。A 产品单位生产成本 680 元,B 产品单位生产成本 265 元。

(8)以银行存款支付销售产品广告费 4 000 元。

(9)按规定计算出本月应负担的城建税 3 040 元。

3. 要求:根据上述经济业务编制会计分录。

## 习 题 七

1. 目的:练习利润和利润分配的核算

2. 资料:江海企业 2011 年 12 月份发生下列经济业务:

(1)用银行存款支付职工子弟学校经费 30 000 元。

(2)向东方公司销售甲产品 400 件,每件售价 1 500 元,共计 600 000元,应向该公司收取的增值税销项税额 102 000 元。价税款通过银行转账已收讫。

(3)根据合同规定向北源公司销售丙产品 600 件,每件售价 800 元,价款共计 480 000 元,以银行存款代垫运费 3 000 元,应收增值税 81 600元。价税款及代垫运费均未收到。

(4)用现金支付本月水电费 3 080 元。

(5)计算应由本月负担的短期借款利息 1 000 元。

(6)用银行存款支付广告费 2 400 元。

(7)月末,将"主营业务收入"账户的贷方余额转入"本年利润"借户。

(8)月末,结转已销售产品的生产成本,其中:甲产品单位生产成本 1 000 元,丙产品单位生产成本 550 元。

(9)月末,计算出本月应负担的产品销售税金 2 700 元。

(10)月末,按 25%所得税率计算本月应交所得税。

(11)月末,将"主营业务成本"、"销售费用"、"营业税金及附加"、"管理费用"、"财务费用"、"营业外支出"、"所得税费用"等账户本月借方余额转入"本年利润"账户。

(12)月末,按净利润 10%提取盈余公积金。

(13)企业决定本年度向投资者分配利润 80 000 元。

(14)年末,根据"本年利润"账户 11 月 30 日贷方余额 750 000 元和 12 月份净利润额计算全年实现的净利润,并将其转入"利润分配"

账户。

3. 要求:根据上列经济业务编制会计分录。

# 第六章　账户的分类

**思考题**

(1)为什么要对账户进行分类?

(2)账户按经济内容可分为哪几类账户?这种分类的意义何在?每类账户的结构特点如何?

(3)账户按用途和结构可分为哪几类?这种分类的意义何在?每类账户的结构特点如何?

(4)什么叫结算账户?结算账户又能分成哪几类?举例说明几类结算账户的结构。

(5)什么叫调整账户?举例说明调整账户的用途和结构。

# 第七章　会计凭证

**一、思考题**

(1)何谓会计凭证?试述其意义和种类。

(2)何谓原始凭证?试述其种类、要素及填制要求。

(3)何谓记账凭证?试述其种类、要素及填制要求。

(4)如何审核原始凭证和记账凭证?

(5)会计凭证如何传递和保管?

(6)在采用三种格式记账凭证条件下,对于从银行提取现金,将现金存入银行以及银行存款不同账户间的相互划转业务应如何编制记账凭证?

**二、业务核算题**

1. 目的:练习记账凭证的编制

说明:编制记账凭证,其核心是确定经济业务的会计分录,如果你有记账凭证，请将分录列示于凭证上，并按要求填制凭证上的其他项目，这可以增强实务感，如果你无记账凭证，就请以分录代替，并注明凭证的种类。

2. 资料：ABC 公司 2012 年 7 月份发生经济业务如下：

(1)3 日　以银行存款解缴上年未缴所得税 31 000 元。

(2)3 日　收到光明厂还来前欠货款 84 000 元，存入银行。

(3)4 日　以银行存款偿还前欠爱建厂货款 91 000 元，预付供电公司本月电费 12 000 元。

(4)5 日　从银行提取现金 3 500 元。

(5)5 日　厂长李敏预借差旅费 3 000 元，财务科以现金付讫。

(6)6 日　以现金支付业务招待费 285 元。

(7)6 日　生产甲产品领用 A 材料 8 200 公斤，每公斤 10 元，计 82 000元；领用 B 材料 15 700 公斤，每公斤 2 元，计 31 400 元；生产乙产品领用 B 材料 8 550 公斤，每公斤 2 元，计 17 100 元。

(8)7 日　以银行存款预付上半年度财产保险费 9 000 元。

(9) 9 日　向爱建厂购入 A 材料 3 000 公斤，每公斤 10 元，B 材料 10 000 公斤，每公斤 2 元。发票价款 50 000 元和发票上增值税额 8 500元尚未支付。

(10)9 日　结转上项入库材料的实际采购成本。

(11)9 日　从银行提取现金 29 915 元，准备发放工资。

(12)10 日　以现金发放职工工资 29 915 元。

(13)12 日　向银行借入短期借款 70 000 元，存入银行。

(14)13 日　以银行存款偿还爱建厂货款 58 500 元。

(15)14 日　出售给光明厂甲产品 3 000 件，每件售价 130 元，货款 390 000 元和发票上增值税额 66 300 元尚未收到。

(16)17 日　以银行存款预缴本月所得税 25 000 元。

(17)18 日　从银行提取现金 2 000 元。

(18)18 日　总会计师陆清预借差旅费 2 000 元，财务科现金付讫。

(19)18 日　生产甲产品领用 A 材料 6 000 公斤，每公斤 10 元，计

60 000 元，领用 B 材料 18 500 公斤，每公斤 2 元，计 37 000 元。车间一般性消耗领用 B 材料 6 250 公斤，每公斤 2 元，计 12 500 元。

(20)19 日　以银行存款支付本月广告费 2 500 元。

(21)20 日　上月转入“待处理财产损溢”账户借方的盘亏机床净值 30 000 元，经有关部门批准列作营业外支出。

(22)21 日　接受友联厂作为投资投入的全新生产设备一套，按双方协议价 800 000 元作为实收资本入账。

(23)23 日　厂长李敏出差回厂报销差旅费 2 900 元，交回多余现金 100 元。

(24)24 日　收到光明厂还来前欠货款 456 300 元，存入银行。

(25)25 日　向爱建厂购入 A 材料 4 000 公斤，每公斤 10 元；B 材料 15 000 公斤，每公斤 2 元。发票价款 70 000 元和发票上增值税额 11 900 元尚未支付。

(26)25 日　上项材料验收入库，结转其实际采购成本。

(27)27 日　售给光明厂甲产品 1 000 件，每件售价 130 元，货款 130 000 元和发票上增值税额 22 100 元尚未收到。

(28)28 日　以银行存款归还短期借款 170 000 元。

(29)31 日　本月工资费用分配如下：生产甲产品工人工资 20 000 元，生产乙产品工人工资 5 000 元，车间管理人员工资 915 元，工厂行政管理人员工资 4 000 元。

(30)31 日按规定计提本月固定资产折旧 38 000 元，其中：车间固定资产折旧 34 290 元，工厂行政管理部门固定资产折旧 3 710 元。

(31)31 日　结算本月应付电费 11 000 元，其中：生产甲产品电力消耗 8 000 元，生产乙产品电力消耗 2 000 元，车间照明消耗 500 元，行政管理部门照明消耗 500 元。

(32)31 日　预提本月应负担的短期借款利息 1 900 元。

(33)31 日　摊销预付的财产保险费，其中 1 295 元应计入制造费用，205 元应计入管理费用。

(34)31 日　将本月归集的制造费用按甲、乙产品的生产工人工资比例分配。

(35)31 日投产的 3 000 件甲产品全部完工验收入库，结转其实际生产成本 39 800 元(包括月初在产品成本)；投产的乙产品尚未完工。

(36)31 日　结转本月销售的 4 000 件甲产品成本 360 000 元。

(37)31 日　将收入、成本、费用支出等损益类账户的余额结转“本年利润”账户。

(38)31 日　按实现利润的 25%结转应缴所得税。

(39)31 日　按税后利润的 10%提取盈余公积。

3. 要求：根据上述经济业务分别填制收款凭证、付款凭证和转账凭证。

## 第八章　会计账簿

### 思考题

(1) 什么是账簿？会计账簿的意义何在？

(2) 会计账簿按用途分为哪几类？

(3) 怎样设置和登记日记账、总账、明细账？

(4) 订本式账簿、活页式账簿和卡片式账簿各有什么利弊？

(5) 明细分类账的主要格式可归纳为哪几种？

(6) 总分类账和明细分类账平行登记的要点是什么？

(7) 登记账簿的基本规则有哪些？

(8) 账簿记录发生错误时，有哪些更正方法？试说明各种错账更正方法的适用性。

(9) 如何进行对账和结账？

## 第九章　财产清查

### 一、思考题

(1)什么叫财产清查？财产清查有哪些重要意义？

(2)财产清查的种类有哪些？各自的适用情况怎样？

(3)什么叫永续盘存制？什么叫实地盘存制？请比较两者的优、缺点。

(4)财产清查的方法主要有哪些？各自的适用范围怎样？

(5)财产清查结果，如有差异，在账务上应如何处理？

**二、业务核算题**

### 习题一

1. 目的：练习银行存款余额调节表的编制。

2. 资料：ABC 公司 2012 年 6 月 30 日银行存款日记账的余额为 53 000 元，银行转来的对账单上的余额为 36 000 元，经逐笔核对，发现有以下未达账项：

(1)6 月 28 日，企业委托银行代收款项 20 000 元，银行已经收妥入账，企业尚未接到银行的收款通知，尚未记账；

(2)6 月 29 日，企业开出转账支票 4 000 元，持票人尚未到银行办理转账，银行尚未登记入账；

(3)6 月 29 日，银行接受企业委托付款代付水电费 1 000 元，企业尚未接到银行付款通知，尚未记账；

(4)6 月 30 日，企业存入从其他单位收到的转账支票 40 000 元，银行尚未记入企业存款户。

3. 要求：根据上述资料编制该公司“银行存款余额调节表”。

### 习题二

1. 目的：练习财产清查结果的会计处理。

2. 资料：ABC 公司在年终进行财产清查，其结果如下：

(1) 现金短缺 100 元，经查明属出纳员责任，经批准应由其赔偿。

(2) 有一笔应收 M 企业货款 15 000 元已超过三年，经批准作为坏账损失处理，该企业采用备抵法核算坏账损失。

(3) 盘盈 A 产品 850 元，经查属于收发计量差错造成，经批准冲减管理费用。

(4)盘亏乙材料 80 000 元,经查明,其中有 1 000 元属于定额内损耗,有 20 000 元属于收发计量差错,有 30 000 元属于保管人员责任,决定由其赔偿,其余为非常损失,应由保险公支司赔偿 12 000 元,经批准转账。

(5) 盘盈机器设备一台,重置价格为 4 000 元,假定与其计税基础不存在差异。根据《企业会计准则第 28 号—会计政策、会计估计变更和差错更正》规定,该盘盈固定资产作为前期差错进项处理。

(6) 盘亏机器设备一台,原价为 6 200 元,账面已提折旧 1 800 元,经查明为管理不善丢失,经批准作为营业外支出处理。

(7) 应付 A 公司账款 6 000 元,因 A 公司破产解散无法支付,经批准注销。

3. 要求:根据以上资料,编制批准前和批准后的会计分录。

# 第十章　财务报告

## 一、思考题

(1)会计报表的作用是什么?

(2)试述编制会计报表应符合哪些要求?

(3)举例说明资产负债表各项目期末数的填列方法。

(4)资产负债表中的"应收账款"、"预付账款"、"存货"、"应付账款"、"预收账款"、"分配利润"等项目的数字,应怎样计算填列?

(5)资产负债表中的哪些项目可以采用直接填列法填列?

(6)利润表各项目填列方法。

(7)财务报告与会计报表的关系。

## 二、业务核算题

### 习 题 一

1. 目的:练习在不设立"预收账款"和"预付账款"科目的情况下,资产负债表“应收账款”、“应付账款”、“预收账款”和“预付账款”项目的填列。

2. 资料：某企业预收和预付货款的情况较少，没有设立“预收账款”和“预付账款”总账科目，某月末，有关科目如下：

(1)“应收账款”总账科目的借方余额为 6 500 元，其所属明细科目余额及其借贷方为：

| 单位 | 余额方向 | 应收账款余额 |
|---|---|---|
| A 工厂 | 借 | 3 800 |
| B 公司 | 借 | 4 500 |
| C 工厂 | 贷 | 1 800 |

(2)“应付账款”总账科目贷方余额为 7 400 元。其所属明细科目余额及其借贷方为：

| 单位 | 余额方向 | 应付账款余额 |
|---|---|---|
| 甲公司 | 贷 | 4 200 |
| 乙工厂 | 贷 | 5 300 |
| 丙公司 | 借 | 600 |
| 丁工厂 | 借 | 1 500 |

3. 要求

计算填列资产负债表该月末“应收账款”、“预付账款”、“应付账款”和“预收账款”项目的金额。

## 习 题 二

1. 目的：练习资产负债表“存货”和“未分配利润”项目的填列。

2. 资料：某企业某月末有关的总账账户金额如下：

(1)“原材料”科目借方余额 93 000 元；

(2)“生产成本”科目借方余额 81 000 元；

(3)“库存商品”科目借方余额 4 050 元；

(4)“利润分配”科目贷方余额 153 000 元；

(5)“本年利润”科目贷方金额 200 000 元。

3. 要求：计算填列资产负债表该月末“存货”和“未分配利润”项目的金额，并标明这两个项目属于资产项目还是权益项目。

## 习题三

1. 目的：练习资产负债表有关项目的计算编制，不要求总额平衡。

2. 资料：某企业 2011 年 8 月末部分会计科目金额如下表所示。

| 科目 | 余额 | | 所属明细科目 | 余额 | |
|---|---|---|---|---|---|
| | 借方 | 贷方 | | 借方 | 贷方 |
| 应收账款 | 8 000 | | A 公司 | 10 000 | |
| | | | B 公司 | | 2 000 |
| 预付账款 | 3 000 | | C 公司 | 3 500 | |
| | | | D 公司 | | 500 |
| 应付账款 | | 7 000 | E 公司 | | 7 800 |
| | | | F 公司 | 800 | |
| 预收账款 | | 2 500 | G 公司 | | 2 800 |
| | | | H 公司 | 300 | |
| 应交税费 | | 700 | | | |
| 应付股利 | | 900 | | | |
| 利润分配 | | 1 000 | 未分配利润 | | 1 000 |

3. 要求：根据上列资料，计算该月末资产负债表有关项目的金额。

## 习 题 四

1. 目的：练习资产负债表的编制。

2. 资料：某企业 2011 年 12 月 31 日全部总分类科目和有关明细科目余额表如下表所示：

| 总账科目 | 明细科目 | 借方金额 | 贷方金额 |
|---|---|---|---|
| 库存现金 | | 1 000.00 | |
| 银行存款 | | 15 000.00 | |
| 持有至到期投资 | | 14 000.00 | |
| 应收账款 | ——甲 | 10 000.00 | |
| | ——乙 | | 2 000.00 |
| | ——丙 | 15 000.00 | |
| 预付账款 | ——丁 | 5 000.00 | |
| | ——戊 | | 300.00 |
| 其他应收款 | ——行政科 | 4 000.00 | |
| | ——李峰 | 2 000.00 | |
| | ——卫生室 | | 1 000.00 |
| 原材料 | | 27 000.00 | |
| 生产成本 | | 8 000.00 | |
| 库存商品 | | 20 000.00 | |
| 长期股权投资 | | 200 000.00 | |
| 固定资产 | | 400 000.00 | |
| 累计折旧 | | | 60 000.00 |
| 短期借款 | | | 60 000.00 |

续表

| 总账科目 | 明细科目 | 借方金额 | 贷方金额 |
| --- | --- | --- | --- |
| 应付账款 | ——A工厂 | | 7 000.00 |
| | ——B工厂 | 5 000.00 | |
| | ——C工厂 | | 8 000.00 |
| 预收账款 | ——D单位 | | 4 000.00 |
| | ——E单位 | 1 000.00 | |
| 其他应付款 | ——工会 | 2 000.00 | |
| | ——代扣款 | | 8 000.00 |
| 应付职工薪酬 | | | 37 700.00 |
| 应交税费 | | | 60 000.00 |
| 应付利润 | | | 20 000.00 |
| 长期借款 | | | 30 000.00 |
| 实收资本 | | | 280 000.00 |
| 盈余公积 | | | 22 080.00 |
| 利润分配 | 未分配利润 | | 130 920.00 |

3.要求

根据所给资料编制该企业2011年12月31日的资产负债表。

## 习题五

1.目的：练习编制利润表。

2.资料：某企业某月发生下列经济业务。

(1)销售产品一批，售价500 000元，增值税销项税额85 000元，货款尚未收到。

(2)预收购买单位购货款200 000元，存入银行。

(3)以银行存款支付广告费10 000元。

(4)以银行存款支付短期借款利息 5 000 元(直接计入财务费用)。

(5)以银行存款支付厂部管理费用 40 000 元。

(6)经批准将盘亏固定资产净损失 1 000 元,转为营业外支出。

(7)月末计算出已售产品成本为 250 000 元,转账。

(8)月末计算出应交销售税金为 6 000 元,转账。

(9)月末,结转收入(转入"本年利润"账户贷方)。

(10)月末,结转费用(转入"本年利润"账户借方)。

(11)计算本月实现的利润总额。

(12)按利润总额的 25%计算并结转应交所得税。

(13)按净利润的 10%、5%分别计算并提取盈余公积、公益金,转账。

(14)决定应付投资者利润 50 000 元,转账。

(15)计算出月末的未分配利润。

3.要求

(1)根据所给资料编制会计分录。

(2)根据会计分录提供的数字编制利润表。

## 第十一章 会计核算组织程序

**思考题**

(1)我国目前主要的会计核算组织程序有哪几种?各自的主要特点是什么?

(2)说明记账凭证核算组织程序的基本内容、优缺点及适用范围。

(3)说明科目汇总表核算组织程序的基本内容、优缺点及适用范围。

(4)说明汇总记账凭证的编制依据及方法。

## 第十二章　会计工作组织

**思考题**

(1)会计工作组织的意义是什么?

(2)什么是集中核算?什么是非集中核算?

(3)会计人员的职业道德有哪些内容?

(4)总会计师的职责和权限是什么?

(5)什么是会计档案?我国《会计档案管理办法》对会计档案的保管和销毁有哪些规定?

## 第十三章　会计信息化基础

**思考题**

(1)简述会计信息化的发展历程。

(2)简述会计信息与会计数据之间的关系。

(3)简述会计信息系统的概念。

(4)简述可扩展商业报告语言(XBRL)的应用流程。